KB264522

폭력의 심리학

폭력의 심리학

김 상 균 著

한국학술정보[주]

머리말

최근 학교폭력, 연쇄살인과 강도사건 등 폭력이 사회문제로 확산되고 있다. 하지만 이 폭력문제는 비단 현재의 문제만은 아닌 듯 하다. 인류의 역사는 폭력의 역사로 점철되어 있다. 과거 5천년 인류역사를 보면, 통계적으로 185세대 중에서 오직 10세대만이 전쟁을 경험하지 못했을 뿐이다. 기원전 3,600년 이래로 지구상에는 14,500번 이상의 전쟁이 벌어졌고, 전쟁으로 인하여 35억 명의 귀중한 생명이 희생되었다. 우리나라에서도 크고 작은 전쟁이 빈번하게 발생하였다는 것은 주지의 사실이다.

전쟁 뿐 만아니라 범죄로 인한 피해자도 많이 발생하고 있다. 한국에서 지난 한 해 동안 살인은 998건, 강도는 7,292건, 폭력은 294,893건이 발생하였다. 위와 같은 폭력성 범죄는 어림잡아 30만여 건이 훨씬 넘고 그 피해자는 수백만 명이 될 것으로 추산된다. 엄청난 숫자에 놀라지 않을 수 없다. 지난해 우리를 경악케 했던 연쇄살인사건, 토막살인사건, 보험금을 노린 남편청부살해사건 등 인간의 잔인한 폭력성에 경악할 사건들을 기억하고 있을 것이다. 지금 이 시간에도 어디에선가 인간의 잔인한 폭력이 발생하고 있을지 모른다.

인간의 폭력성에 대한 연구들은 지금까지 많이 있어왔다. 연구자들은 주로 심리학자나 생물학자, 사회학자, 범죄학자 등이 그들이다. 심리학을 연구하는 학자들은 인간의 내면에 깔려있는 폭력심리를 밝히려고 노력해 왔다. 또 사회학자들은 인간을 둘러싸고 있는 환경적 요인과 폭력과의 관계를 연구하고 있다. 한편 생물학자는 인간의 폭력성은 생물학적인 요인들, 즉 호르몬이나 신경계, 뇌의 이상 등에서 그 원인을 찾고자 노력하고 있다.

이 처럼 인간의 폭력성은 복잡하여 그 원인을 밝히기란 쉬운 일이 아니다. 또 시원한 해답도 지금까지 밝혀지지 않았다. 보는 이의 관점에 따라 인간의 폭력 원인은 복잡다기하다. 복잡한 인간의 폭력행동을 범죄학자들은 학제적으로 세 가지 관점을 전부 고려하여 폭력을 연구한다. 역사적 환경이나 국가에 따라 지배되는 심리학적 연구, 생물학적 연구, 사회학적 연구들이 각광받기도 하고 소외되기고 하였다. 그러나 사람의 마음만큼이나 폭력행동의 원인을 밝혀내기란 쉽지 않다.

최근에야 비로소 인간의 폭력성에 대한 심리학적 관점이 더욱 각광을 받고 있다. 그것은 범죄자의 심리를 연구하고 있는 범죄심리학이 하나의 학문으로 자리 잡고 있는 것이 그 이유일 것이다. 어찌됐든 간에 폭력을 좀더 본질적으로 파헤치고 설명하기 위해서는 폭력범죄자의 심리를 이해하는 것이 우선이다. 그러나 아쉽게도 국내에는 폭력범죄자의 심리를 연구한 논문이나 저서의 수가 턱없이 부족하다. 그 점이 학교에서 범죄심리학을 강의하면서 늘 마음에 걸리는 부분이었다. 범죄심리학에 관한 개론서는 많이 있지만 개별범죄에 관한 심도 있는 심리학적 연구는 부족하다. 이 책은 본인의 박사학위논문의 주제인 폭력범죄에 관한 심리학적 연구를 독자들이 쉽게 이해할 수 있도록 그 내용을 보완하여 책으로 출간하기로 결심하게 된 것도 폭력범죄자의 심리 관련 저서들이 많이 출간되기를 바라는 마음에서였다.

이 책은 폭력범죄자의 심리적 내용을 설명하고 있는데 특히 폭력범죄자의 귀인 및 분노특성에 초점을 맞추었다. 책의 구체적인 구성내용을 보면 다음과 같다. 제1장은 책의 서론부분이고, 제2장은 폭력에 관한 일반적인 이론을 다루어 독자들에게 이론적 지식을 제공하는데 초점을 두었다. 즉 폭력행동에 관한 제 관점, 스트레스와 폭력, 성격과 폭력 등 범죄심리학적 이론을 중심으로 소개하였다. 제3장은 귀인 및 분노이론을 구체적으로 제시함으로써 연구하고자 하는 폭력범죄의 이론적 틀을 완성하였다. 그리고 제4장은 한국에서 발생하고 있는 폭력범죄의 발생양상을 살펴보았으며, 제5장에서는 폭력범죄의 이면에 깔려있는 범죄자의 귀인 및 분노특성을 통계적 기법을 이용하여 조사하여 그 결과를 도출하여 보았다. 마지막으로 제6장은 폭력범죄를 예방하는데 기초가 될 수 있는 일반적인 범죄예방 방안을 제시하여 폭력범죄의 예방과 관련된 기초적인 이론적 틀과 대안을 제시하였다.

아무쪼록 이 책이 폭력범죄를 이해하는데 도움이 되었으면 한다. 또 최근에 사회적 관심사로 떠오른 학교폭력의 문제를 이해하고 그 해결책을 찾는데 도움이 되었으면 한다.

물론 이 책 한권으로 폭력범죄를 이해할 수 있는 것은 아니다. 범죄심리학을 연구하는 많은 학자들과 독자들의 도움이 절실히 필요한 이유도 여기에 있다.

마지막으로 여러분의 많은 지도와 편달을 바라며 저자의 졸고가 한권의 책으로 거듭나게 된 것은 전적으로 한국학술정보의 배려임을 고백한다. 이 책이 나오기까지 많은 노력을 아끼지 않은 한국학술정보 관계자 여러분께 지면을 빌어 감사를 전한다.

2005. 4

김 상 균

목　차

표 차례

제1장 서 론

인간은 예로부터 수많은 전쟁과 폭력으로 얼룩진 역사를 가지고 있으며 현대사회도 예외는 아니다. 오늘날 우리가 살고 있는 주변에서는 살인, 강도, 강간, 폭력, 절도, 사기, 횡령, 신종 하이테크 범죄에 이르기까지 이루 헤아릴 수 없을 만큼의 수많은 범죄가 발생하고 있다. 다양한 범죄 중에서 특히 폭력범죄는 개인은 물론이고 사회적으로 악영향을 미치는 범죄라고 할 수 있다. 폭력은 타인의 생명과 신체에 중대한 침해를 야기하는 범죄이므로 피해자 및 일반대중에게 심각한 공포심, 불안감 그리고 정신적 충격을 가하는 범죄로서 전통적으로 강력한 법적 처벌과 사회적 비난을 받아왔다.[1]

오늘날 급속하게 진행되고 있는 산업화와 기술의 발달은 과학화, 정보화, 세계화로 지칭되는 21세기의 새로운 정보화 사회를 선도해 가고 있다. 이러한 변화와 발전에 편승하여 오늘날의 범죄양상은 컴퓨터 등 첨단기술을 이용한 신종의 지능범죄의 형태로 변화하고 있는 현상을 보이고 있다.[2] 그렇지만 무엇보다 오랜 역사 동안 근절되지 않고 있는 전통적인 범죄 중에 하나가 바로 살인, 강도, 폭행 등 폭력범죄이다. 대인간에 발생하는 이러한 폭력범죄가 오늘날의 첨단기술을 이용하여 구체화되고 다양화 될 때 가공할 만한 파괴적인 폭력형태로 변화하여 우리의 생명과 신체를 위협함은 물론이고 인간의 사회적 존재로서의 가치 자체를 위협하는 위험한 범죄로서 각 국의 형사사법기관에서는 이에 대한 대책에 부심하고 있는 실정이다.

그러므로 개인의 생명을 위협하는 폭력범죄는 다른 범죄에 비하여 관련학자와 실무자들의 주요 연구 대상이 되어 왔고, 폭력에 대한 정확하고 효과적

---

[1] 차용석, "강력 범죄의 실태와 대책", 형사정책연구, 창간호, 1990, p.221.
[2] 조병인, "하이테크범죄의 실태와 대책", 한국공안행정학회 학술발표자료, 1999, 9. p.18.

인 예측과 통제를 위해 많은 노력을 기울여 왔던 것이다. 이와 같은 노력은 개인과 지역사회의 안전을 보장하는데 매우 중요한 연구인 것은 분명하지만, 폭력의 원인을 규명하고자 하는 선행연구의 성과는 만족스럽지 못할 뿐만 아니라 오히려 오늘날 폭력범죄는 더욱 잔인화, 연소화, 집단화, 상습화되어 가는 양상을 띠고 있다.

이에 따라 시민의 실질적인 범죄피해와 범죄피해에 대한 두려움은 날로 증가하고 있는 실정이다. 이러한 폭력범죄의 심각성은 지역사회의 안녕을 해하는 중요한 문제가 아닐 수 없다. 특히 문제가 되는 것은 폭력재범의 가능성이 있는 잠재적 범죄자를 파악하기가 곤란하다는 점과 폭력범죄자에 대한 교정의 비효과성이 범죄의 심각성을 초래하는데 있어서 복합적인 요인으로 작용하고 있다.

따라서 폭력범죄의 재범가능성에 대한 정확한 예측과 통제는 재소자 관리에 드는 비용의 절감이라는 경제적 효율성뿐만 아니라 폭력으로부터 개인과 지역사회의 안전을 지키기 위한 사회보장적 목적도 동시에 달성할 수 있다. 그 이유는 인간의 생명과 신체에 직접적인 피해를 가하는 폭력범죄가 시민들의 범죄 상황에 대한 심각성을 인식하는데 중요한 요인으로 작용하며, 소위 범죄피해에 대한 두려움도 재산범죄보다 폭력범죄에서 주로 비롯되는 경우가 많기 때문이다.

우리나라의 경우 범죄피해에 대한 두려움의 정도가 다른 국가와 비교하였을 때 높은 편이며,3) 공식적인 범죄통계상으로 볼 때 폭력범죄의 양적·질적 심각성은 지금까지의 폭력범죄에 대한 예측과 통제를 위한 노력이 효과적이지 못하였음을 반증하는 예라고 할 수 있다.4)

---

3) 최인섭, "서울의 범죄피해에 관한 조사연구", 한국형사정책연구원 연구보고서, 1992, p.203. : 서울시민의 41%가 야간 외출 시 범죄에 대한 두려움을 느낀다고 보고하였는데, 이를 외국의 경우와 비교해보면 이탈리아 39%, 폴란드 35%, 미국 33%, 독일 32%, 영국 27%로서 서울과 직접적인 비교는 곤란하나 서울시민의 범죄피해에 대한 두려움을 간접적으로 짐작할 수 있다.

4) '03 경찰백서, pp.11-12. : '98년도 폭력범죄의 발생추세를 보면 전년도에

폭력범죄의 정확한 예측과 교정을 위한 연구는 실무적인 면이나 학문적인 면에서 연구의 가치가 충분히 있다 할 것이다. 하지만 지금까지 폭력범죄의 예측은 주로 가석방 심사에서 이용되고 있기는 하나 심리적 특성에 기초한 예측도구가 부족하였고, 또한 교정도 심리치료적 기법의 이용과 같은 치료중심의 사회 내 처우보다는 처벌중심의 억제정책을 실시해온 것이 형사정책의 현실이었다.

물론 폭력범죄의 예측은 인구사회학적 특성에 기초한 정태적 요인의 파악을 통해서 어느 정도 가능하겠지만 행동을 결정하고 실행에 옮기는 데는 심리적 요인의 역할이 중요하므로 개인의 심리적 특성에 해당하는 동태적 요인을 파악하는 것이 무엇보다 중요할 것이다. 지금까지 심리학적 관점의 폭력범죄에 대한 연구는 성격과 지능, 정신병리 등 주로 개인의 내적 특성에 초점을 둔 연구가 주류를 이루어왔다.

그러나 인간의 폭력행동을 단순히 개인의 심리적 특성요인으로 설명하기에는 한계가 있으므로 순수한 심리적 특성연구에서 탈피하여 주변세계의 외적 자극을 개인이 어떻게 해석하고 판단하여 반응하는가 하는 사회심리학적인 정보처리적 관점에서의 연구가 심도 있게 이루어져야 할 것으로 판단된다.

다행히 최근의 심리학자들은 인지적·감정적 매개과정에 의한 사회적 관계 속에서 개인 내적 변화에 더욱 관심을 두고 있다. 그 이유는 폭력의 중요한 원인이 인간의 사회적 관계 속에서 발생하는 심리적 기제라고 생각하고 있기 때문이다. 즉 범죄라는 것은 "공동생활의 안녕", "자기가 속한 집단의 연대성", "사회적 의사", "사회적 가치와 의도"라고 하는 규범을 법제화한 법률을 위반하는 것이므로 범죄는 일종의 "반사회적 행위"라고 할 수 있다.

따라서 폭력범죄에 대한 심리학적 연구에서 "인간은 사회적 존재"라는 개

비해 12.8%가 증가 하였으며, 이중 폭행은 49.5%, 상해 12.1%, 폭력행위 등 처벌에 관한 법률위반은 12.1%가 증가하여 전반적으로 지속적인 증가 추세를 보이고 있음을 알 수 있다.

18

념을 배제할 수 없으며 사회심리학적 특성에 대한 고려가 반드시 필요하다.5) 특히 다양한 사회심리학적 특성 중에서 자신 또는 타인의 행위에 대한 원인을 어디에 돌리는가 하는 귀인과 부적사건에 대한 개인의 감정을 대표하는 분노가 중요한 요인으로 고려될 수 있다. 그 이유는 인지, 정서, 행동이라는 3요소는 상호작용적인 관계에 있기 때문이다.

그러므로 개인의 인지적·정서적 특성에 따라서 행동의 결과에 차이가 많이 나게 된다. 특히 자신이 느끼는 분노감정을 어떻게 처리하는가에 따라 개인의 행동에 중요한 영향을 미치게 된다. 예컨대 우리가 매스컴을 통해서 접하고 있는 살인사건이나 폭행은 가해자가 격한 감정 속에서 본인이 생각한 것보다 더욱 심각한 폭력을 초래하게 되는 경우가 대부분이다. 이처럼 살인은 다른 사람을 죽이고자하는 의도의 결과로 발생하기보다는 화를 참지 못하고 표출하는 사소한 감정적 갈등에서 비롯되고, 폭행도 처음에는 언쟁으로 시작되어 나중에는 걷잡을 수 없는 신체적 폭행의 결과를 초래하는 경우가 허다하다. 이와 같이 인간에 발생하는 폭력범죄는 화를 참지 못하는 분노감정에 의한 충동적이고 우발적인 행동의 결과로 생기는 경우를 많이 볼 수 있다.

한편 인간의 행동에 영향을 미치는 요인은 정서적 특성뿐만 아니라 인지적 특성도 중요한 요인으로 작용하게 된다. 대표적인 인지이론가인 Dodge 등은 폭력행동을 사회정보처리 모형(social information process model)으로 설명하였는데,6) 그들은 폭력행동을 사회적 정보를 처리하는 과정의 붕괴나 결함 때문에 표출된다고 보았다.

이 경우 폭력행동의 조절과 관련된 인지적 매개과정인 '사회적 판단', '귀인', '결과의 평가' 등 합리적 판단기제의 장애가 그 원인으로 작용한다. 신체에 유해한 행위가 폭력적인 것으로 인지될 것인가에 대하여는 그 행위가 의도적인지 아닌지에 따라 결정된다. 만약 행위의 책임과 신체에 유해한 의도적인

---

5) 千輪浩, 社會心理學(東京: 誠信書房, 1977), pp.223-224.
6) K. A. Dodge & C. L. Frame, "Social cognitive biases and deficits in aggressive boys", Child Development, Vol. 53, 1982, pp.620-621.

행위가 가해자에게 귀인 할수록 그 행위를 폭력적인 것으로 판단하게 될 가능성은 그만큼 커진다고 볼 수 있다.[7]

이처럼 인간의 폭력행동에 귀인과 분노가 중요한 영향을 미치는 요인임으로 이 두 특성의 파악이 폭력범죄의 예측과 통제에 중요하다고 생각한다. 나아가 귀인과 분노의 상호작용적 관계가 확인된다면 폭력에 대한 예측과 통제력을 더욱 강화시킬 수 있을 것으로 판단된다. 이러한 귀인과 분노라는 심리적 특성을 파악하기 위해서는 실증적인 조사연구를 통한 특성파악과 논의가 필요할 것을 사료된다.

본 저서의 목적은 폭력범죄자의 심리적 특성인 귀인과 분노특성 파악을 통해서 폭력범죄의 예측과 통제를 위한 심리학적 기초 자료를 제공하는데 있다. 구체적인 목적은 다음과 같다. 첫째, 폭력범죄자를 비폭력범죄자와 비교하였을 때 귀인과 분노특성에서 차이가 있는지를 알아보는데 있다. 둘째, 귀인과 분노가 폭력행동에 상호작용관계에 있는지 확인하는 작업이다. 셋째, 폭력범죄자의 인구사회학적 특성인 성별과 연령에 따라서 귀인과 분노특성에 차이가 있는지를 알아보는데 있으며, 마지막으로 범죄경력, 즉 폭력초범과 누범 간에 귀인과 분노특성에서 차이가 있는지를 알아보는데 있다.

본 저서의 기술범위는 다음과 같다.

폭력범죄에 영향을 미치는 요인에는 심리적인 원인뿐만 아니라 사회적·생물학적 원인 등이 있다. 또 심리적인 원인에도 다양한 요인들이 영향을 미친다. 본 책에서는 다양한 심리적인 요인 중에서 특히 개인의 인지적인 요인과 정서적 요인으로 연구의 범위를 한정하였는데, 여기서 인지적 요인이란 자신 또는 타인의 행동의 원인을 어디에 돌리는가하는 귀인특성을 말하며, 정서적 요인은 분노특성을 의미한다. 사람은 끊임없이 자기 자신뿐만 아니라 타인의 행위원인을 알고자 노력하는 존재이므로 개인의 인지적인 평가결과가 자극에 대한 반응에 중요한 영향을 미치게 된다.

---

7) 이상현, 범죄심리학제3판(서울: 박영사, 2004), p.119.

한편 개인이 분노의 감정을 느끼면 폭력적인 행동을 유발할 가능성이 높다. 분노를 일으키는 원인을 분노유발요인이라고 하며 그것을 표출하는 데에도 남녀의 차이가 존재한다.8) 이처럼 귀인과 분노의 표현방법에 개인차가 존재한다는 것은 흥미로운 현상이고, 특히 폭력범죄의 경우에 귀인과 분노특성이 어떠한 영향을 미치는지 탐색해 보는 연구는 이러한 범죄에 대한 효과적인 예측과 통제방안의 모색이라 측면에서 연구의 가치가 충분히 있다고 생각한다. 본 책은 개인의 심리적 특성인 귀인 및 분노와 폭력범죄의 관련성에 대하여 기술하는 것으로 범위9)를 한정하였다.

본 서의 연구대상이 폭력범죄의 심리적 특성은 다음과 같은 연구방법을 이용하였다.

일반적으로 범죄에 관한 연구방법은 법학적 연구, 사회학적 연구, 생물학적 연구, 그리고 심리학적 연구로 나누어 볼 수 있다. 본 책은 심리학적인 연구를 이용하여 폭력범죄자의 심리적 특성을 파악하는 연구이다. 심리적 특성을 파악하는데 있어서 대체적으로 질적 연구와 양적 연구를 이용할 수 있다. 물론 질적인 연구가 개인의 심리적 특성을 파악하는데 상당한 장점을 가지고 있는 접근방법이지만, 범죄자를 대상으로 질적인 연구를 한다는 것은 현실적으로 많은 제한사항이 있기 때문에 본 책은 양적인 표본조사방법을 이용하였다.10)

본 책의 폭력범죄자에 대한 분노와 귀인에 관한 심리적 특성에 관한 연구

---

8) 김경희, "한국 청년의 정서에 관한 심리학적 연구", 한국심리학회지: 발달, 제9권, 제1호, 1996, p.6.

9) 본서의 연구대상이 되는 범죄는 폭행, 상해, 폭력행위 등 처벌에 관한 법률 위반에 해당하는 죄를 범하고 수감 중인 폭력범죄자로 한정하면서 남·여 간의 성 차와 연령효과를 알아보고자 나이와 성별을 고려하여 대상자를 선정하였다.

10) 질적 연구의 대표적인 예로 관찰법, 사례연구, 면접법 등을 들 수 있는데, 범죄현상을 참여관찰을 한다는 것은 그 현장의 특수성 때문에 포착이 곤란하고, 사례연구는 수사서류의 열람 등에 절차상의 제한사항이 많으며, 또 면접법은 재소자의 면회, 면접장소의 부적합, Rapport(신뢰감)의 형성에 많은 시간을 요하기 때문이다.

도 두 가지 접근방법을 고려해볼 수 있다. 하나는 범죄행위 당시의 감정상태와 그 범죄자체에 한정하여 행위의 원인을 어디에 돌리는가 하는 귀인특성을 알아보는 상황적 접근방법과 또 하나는 폭력범죄자의 부적 사건에 대한 일반적인 분노표현의 특성과 그것에 대한 일반적인 귀인특성을 측정하는 특성적 접근방법이 있다.[11) 전자의 접근방법은 개인의 특정 상황에 대한 태도를 알아보는데 장점을 가진 방법인 것에 비해서 후자의 접근은 동일한 심리적 상황이나 자극에 대해 각 개인이 일관성 있게 타인들과 다른 반응을 한다는 관점에서 접근하므로 개인의 일반적인 행동경향성을 파악하는데 장점을 가지고 있다. 그러므로 폭력범죄의 예측과 통제라는 논문의 목적을 달성하기 위해서는 특성적 접근이 타당하다고 판단되어 이 접근법을 이용하여 폭력범죄자의 분노 및 귀인특성을 파악하고자 한다.

본 책의 연구방법은 실증적인 조사연구로서 다음과 같이 종속변수와 독립변수를 선정하였다. 종속변수는 폭행, 상해, 폭력행위 등으로 구속되어 있는 폭력범죄자를 선정하였고, 독립변수는 내재성, 안정성, 전체성이라는 3개의 귀인특성과 분노표출, 분노억제라는 2개의 분노특성, 그리고 귀인과 분노 간의 상호작용효과를 알아보기 위해서 귀인의 세 가지 차원과 분노의 두 가지 유형을 조합하여 6개의 독립변수를 추가적으로 선정하였다.

본 책의 척도는 선행연구의 결과와 기존의 분노 및 귀인 특성척도에 대한 신뢰도와 타당도 확인작업을 거쳐 논문의 목적에 부합되게 일부 개안작업을 통해 척도를 작성하였으며, 조사대상자는 현재 폭력범죄로 구속되어 있는 재소자 550명을 표본으로 선정하여 설문조사를 실시하고, 회수한 설문지는 분류작업을 거쳐 통계적 기법을 이용하여 분석하였다.

---

11) 여기서 특성(trait)이란 특질이라고도 하는데, 어떤 개인이 분명하고 일관성 있는 방향으로 행동하려는 어떤 성향, 즉 행동의 경향성을 일컫는 말이다.

제2장 폭력범죄에 관한 이론

제1절 폭력범죄의 분류

1. 국내학자의 분류

이상현 교수는 본능이론과 충동이론 그리고 사회학습이론과 관련하여, 공격의 선택적 동기라는 관점에 기초하여, 폭력범죄이론을 설명하였다.[12] 즉 본능이론의 관점에서 공격행동의 발생과정은 공격적 본능에 의해서 유발된다. 사회적 좌절 등의 욕구불만도 공격충동을 야기 시킨다. 이것의 결과로서 공격행동이 발생한다고 보았다. 또 사회학습이론의 관점에서는 화났던 경험이 감정적인 분노를 야기 시키고 이에 따른 결과로 분노의 원천에 의존 또는 철퇴하거나 공격을 한다는 세 가지 이론을 혼합한 공격행동모형을 제시하였다.

이상현 교수는 폭력범죄를 동기에 의한 공격과 자율에 의한 공격으로 분류하고,[13] 다시 동기에 의한 공격을 5가지로 세분화하여 설명하였다. 즉 ① 좌절이 공격충동을 유발하고 이 충동은 다시 공격행위를 유발하는 '분노적인 공격', ② 공격적 모델이 공격 동기를 촉진하는 효과를 유발하여 공격행위의 가능성을 높인다고 하는 '모방적 공격', ③ 공격은 비정상적인 믿음으로 인해 공격을 할 수 있다는 환상을 가진 '환상적 공격', ④ '보상적 공격'은 승인과 지위의 보상을 획득하기 위한 수단으로 이용되는 경우를 말한다. ⑤ 공격이 처벌의 수단으로 이용되는 '처벌적 공격'으로 구분하였다. 또 자율에 의한 공격에는 '자기보상과 자기완성을 위한 공격'과 '내적 통제의 일탈에

---

12) 이상현, 전게서, p.124.
13) 상게서, pp.124-130.

24

의한 공격’으로 구분하여 설명하였다.

이문웅 교수는 한국사회에서 일어나고 있는 다양한 형태의 폭력 중에 다음과 같은 여섯 가지의 형태에 초점을 맞추어 폭력의 형태를 분류하였다.14) 즉 ① 질서유지의 수단으로서 폭력, 이는 국가폭력, 가정폭력, 학교폭력 등과 같이 표면적으로 아무런 문제가 없는 듯이 보이는 집단 내에서 발생하는, 비정상적인 강제력의 남용현상을 말한다. ② 분쟁해결수단으로서의 폭력은 사법적인 폭력과 정치적인 폭력으로 구분하였다. 이외에 ③ 도구적 폭력과 ④ 쾌락추구를 위한 폭력, ⑤ 권위주의적인 폭력, ⑥ 정신파탄에 의한 폭력으로 분류하고 있다.

그리고 차용석 교수는 Kadish의 분류방법을 인용하여 폭력범죄를 다음과 같이 분류하였다.15) ① 폭력을 생활의 방법으로 삼는 하위문화에서 성장한 문화적 폭력, ② 강도처럼 어떤 목적을 달성하고자 행하는 범죄목적적 폭력, ③ 정신적으로 병들었거나 뇌 손상으로 인한 병리학적 폭력, ④ 극단적인 자극 하에서 폭력을 가끔 행사하는 상황적 폭력, ⑤ 우연히 타인을 해치는 우발적 폭력, ⑥ 수감시설 등의 시설 내에서 행하는 시설 내 폭력 등으로 나누고 있다.

2. 외국학자의 분류

맥클린톡(McClintock)은 특히 청소년 폭력에 중점을 두고 폭력을 도구적인 폭력, 개인 간의 폭력, 이념적 정치폭력, 동기 없는 파괴적인 폭력 등 네 가지로 분류하고 있다.16) ① 도구적인 폭력은 강도나 강간과 같이 폭력적인

---

14) 이문웅, “폭력의 사회문화적 배경에 관한 탐색적 고찰”, 형사정책연구원, 제2권 3호, 1991, pp.206-207.
15) 차용석, 전게논문, p.222.
16) 조병철, “폭력범죄의 개인적 특성에 관한 연구”, 국민대학교 대학원, 박사학위논문, 1995, p.10.

수단을 이용하여 타인의 재산을 탈취하거나 성적 욕구를 충족시키는 폭력적인 행위를 말한다. ② 개인 간의 폭력은 두 사람 간의 싸움에서부터 갈등관계에 있는 집단 간의 싸움에 이르기까지 사회구성원들 상호 간에 발생하는 각종 폭력행위를 말한다.

또한 ③ 이념적 정치폭력은 정치적인 이념을 달리하는 집단들 간에 주도권 다툼이나 적대관계에 있는 실력자를 제거하기 위한 수단으로 습격이나 테러를 감행하는 행위를 의미한다. 마지막으로 ④ 동기 없는 파괴적 폭력이란 현대문명에 염증을 느낀 나머지 뚜렷한 동기가 없이 일어나는 사건이 여기에 해당되며 예컨대 연쇄살인이나 연쇄방화사건이 이 범주에 속한다. 이러한 분류는 분석의 초점이 청소년 범죄에 모아진 연구에서 얻어진 것이므로 범죄를 구성하는 행위에 국한해서 폭력의 형태를 구분하고 있는 점이 특징이다.

모이어(Moyer)는 폭력을 정서적 폭력, 도구적 폭력, 무차별 폭력, 집단 폭력, 테러리즘으로 분류하였다.17) ① 정서적 폭력은 분노, 성적 욕구 또는 두려움 등의 감정으로 인해 폭력에 이르게 되는 경우를 말한다. 이러한 감정은 행위의 방향을 정해주고 적절한 목표와 연합시키는 역할을 하지만 ② 도구적 폭력은 정서적 요소가 거의, 또는 전혀 없는 폭력을 말한다. ③ 무차별 폭력은 정서적인 이유로 촉발되지만 어떤 목적이나 목표가 없이 행하여지는 폭력이다. ④ 집단적 폭력은 어떤 목표를 지향하여 행동하는 집단에 의한 폭력이다. ⑤ 테러리즘은 테러리스트들의 필요에 따라 정치인들을 자극하여 어떠한 결정을 하도록 유도하는 범죄적 폭력인데 그들의 활동자금을 마련하기 위하여 은행 강도나 납치, 마약밀매 등과 같은 통상적인 조직적 범행을 하기도 한다.

그리고 포스피실(Pospisill)은 폭력을 세 가지 차원 즉, ① 집단 간의 관계(집단내부 또는 집단간 폭력), ② 권위자와의 관계(권위자의 의사를 반영

---

17) 상게논문, p.12.

한 폭력인지의 여부), ③ 참여수준(참여하는 단위가 개인 또는 집단)에 따라서 다양한 형태의 폭력으로 구분하고 있다.[18] 이 분류체계에 따르면 폭력은 집단내부에서 권위자의 재가를 받아 개인단위로 일어나는 '내부적인 자체시정' 권위자의 동의를 받아 국가집단 간에 일어나는 '전쟁', 심지어는 집단내에서 사회질서를 유지하기 위해 합법적으로 자행되는 처벌에 이르기까지 대단히 포괄적이고, 그 강도와 지속기간에 있어서도 다양하다.

그의 분류체계는 흔히 폭력을 범죄행위와 동일시하고 형사처벌의 대상으로만 고려하는 고정관념을 배격한다. 이러한 관점은 반목 또는 불화를 기준으로 하여 이것이 다양한 형태의 폭력행위들과 어떤 관계를 맺고 있는지를 밝히기 위해 시도한 것이어서 그 자체로는 폭력의 범주로 보기 어렵다고 할 수 있다.

이외에도 일본의 山入端津由는 공격의 동기를 '전략적 동기'와 '충동적 동기'로 구분하여 공격의 2과정 모형을 제시하였다.[19] ① 전략적 공격 동기란 현실적 목표를 달성하기 위해 목표 지향적인 행동동기를 말하고, ② 충동적 공격 동기란 부적 사건에 대하여 불쾌감이 유발되어 무조건적인 자동적 인지과정을 거쳐 충동적인 공격이 발생하는 경우를 말한다. 그의 분류방법은 아론손(Aronson)의 도구적 공격과 증오적 공격의 구분과 유사한 분류방법이라고 할 수 있다.

3. 형사사법기관의 분류

다음은 형사사법기관의 폭력범죄 분류방법에 대한 것이다. 실무적 차원에서 범죄를 어떻게 분류하는 가는 각 국가와 개별 기관의 형사정책적인 편의에 따라 분류하고 있다. 미국의 경우는 한국이나 일본과 달리 모든 형법범죄

---

18) 이문웅, 전게논문, pp.209-210.
19) 山入端津由, 犯罪·非行의 社會心理(東京: づしこ出版社,1994), pp.85-86.

와 특별법범죄에 관한 자료를 수집하는 것이 아니라 각 주마다 형법의 차이가 있기 때문에 최초에 **FBI**가 범죄통계를 수집할 때 **29**종의 범죄종류와 그 범죄에 대한 정의만 하고 있다. 즉 **Part** Ⅰ은 지수범죄로 알려진 **8**종의 범죄를 중심으로 발생과 체포에 관한 자료를 작성하고, **Part** Ⅱ는 **29**종의 범죄를 발생에 관한 자료는 작성하지 않고 체포에 관한 자료만 작성한다.[20]

일본은 검찰의 범죄 분류방법과 경찰의 분류방법에 약간의 차이가 있는데, 검찰에서는 형법범, 특별법범, 도로교통위반 등 대 분류만 하고 있고, 경찰은 형법범을 다시 흉악범, 조폭범, 절도범, 지능범, 풍속범, 기타 등으로 다시 중 분류를 하고 있다. 여기서 조폭범에는 폭행, 상해, 협박, 공갈, 흉기준비집합이 포함된다.

한국에서의 범죄분류를 보면 일본과 같이 검찰과 경찰의 분류방법에서 다소 차이가 있다. 공통점은 형법범과 특별법범죄로 분류하고 있다는 점과 세부적인 죄명에서 대체적으로 형법 각칙의 각 장을 단위로 죄명을 정하고 있다는 점이다. 그러나 형법범죄의 세부적인 죄명을 몇 가지 범죄군으로 분류하는 과정에서 차이점이 있는데, 검찰은 재산범죄, 강력 범죄, 위조범죄, 공무원범죄, 풍속범죄, 과실범죄, 기타 형법범죄로 분류하고 있으나, 경찰의 범죄분류는 검찰의 분류방법과는 달리 강력범, 절도범, 폭력범, 교통사범, 지능범, 풍속범, 기타 형법범으로 분류하고 있다. 폭력범죄의 분류에 포함되는 범죄는 상해, 폭행, 체포감금, 협박, 약취유인, 공갈, 손괴, 폭력행위 등이 있다.

이상과 같이 국내외 학자들의 폭력에 관한 분류와 각 국가의 형사사법기관의 범죄분류방법을 살펴보았는데, 학자와 국가에 따라서 범죄를 분류하는 방법은 다소 차이가 있음을 알 수 있다. 본 책의 폭력범죄의 분류는 위에서 논의한 어떤 형태의 폭력분류방법도 관련성은 있겠지만 주로 개

---

20) 지수범죄는 살인, 강간, 강도, 폭행, 침입절도, 절도, 자동차 절도, 방화 등 8종이고, Part Ⅱ 범죄는 단순폭행, 위조, 사기, 횡령, 장물, 손괴, 무기에 관한 죄, 매춘, 성범죄, 마약범죄, 도박, 음주운전, 알코올중독, 부랑, 통행금지 위반 등 총 29종의 범죄로 분류된다.

인이나 소집단에서 발생하는 폭력으로서 전통적인 폭력 범죄의 유형에 해당하는 폭행, 상해, 폭력행위 등에 관한 법률위반에 한정하여 연구하고 자한다.

4. 폭력범죄의 정의

폭력범죄의 정의는 폭력범죄의 원인이 복잡한 것 만큼이나 복잡다기하여 일의적으로 정의하기란 여간 쉽지 않다. 본 책에서 폭력범죄에 대한 나름대로의 정의를 하기 위해서 먼저 형법 및 심리학적 정의를 고찰하여 보았다. 우리나라 형법에는 폭행 또는 협박이라는 개념이 있을 뿐 폭력이라는 개념은 사용하지 않고 있다. 다만 특별형법인 '폭력행위등처벌에관한법률'에는 '폭력행위'라는 개념이 있고, '가정폭력범죄의처벌에 관한 특례법'에서 '가정폭력'이라는 용어가 사용되고 있으며, 그리고 '성폭력범죄의처벌및피해자보호등에관한법률'에서는'성폭력'이라는 용가가 사용되고 있을 뿐이다.

그러므로 형법상의 폭력을 폭행과 협박이라는 개념으로 한정한다 하더라도 폭행과 협박이 형법 각칙의 구성요건에서 사용되는 의미는 문맥에 따라 조금씩 상이하다. 형법상 폭행의 개념은 그 대상과 정도에 따라 다양하게 분류된다.[21]

한편 심리학에서 논의되는 폭력범죄에 관한 이론은 그 범위가 대단히 광범위하여 개인적·집단적으로 금지되거나 제도적으로 금지되든 간에 폭력의 다양한 면을 지배하는 많은 변수들을 규명하고자 한다. 폭력범죄와 관련된 용어인 폭력(violence)에 대한 정의는 학자마다 조금씩 상이

---

21) 배종대, 형법각론(서울: 홍문사, 1997), pp.106-107. : 최광의의 폭행은 그 대상이 무엇이든 유형력을 행사하는 모든 경우를 의미한다. 광의의 폭행은 사람에 대한 직·간접의 유형력을 행사하는 경우를 말하며, 또 협의의 폭행은 사람의 신체에 대한 유형력의 행사만을, 그리고 최협의의 폭행은 상대방을 반항하지 못하도록 하거나 현저히 곤란하게 할 정도의 강력한 유형력의 행사를 의미한다.

하다. 예를 들어 버코위츠(Berkowitz, 1979)는 폭력이란 "상해를 입히는 정도가 대단히 극심한 경우"를, 러빈(Rubin, 1972)은 "타인에게 상해의 결과를 가져오는 행위"로, 모나한(Monahan, 1981)은 "재산의 파괴, 폭력의도, 특정의 행위"로 정의하였다. 위에서의 설명된 폭력에 대한 정의를 요약하여 다시 정리하면 폭력이란 '다양한 공격행위 중에서 타인에게 극심한 상해를 입히는 행위'로 정의할 수 있을 것이다.

위에서 언급한 바와 같이 형법학적 및 심리학적인 면에서 폭력범죄에 대한 정의는 다양하다. 본 책에서는 실증적인 조사연구로서 연구의 목적을 달성하기 위해 폭력범죄의 조사대상자를 제한하였는바, 즉 일반적으로 강력 범죄의 범주에 속하는 살인, 강간, 강도, 방화 등은 제외하고, 폭행 또는 상해죄 중에서 대인간 폭력에 해당하는 폭행, 상해 및 폭력행위 등의 처벌에 관한 법률위반의 죄를 범한 자로 폭력범죄의 조작적 정의를 정하였다.

제2절 폭력의 원인에 관한 관점

1. 생물학적 관점

생물학적 관점은 "신체구조가 기능을 결정한다"라는 기본적 논리에 근거하고 있다. 초기의 생물학적 연구는 롬브로조(Lombroso)의 '격세유전적 범죄', 라바터(Rabarter)의 '관상학', 갈(Gall)의 '골상학', 휴턴(Huton)과 셸던(Sheldon)의 '체형론' 등 외형적인 유전적 요인과 범죄의 관계를 주로 연구하였다. 20세기가 시작되면서 과학, 의료기술과 연구방법론의 발달로 생물학적 연구들이 심리학자와 의학자를 중심으로 활발히 진행되었다.[22]

인간의 행동과 심리적 현상들이 '신경계, 호르몬, 유전자 등에 의해 이미 결정되어 있다는 것'이 생물학적 결정론자들이 주장하는 내용의 핵심이다. 이러한 생물학적 결정론을 따르는 학자들은 인간의 폭력에 관한 생물학적 결정요인들을 발견하고자 노력을 하고 있다. 인간의 폭력에 관한 유전적 효과의 발견은 연구방법이 발전하면서 비롯되었다. 그것은 바로 가족연구, 쌍생아 연구, 양자연구, 유전적 이상을 가진 사람들의 행동에 관한 연구들이 그것들이다.

초기의 연구는 주로 가계연구방법을 많이 이용하였다. 즉, 아동이 부모, 형제와 행동적인 면과 범죄성향 면에서 얼마나 유사한가를 연구하였다. 세대 간의 유사성이 그 증거이지만 얼마나 부모로부터 전이를 받았는지는 설명하기가 쉽지 않다. 왜냐하면 가족 구성원들은 유전과 환경적 경험이라는 두 가지 요소를 공유하고 있기 때문이다.

쌍생아 연구는 가족연구보다는 유전적 효과에 대한 정보를 더 많이 받을 수 있으며, 양자 연구는 유전의 영향과 환경의 효과에 대한 해결에 많은 도움을 주는 방법이다. 양자의 행동을 그들의 친부모와 양부모의 행동과 비교

---

22) 이상현, 전게서, 19-21면.

하는 방법을 이용하기도 한다. 하지만 이 연구에도 약간의 문제가 없는 것은 아니다.23) 반사회적 또는 범죄행동의 경력이 있는 부모는 통상적으로 아동의 입양이 허용되지 않는다. 입양된 아동의 가정환경과 아동의 행동에 대한 영향은 한계가 있을 수밖에 없다.

폭력적 행동의 유전적 소인에 관한 몇몇 증거는 유전적 이상을 가진 사람들을 대상으로 연구를 함으로써 얻을 수 있다. 유전적 이상이 비정상적인 공격행동을 유발할 수 있기 때문이다.24) 예를 들어, XY염색체를 가진 남성이 여성보다 더 공격적일 것으로 가정하였다. extra Y염색체가 심한 공격적 행동을 일으킨다고 생각했던 것이다. 그러나 심리학적 연구의 결과들은 갈등상황에서 XY염색체를 가진 정상인보다 XYY형의 남성이 더 공격적이라고 하는 증거를 발견할 수 없었다.25)

사회성, 정서성, 활동성과 같은 다양한 성격특성들은 유전적인 요소를 많이 가지고 있는 것 같다. 쌍생아 연구는 많은 특성들 중에서 40~50%의 변인들이 유전적임을 지적하고 있다. 몇몇 성격의 유전적 특성(예, 저지능, 과잉활동성, 감각추구성향, 신경증 그리고 정서성)은 어떤 환경 하에서 공격적, 반사회적 또는 범죄적 행동을 하는데 선천적 경향으로서 역할을 할 수 있다. 하지만 만약 공격성 자체에 대한 연구를 종합해 보면 유전적 영향에 관한 증거는 부족하였고 또 연구의 결과도 서로 상이하였다. 연구의 결과들을 [표 2-1]에서 와 같이 정리해 보았다.26)

---

23) B. Hutchings and S. A. Mednick, 'Registered criminality in the adoptive and biological parents of registered male criminal adoptees', in R. R. Fieve, D. Rosenthal and H. Brill(eds) Genetic Research in Psychiatry(Baltimore, MD: Johns Hopkins University Press, 1975), p.118.

24) R. M., Palmour, 'Genetic models for the study of aggressive behavior', Progress in Neuro-Psychopharmacology and Biological Psychiatry, No.7, pp.513-517.

25) R. G. Schiavi et al., 'Sex chromosome anomalies, hormones and aggressivity', *Archives of General Psychiatry*, No.41, 1984, pp.93-99.

26) J. C. Loehlin, L. Willerman, J. M. Horn, 'Human behavior genetics', *Annual Review of Psychology*, No.39, 1989, pp.101-102.

[표 2-1]을 보면, 먼저 유전적 영향이 폭력에 유의한 효과가 없다는 연구 결과는 칸터(Canter, 1973)와 반덴버그(Vandenberg, 1967)의 연구가 있다. 또 파타멘(Partamen 등, 1966)과 니콜스(Loeblin, Nichols, 1976)는 유전과 폭력과의 상관은 극히 낮다고 주장하였다. 그러나 최근의 Rushton 등(1986)과 Tellegen 등(1988)을 중심으로 한 연구자들은 성격특성과 유전적 효과와의 관계에서 실질적으로 유전성이 있다는 연구결과를 보고하였다.

[표 2-1] 쌍생아 연구결과

연구자	측정도구	연구대상	연구내용	결과
Canter(1973)	Fould Hostility Scale	쌍생아 23조 -일란성: 9조 -이란성: 14조	적대감의 두 집단간 상관연구	두 집단간 유의한 차이 없음
Vandenberg (1967)	Activity Index	쌍생아 88조 -일란성: 50조 -이란성: 38조	폭력과의 상관연구	두 집단간 유의한 차이 없음
Partamen (1966)	폭력행동 (자기보고질문지)	쌍생아346조 -일란성: 157조 -이란성: 189조	폭력과의 상관연구	두 집단간 유의한 차이 있음 (낮은 상관)
Loeblin과 Nichols (1976)	폭력행동 (자기보고질문지)	쌍생아 356조 -일란성: 217조 -이란성: 139조	폭력과의 두 집단 간 상관연구	두 집단간 유의한 차이 있음 (낮은 상관)
Rushton et al. (1986)	주장성, 공격성	쌍생아146조 -일란성: 90조 -이란성: 56조	주장성과 공격성과의 상관연구	두 집단간 유의한 상관있음
Tellegen et al. (1988)	Multidimensional Personality Questionnaires	쌍생아 331조 -일란성: 165조 -이란성: 166조	다차원적성 격의 두 집단간 유의한 상관	두 집단간 유의한 상관있음

남자 쌍생아의 범죄에 관한 6개의 다른 연구결과를 개관해 본 결과 일란
성 쌍생아 216쌍에서 범죄행동이 34～76%의 일치율을 나타냈고, 이는 이
란성 쌍생아 301쌍의 18～54%보다 훨씬 높은 일치율을 보였다.[27] 그러나
폭력범죄에는 다른 요인의 영향이 더 중요한 부분을 차지하고 두 집단에서
유전적 선유경향성은 중복되는 요인이 적다.

몇몇 연구에서 반사회적 행동(비행과 범죄를 포함한)을 극대화시키는데 유
전적 요인과 환경적 요인의 상대적 기여 정도를 조사하였다. 예컨대 제리와
스튜어트(Jary & Stewart, 1985)는 입양아동의 공격적 행동장애는 친부모
의 반사회적 성격장애와 관련이 있지만 양부모와는 관련이 없다고 하였다.[28]
이에 비해 청소년비행에서는 유전적 소인이 별로 영향을 미치지 못하는 것
같다.

예를 들어, 보멘(Bohman, 1972)은 입양된 아동의 행동에 친부모의 범죄
성의 유전적 영향은 명백하지 않다고 보고하였다. 반면에 대부분의 비행은
소년들의 주변 환경적 요인인 또래의 태도와 행동 등에 영향을 더 많이 받
는다고 할 수 있다.

비록 아동의 비행과 청소년의 범죄는 그 원인이 아주 상이하지만, 비행에
비해서 남성들의 범죄는 실제적으로 유전적 성향을 많이 포함하고 있는 것
같다.[29] 기소된 양자와 친부모와의 관계는 습관성 범죄자중에서 강한 관계
가 있으며 특히 누범의 아버지와 누범의 아들과는 상관이 매우 높게 나타났
다.

그러면 여기서 유전인자가 폭력에 어떻게 영향을 미치는지를 알아보고자

---

27) L. F. DiLalla and I. I. Gottesman, 'Heterogeneity of cause for delinquency
   and criminality: lifespan perspectives', *Development and Psychology*,
   No.1, 1989, pp.339-340.
28) M. L. Jary and M. A. Stewart, 'Psychiatric disorder in the parents of
   adopted children with aggressive conduct disorder', *Neuropsychology*,
   No.13, 1985, pp.7-8.
29) D. H. Fishbein, Biological perspectives in criminology, *Criminology*, Vo.
   28, 1990, pp.38-40.

한다. 폭력의 과정은 말초 및 중추신경계와 뇌화학적 요인이 유전인자에 영향을 미치기 때문에 나타난다. 신경계와 생리적 요인들 중에서 일부 유전적 요소를 가지고 있는 것들은 비행과 범죄행동과 관련이 있다. 예를 들어 정신이상과 중추신경계장애는 반사회적 행동의 억제학습을 어렵게 하며 전두엽에 손상을 입은 사람은 화를 잘 내게 되고 자신의 행동에 주의력이 결핍되어 있다. 또 뇌의 느린 α파가 비행의 예측인자라고 주장하는 학자도 있다.[30]

즉, 느린 α파를 가진 사람들은 각성수준이 낮으며 회피학습에도 장애를 보인다. 또 느린 α파뿐만 아니라 스트레스 하에서의 낮은 생리적 반응, 높은 심장박동 등도 범죄, 비행 또는 사회병리적 행동과 관계가 있다. 습관성 폭력범죄자들은 폭력과 혈중 콜레스트롤의 저수준, 인슐린의 과다분비, 세로토닌의 저수준 등과 약간의 상관이 있고, 노어 아드레날린의 고수준은 습관성 폭력과 매우 관련이 깊다.

또 테스토스테론이 공격행동에 미치는 영향에 관한 연구를 보면, 아체르(Archer, 1991)는 테스토스테론이 공격행동에 약하지만 정적인 상관이 있고 이것의 수준은 또한 인내력 부족과 성급함과도 역시 정적인 상관이 있다고 하였다.[31] 또 Olwes(1987)는 테스토스테론의 수준이 높은 소년들은 좌절상황에서 참을성이 부족하고 반사회적인 행동을 할 가능성이 많다고 하였다. 하지만 여러 연구결과를 종합해 보면, 공격성과 테스토스테론수준과의 관계에 대한 회귀분석결과에서 분명한 관계를 발견하지 못하였다.[32] 그러나 폭력범죄자와 비폭력범죄자 또는 일반인과의 비교를 포함한 연구들은 테스토스테론의 수준과 폭력경험과는 보다 일관성이 있는 관계가 있음이 밝혀졌다.[33]

---

30) S. A. Mednick et al., 'EEG as a predictor of antisocial behavior', *Criminology,* Vo. 19, 1981, pp.219-221.
31) J. Archer, 'The influence of testosterone on human aggression', *British Journal of Psychology,* No.82, 1991, pp.25-27.
32) J. Archer, Ibid., p.28.
33) R. T. Rubin, 'The neuroendocrinology and neurochemistry of antisocial behavior', in S. A. Mednick, T. E. Moffit and S. A. Stack(eds) The Causes of Crime: *New Biological Approaches,* Cambridge: Cambridge

호르몬이 폭력에 미치는 효과에 관한 연구에서 가장 중요한 문제는 폭력적 또는 폭력행동을 경험한 결과가 호르몬의 수준에 영향을 미칠 수 있다는 사실이다. 예를 들어, 테스토스테론과 적대감의 관계는 어느 것이 원인이고 결과인지 구분하기가 쉽지 않다. 높은 수준의 호르몬이 폭력의 원인이라기보다는 폭력경험의 결과로 인하여 호르몬의 생성에 변화가 생기는 것이다.

여러 연구결과를 기초로 요약하면, 비록 그 증거가 미약하고 해석이 분분하지만 정서성, 감각추구성 그리고 충동성 등 공격적 및 반사회적 행동을 하는 사람들의 성격특질에 실질적인 유전적 영향이 있음을 시사하고 있다. 반면에 공격적인 행동, 폭력, 비행 등에는 유전적 요소는 적다고 할 수 있다.

인간에 있어서 호르몬의 공격행동에 미치는 효과에 대한 증거는 역시 희박하고 단정적으로 결론을 내리기가 곤란하다. 왜냐하면, 유전, 호르몬, 환경이 복잡한 상호작용관계를 가지고 있기 때문이다. 과거의 연구들이 개념적, 방법론적으로 문제를 가지고 있는 것은 분명하다. 그러나 명백한 한계를 그을 수 있는 결과는 없는 것 같다. 하지만, 연구방법이 미흡하다 할지라도, 유전인자가 폭력과 반사회적 행동의 예측인자로서 유용하다는 것은 부인할 수 없다. 그러나 폭력의 유전적 요인에 대한 생물학적 이론은 다음과 같은 비판을 받고 있다.

첫째, 생물학적인 관점은 전형적으로 폭력을 지나치게 광범위한 개념으로 사용하고 있다는 점이다. 이 관점은 인간과 동물행동의 관계를 지나치게 유추하고 있다는 의미이다. 예를 들어 도구적 공격은 인간에게 한정된 행동이며 이것은 특정한 생리적 구조가 필요하지 않고 단지 문화적 진화나 개인적 발달에 달려 있는 문제일 뿐이다.

둘째, 폭력에 특정한 생물학 기제가 있다는 증거 문제이다. 일부 연구에서는 동물에서 시상과 변연계를 자극하면 공격행동이 유발된다고 하지만 그런 결과에 대한 해석이 특정의 생리적 체계라고 하기는 어렵다. 예컨대, 에버릴

University Press, 1987, p.256.

(Averill, 1982)은 정서표현의 생물학적 요소는 반드시 필요한 요인이 아니며 분노는 사회적 관계에서 형성된 정서라고 주장하였다.34)

세 번째의 비판은 인간폭력행동의 필수불가결성을 주장하는 결정론적인 관점이다. 유전적 요인이 어떤 조건하에서 공격준비상태를 만든다는 것은 사실이다. 그러나 이 준비성은 계통발생적(phylogeny)이라기보다는 개체발생적(ontogeny)이라고 할 수 있다.

2. 진화심리학적 관점

진화심리학이란 인간마음의 진화를 더듬어 감으로써 인간의 행동과 정신과정을 새로운 관점에서 해석하려는 학문을 말한다. 진화심리학자들은 사람의 신체구조가 오랜 세월에 걸친 자연도태의 결과물인 것과 마찬가지로 인간의 마음도 진화의 산물이라고 주장한다. 이런 맥락에서 폭력도 외부위협에 대한 적응적 행동으로 진화되었다고 본다.

현재의 진화심리학적 관점은 가정폭력, 성차, 개인차, 생애의 변화에 관한 다수의 유망한 가설을 제시하고 있다. 적응적인 유기체가 어떻게 만들어지는가에 대한 해답은 다윈의 '자연도태' 학설이 등장하면서 시작되었다. 다윈에 의하면 모든 생물체는 자연도태의 역사를 통해서 형성된다고 한다. 자연도태는 유기체의 일부분이고 구성부분들은 이후에도 소위 '적응'이라는 용어로 사용되고 있다.

대부분의 심리학적 연구는 심리적 기제들에 대한 기능적 조직, 직관적 이해에 의존한다. 그러나 기능적 조직을 활성화시키는 역사적 과정에 관하여 연구자들은 잘 알지 못한다. 다윈의 이론을 무시하는 것은 심리학적 이론에 심각한 장애가 될 수 있다. 다윈의 관점 즉, '에너지의 균형' 또는 '생존'은

---

34) J. Averill, *Anger and Aggression*(N. Y: Springer-Verlag, 1982), p.385.

동물에 한정된 것만이 아니라 인간에게도 동일하게 적용된다. 더구나 사회생활에서의 적응문제는 특히 모호하다. 어떤 사회적·인구통계학적·생래적인 변인들이 사회적 발달에 영향을 미치게 되는가하는 문제는 사회적 진화를 연구하는 학자들이 해결해야 할 몫이다.35)

어떤 자극이 특정의 생리적 과정을 얼마나 발화시키며 그 결과로 인하여 폭력과 얼마나 인과적인 관계가 있는지를 탐색하는 것은 가치 있는 연구임에 틀림없다. 하지만 "왜 유기체가 생리적 과정을 통해서 공격이 유발되는가" 하는 의문에 대한 기능적인 문제를 설명하는 것은 쉽지 않다. 기능적 문제를 설명할 수 없다는 것은 인과적 관계를 측정할 만한 탄탄한 기초가 없는 것과 마찬가지다. 그러므로 '선천성' 대 '후천성', '사회적' 대 '생물학적'이냐 하는 논쟁은 아주 불합리하고 비생산적인 이분법적 논쟁에 불과한 것이다.

진화심리학자들은 생애발달을 복잡한 진화적인 적응의 결과라고 보는 반면에 환경론자 들은 학습과 같은 소수의 일반 — 목적적 적응의 결과로 보고 있다.36) 폭력에 관한 공식통계를 보면, 가장 폭력적인 인구계층은 젊은 성인 남자가 높은 비율을 차지하고 있다. 그들이 신체적으로 가장 건강한 연령이라는 것은 중요한 의미를 가지고 있지 않다.37) 병리적인 측면에서 또 다른 폭력계층은 질병이 있는 개인에 의해 유발 될 수 있는 데, 즉 뇌 손상에 의해서도 폭력행동이 표출될 수 있다.

그러면 "폭력을 진화적 적응으로 해석하는 것이 타당한가" 하는 의문이 남는다. 그 해답은 폭력이 확실히 "기능적 고안"이라고 해야 할 것이다. 폭력

---

35) 공격과 폭력에 대한 상황적응적 조절의 전략적 논리에 특별히 관심을 갖고 이론적 업적을 세운 연구자들은 Hamilton(1978), Maynard Smith(1974), Mock(1987), O'Connor(1978), Parker(1978), Popp and DeVore(1979) 등이 있다.
36) J. Archer, Ibid. p.262.
37) M. Daly and M. Wilson, 'Killing the competition: female/female and male/male homicide', *Human Nature*, No.1, 1990, pp.81-82.

이 '기능적 고안'이라고 하는 증거는 많이 있다. 초기의 연구자들은 적응에 대한 총체적 위협이 폭력의 유발인자이며, 그런 위협에 대응한 결과가 폭력이다. 예컨대, 사람을 포함한 모든 동물은 경쟁자의 자원약탈에 대해 폭력적으로 대응을 하는 경향을 가지고 있다. 그러나 폭력적인 갈등해결의 비용은 '승자'가 될 때조차도 높으며 그것이 폭력사용의 효과를 반감시키는 역할을 한다. 인간의 경우에 폭행 또는 다른 의도적인 수단을 이용하여 타인을 해치는 비용은 자기가 상해를 당할 우려 또는 보복의 위험성을 항상 내포하고 있다.38)

한편 인간의 경우에 폭력의 관계 - 특수성은 폭력의 기능을 나타내는 하나의 증거이다. 폭력의 대상은 단지 가용한 대상이 아니라 폭력자와 실질적인 갈등이 있을 때이다. 경쟁적 갈등은 동성 간의 문제에 이미 결정적으로 관련되어 있는 같다. 그 이유는 동일한 성을 가진 사람들은 반대의 성을 가진 사람들보다 그들이 원하는 자원 면에서 더욱더 유사하기 때문이다. 또한 반대성의 사람들도 같은 성(性) 간의 갈등에서처럼 자원 면에서 경쟁적인 관계일 때도 가끔 있다.

성적인 경쟁은 특이하고 인간갈등의 극단적인 원천일 수 있다. 예를 들어, 살인에 관한 통계를 보면 여성을 대상으로 남성 간의 대립적인 경쟁의 산물로 생각되는 사례가 많이 있다.39) 또 남편의 아내폭행은 라이벌 간의 경쟁을 대표하는 예이다. 폭력의 위협은 경쟁자를 효과적으로 제압하는 수단으로 사용될 수 있다. 아내에 대한 남편의 폭력사용은 독특한 특징이 있는데 그것은 아내의 부정한 행동 또는 부부관계를 단절하기 위한 아내의 일방적인 결정에 대한 대응 또는 다른 요인에 대한 대응의 수단으로써 남성들의 성적 질투기제가 표면화된 것이다.40) 강간도

---

38) M. Daly and M. Wilson, *Homicide*, Hawthorne(N. Y: Aldine de Gruyter, 1988a), J., Archer, *Male Violence*, ed. (N. Y: Routledge, 1994), p.263에서 인용.
39) J. Archer, op. cit., p.264.
40) K. Polk and D. Ranson, 'The role of gender in intimate violence', *Australia and New Zealand Journal of Criminology*, No.41, 1991, p.223.

남성폭력에서 또 다른 성적 갈등의 명백한 맥락 중에 하나이다.[41)

적응적인 측면에서 폭력이 과거의 효과적인 경험(학습)을 통해서 강화를 받으면 반복사용의 가능성이 증가하게 될 것이다. 물론 폭행의 사회적 유용성은 관계-특수적 갈등, 사회적 맥락 그리고 도구로써 폭력을 사용하는 당사자의 기술에 달려 있다. 인간이 물리적 폭력을 행사하는데 있어서 문화적으로 성차가 존재한다. 폭력기술의 유능한 사용은 남성들에게 직접적으로 영향을 미친다. 폭력은 위험한 행위이지만 여성들보다 남성들 사이에서 적응에 매우 중요한 수단이 된다. 대부분의 종족사회에서 폭력은 지위와 권력을 획득하고 유지하기 위한 필수적인 요소로 사용되었다.

진화심리학적 고찰은 일반적으로 폭력의 사회적·생물학적 설명에 대한 잘못된 이분법적 사고를 가진 사람들에 의해 무시되어 왔다. 전통적으로 생물학적 요인에 집착하는 연구자들은 호르몬의 효과, Y염색체, 신체기관의 성차에 대해서 만 주로 논의한다.[42) 반대로 사회학적 관점을 가진 연구자들은 생물학적 요인이 폭력과 관련성이 있다는 설명에 대해 부정하고 대신 사회적 요인(빈곤, 실업, 문화)의 중요성만 강조한다.

한편, 청소년들은 원칙적으로 잠재적 폭력가능성을 가지고 있으며, 역시 그들은 주요 피해대상이다.[43) 특히 청소년은 살인의 가해 또는 피해자가 될 위험요소를 가지고 있다. 왜냐하면 그들은 선조 들이 경쟁적 능력을 가지기 위해서 자연도태의 과정을 거치었기 때문이다. 그것은 청소년기에 자연도태의 역사를 통해서 특수한 인구사회학적 특징을 가지고 있다는 것을 의미한다. 청소년은 연령계층 중에서 가장 육체적으로 강할 뿐 아니라 위험과 경쟁을 내포한 심리적으로 특수화된 특징들을 가지고 있다. 청소년들은 특히 경쟁에 의해 동기화되고 자기를 억제할 자제력이 약한 특징을 가지고 있다.[44)

외에 Campbell(1992), Counts(1991) 등이 주장하였다.

41) B. Smuts, 'Male aggression against women: an evolutionary per-spectivw', *Human Nature*, No.3, 1992, pp.1-44.
42) J. Archer, op. cit., p.26.
43) J. Archer, op. cit., p.277.

결론적으로, 인간에 대한 진화심리학적 관점은 인간이 비이성적인 자동기계라고 보지 않고 다양한 수준의 나이, 성차, 환경－특정적 가치에 대한 비용편익구조를 가지고 의사결정을 하는 정보처리자의 관점을 가지고 있다고 본다. 따라서 폭력도 인간이 환경에 적응하는 하나의 수단으로써 사회적 진화의 과정을 거친다는 것이다.

그러므로 폭력이 환경의 적응에 비용이 많이 드는 행동이라면 폭력은 자연도태 할 것이며 이와 비교하여 친사회적 행동이 유익한 적응적 행동이 될 것이다. 이처럼 진화심리학이 시사하는 바는 폭력의 비용과 친사회적 행동이 비교우위를 점하는 사회적 환경이 상당히 중요하다는 것을 의미한다.

하지만 진화심리학적 관점에 대한 비판도 다음과 같이 제기되고 있다.

첫째, 진화심리학이 모든 사람은 화를 낼 가능성과 폭력을 사용할 경향성에 대한 명확한 답을 제시하지 못한다는 점이다.

둘째, 진화심리학이 비유전적 접근방법을 사용하고 있다는 점이다.[45]

셋째, 진화심리학적 접근방법이 순환론적인 모순에 빠질 가능성이 많다는 점이다.[46]

넷째, 진화심리학자들은 인간과 동물의 연속성에 지나치게 매달려 인간의 도덕성이 동물의 이기적 동기로 환원하려한다는 점이다.

마지막으로 진화심리학은 인간의 작동하는 마음의 양식은 설명할 수 있지만 마음의 내용을 설명하기는 어렵다는 비판을 받고 있다.

---

44) J. Archer, op. cit., p.278.
45) J. S. Quadagno, "Paradimes in Evolutionary Theory: The Sciobiological Model of Natural Selection" *American Socialogical Review*, Vol. 44, 1979, p.108.
46) J. S. Quadagno, op. cit., p.108.

3. 사회화이론적 관점

사회화(socialization)란 개인이 자기가 속한 집단의 가치와 규범을 내면화해 가는 과정을 말한다. 인간은 이러한 사회화과정을 통해서 타자와 그가 속한 집단에 동조·이해할 수 있는 공통문화를 학습하는 것과 동시에 자기를 둘러싸고 있는 환경과의 상호작용과정을 통해서 타자와 상이한 자기만의 독특한 자아를 형성하게 된다. 여기서 사회화이론이란 폭력의 사회화 과정을 중심으로 설명하는 이론을 말한다. 전통적 사회화이론을 대표하는 이론에는 정신분석이론, 좌절－공격이론, 사회학습이론이 있다.

정신분석이론에 의하면 폭력은 폭력적 대응을 유도하는 자연스런 추동(drive)이라고 한다. 이 접근방법에서 가장 중요한 과제는 이러한 추동들(id로부터의 정신적 에너지의 분출로 정의되는)이 성격의 다른 측면, 특히 자아(ego)에 의해 얼마나 조절되는가를 설명하는 것이다.[47] 비록 지나친 공격적 행동에 대한 초기의 정신분석적 설명이 원초아(id)의 통제 불가능(out-of-control)에 초점을 두고 있다.

레들과 와인멘드(Redle & Winemand, 1951)를 중심으로 한 다른 연구자들은 가장 적절한 초점은 자아(ego)라고 제안하였다.[48] ego는 공격성과 같은 자연스런 추동을 주로 통제하는 기제이다. ego가 부적절하게 발달되었을 때 성숙의 오류 또는 사회화의 실패, 충동, 불안 그리고 공격성의 통제미흡 등으로 연결되기 때문이다. 이 접근법에 따르면 자아발달의 장애는 부적절한 사회화를 가져온다는 것이다. 이것은 주로 범죄자들이 잔인하고, 거칠며, 갈등적인 가정출신이라고 하는 폭력범죄에 대한 연구에 의해서 증명되었다.[49]

자아의 발달은 부적절하게 발달된 자아와 잘 발달된 자아로 단순한 양면적

---

47) J. Archer, op. cit., p.290에서 재인용.
48) J. Archer, Ibid., p.290에서 재인용.
49) Farrington(1991), Arbuthnot et al. (1987), J. Archer, Ibid., pp.289-291에서 재인용.

42

관계가 아니다. 예컨대, 면전폭력과 기타 범죄행동은 덜 통제된 개인으로부터 발생할 경우가 많다. 하지만, 덜 통제된(undercontroled) 또는 과잉통제된(overcontroled) 자아가 폭력을 일으킬 수 있다. 즉 극단적인 폭력범죄자들은 다른 범죄자나 보통 사람들보다 과잉통제된 경우가 있다. 그러므로 부적절한 자아의 발달에 대한 단순한 설명으로 폭력행동을 이해할 수 없을 것이다.[50]

한편, 버코위츠(Berkowitz, 1989)의 좌절-공격이론에서는 좌절경험이 공격행동의 촉진인자라고 하였으며, 그것이 추동수준과 공격적 행동의 촉발을 증가시킨다는 것이다.[51] 정신분석적 접근법에 비해서, 개인의 내재적인 공격적 강제력보다는 외재적인 좌절로 유발된 추동에 의해 공격적으로 동기화된다는 것이다. 비록 좌절이 본질적으로 공격의 필요조건이지만 좌절 외에 여러 가지 다른 상황들이 수반되는 것은 분명하다. 공격은 단지 좌절의 여러 가지 반응들 중에 하나일 뿐이다.

버코위츠(Berkowitz, 1989)는 초기이론을 발전시켜, 공격단서(예, 총기, 칼, 돌), 부적 감정들이 또한 좌절 이전에 흔히 선행요인으로 필요한 경우도 있음에 주의를 환기시켰다. 좌절-공격이론의 또 다른 면은 공격의 억제가 대치된 공격의 원인이 된다는 것이다. 그래서 다른 대상(예, 배우자, 자녀)에게 지향하여 처벌의 위협을 감소시킨다. 이 이론은 직접 또는 대리적 공격이 정화의 과정을 통해서 감소된다는 것을 주장하고 있다. 하지만 이 관점을 지지하는 증거는 아주 미미하다.[52]

사회화이론 중에서 가장 중요한 이론 중에 하나는 반두라(Bandura)의 사회학습이론이다. 내적 추동 또는 어떤 좌절상황에 대한 반응으로써의 공격과 비교해서 반두라는 행동의 원인을 개인의 학습 환경으로 설명하였다. 학습은

---

50) J. Archer, Ibid., p.291에서 재인용.
51) L. Berkowitz, 'The frustration-aggression hypothesis: examination and reformulation', *Psychological Bulletin*, No.106, 1989, pp.59-62.
52) J. Archer, op. cit., p.291에서 재인용.

직접적인 강화(정적 강화, 부적강화, 처벌) 또는 관찰을 통해서도 이루어진다. 즉, 학습은 직접적인 경험이나 다른 사람의 행동을 관찰함으로써 학습된다. 관찰한 것이 실제행동으로 전이되기 위해서 사람들은 기억에서 그 행동을 유지하고 있어야 한다.

기억 속에 남아 있는 행동의 상징들은 관찰된 행동과 비슷한 행동으로 전환되어야 한다. 이것은 흔히 개인의 숙달수준에 따라 달라진다. 마지막으로 행동으로 반복하는 것은 그것이 강화 또는 처벌의 원인인지, 또는 행동을 가져 올 만큼 관찰자에게 충분한 동기가 있느냐에 따라서 달라진다.[53]

인간생활에서 많은 모델들이 행동에 영향을 미치게 된다. **Bandura(1973)**는 범죄행동에 영향을 미치는 요인에는 가족, 또래집단, 문화(예, **TV**와 영화 등 상징물)등 세 가지를 지적하였다. 사회학습이론은 폭력을 개인 내적 요인(자기규제와 자기효능감)과 상황적 특성의 상호보완적 관계라고 강조한다. 연구자들은 사회학습이론의 이러한 일반원칙을 어느 정도 내에서 지지하고 있다. 예컨대, 남편이 부인을 폭행하는 가정에서 성장한 아동의 물리적 공격행동의 빈도가 증가한다는 연구결과가 나타났다.

예를 들어, 칼머스(**Kalmuss, 1984**)는 남편이 아내를 구타하는 가정에서 자란 자식은 결혼 후에 아내를 폭행할 가능성이 증가함을 발견하였다. 특히, 그의 연구결과에 의하면 아이들은 같은 성의 부모로부터 영향을 더 많이 받는다고 한다. 남자아이는 아버지의 행동을 보고 배우며 여자아이는 어머니의 행동을 관찰함으로서 영향을 받게 된다.[54] 그러나 모델링 이론은 비록 여성들이 남성들보다 성적으로 학대를 당할 가능성이 많지만 그들이 성인이 되어 성 학대를 하는 경우는 드물다는 사실을 설명하기 어렵다는 비판을 받고 있다.

---

53) A. Bandura, *Social Learning Analysis*(Englewood Cliffs, NJ: Prentice-Hall, 1977), J. Archer, op. cit., p.291에서 재인용.
54) D. Kalmuss, 'The intergenerational transmission of marital aggression', *Journal of marriage and the family*, No.47, 1984, pp.11-19.

사회학습이론을 정교화 시키는데 공헌한 대표적인 학자는 에론(Eron)을 들 수 있다. 그는 폭력의 가장 주요한 결정인자 중에 하나는 부모로부터 지원의 결핍이라고 주장하였다. 즉, 부모가 공격을 가르치고 강화시킨다는 것이다. 이 것이 강압적인 양육과 같은 부모의 양육기법의 미숙과 연합될 때 아이들은 폭 력을 억제하는 기술을 습득하지 못하게 된다. 예를 들어, 지나치게 거칠거나 일관적이지 못한 가정교육은 강화된 공격모델을 제공하는 결과를 초래한다. 이 요인들은 청소년기의 폭력범죄와 관련이 있다.55)

비록 전통적 사회화이론이 폭력의 이해에 중요한 기초를 제공하는데 큰 공헌을 하였지만 비판을 받고 있는 점은 다음과 같다. 첫째, 대부분의 전통 적 사회화이론은 반사회적 행동, 비행에 한정되어 있다는 점이다. 폭력과 반 사회적 행동은 비교적 시간-안정적 특성이 있는 것으로 밝혀졌으며, 이것 은 폭력과 반사회적 행동 그리고 비행 등이 공통적인 맥락을 가지고 있다는 것을 의미한다.56) 즉, 폭력은 일반적인 반사회적, 범죄적 행동의 예측인자와 유사하다고 볼 수 있다. 그러나 폭력과 다른 반사회적 행동이 비슷한 공통분 모를 가지고 있지만 폭력과 반사회적 행동을 구분할 새로운 이론적 틀을 마 련할 필요성은 충분히 있다.

둘째, 사회화이론들이 발달적인 관점을 고려하고 있지 않다는 점이다. 비 록 최근의 이론들이 어느 정도는 내재적으로 발달지향적이라고 볼 수 있다. 그러나 정신분석이론은 시간의 경과에 따라 개인과 환경조건의 변화를 무시 하고 있고 발달과정의 내재적 재인식에 대한 일부 이론적 업적이 나타나고 있지만 현재의 이론들이 외현적으로 발달적 관심을 설명하고 있다고는 볼 수 없다. 지금의 발달적인 연구들은 대부분 폭력행동을 설명하는데 적절하지 못하다. 셋째, 전통적 사회화이론은 가족과 또래집단의 역할을 경시하고 있 다는 점이다. 위덤(Widom, 1989d)은 아동기의 신체적 학대가 이후에 폭력

---

55) D. P, Farrington, 'Early predictors of adolescent aggression and adult violence', *Violence and Victims*, No.4, 1991, pp.79-81.
56) J. Archer, Ibid., p.295에서 재인용.

을 유발하는데 중요한 영향을 미치며, 또 아동기에 거부의 경험이 있을 때도 이후에 폭력을 할 가능성이 많다고 하였다. 그러나 폭력의 세대간 전이에 대한 연구는 아직 초보적인 단계에 불과한 실정이다.

넷째, 폭력의 환경적·사회적 맥락변인의 역할에 관한 무관심이다. 미래의 연구는 사회적 맥락 또는 거시－수준 변인들 즉, 사회경제적 지위, 도시화의 정도, 밀집, 기타 전통적 사회화이론에서 배제된 요인들을 적극적으로 설명할 필요가 있다. 마지막으로, 성적 차이를 설명할 수 있는 폭력이론이 부족하다는 점이다. 대부분의 연구는 남성을 대상으로 한 연구가 주류를 이루고 있다. 물론 남자가 더 많은 폭력범죄를 유발하고 있다는 것은 사실이지만 여성에 의한 폭력범죄도 지속적으로 증가하고 있는 추세임을 볼 때 여성에 대한 폭력이론의 연구도 상당히 가치 있는 연구가 될 것이다.

4. 사회심리학적 관점

사회심리학이란 사회적 행동에 관한 여러 현상을 심리학적으로 연구하는 학문이다. 알포트(Allport, 1968)의 고전적 정의에 따르면 '실제의, 상상의, 혹은 묵시적인 타인의 존재에 의하여 개인의 사고, 감정 및 행동이 영향을 받는 양식을 이해하고 설명하려는 노력'이라고 표현될 수 있다.[57]

1980년대에 들어와 미국의 고르겐(Gorgen)을 중심으로 사회심리학의 전통적 패러다임에 대한 비판과 더불어 새 패러다임을 정립하려는 노력이 활발해지고 있다. 이에 따라 사회심리학자들의 관심영역이 범죄, 사회차별, 마약, 알코올, 환경 등에도 확장되어 가고 있는 경향을 보이고 있다.[58]

최근의 사회심리학적 연구들은 폭력의 사회적 영향을 강조하고 있다. 그러

---

57) 민경환, "사회심리학의 방법론 논쟁", 사회과학과 정책연구, 서울대학교 사회과학연구소, 제8권 1호, 1986, 161면.
58) 민경환, 상게논문, 160면.

나 이러한 연구들은 주로 개인적 요인들에 초점을 두고 있는 것이 사실이다. 일부의 사회심리학자들은 폭력을 사회적 맥락과 동시에 고려해야 이해 될 수 있다고 한다. 예를 들어, 펠슨(Felson, 1978)은 폭력은 인상관리의 수단이며, 그것은 위협받고 있는 자신의 정체성을 회복하기 위한 것이라 한다.59) 다른 연구자들은 사회적 구조와 문화규범의 광범위한 영향을 강조하기도 한다. 폭력을 설명하는 사회심리학적 이론은 다양하게 소개되고 있지만 본 책에서는 강제력, 폭력하위문화, 권력, 귀인이론을 중심으로 알아보겠다.

먼저, 테데쉬(Tedeschi, 1983)는 강제력의 사용에 대한 사회적 원인을 강조한다.60) 그는 강제력은 다른 사회적 영향력이 성공적이지 못할 때 마지막 수단이라고 하였다. 강제력은 위협의 의사소통을 반영한 것이거나 처벌의 전달을 나타내는 것이라고 하였다. 그것은 보상의 갈등, 힘과 지위에서 위협 등의 상황에서 현저히 나타나는 현상이다. 강제력의 공격적인 사용은 보통 법적인 보호를 받지 못하거나 비정상적인 것이다.

그러나 강제력은 통상적으로 방어 또는 보복, 그리고 사회적 규범에 의한 규정된 것들이다. 예를 들어, 상호성의 규범은 피해당한 것에 비례하여 가해자에게 상해를 요구하는 것이다. 이것은 일반사회에서 널리 받아들여지는 가치규범이다. 대인간 그리고 집단간 폭력에서도 상당한 설득력을 가지고 있다. 또, 형평성의 규범은 상대적 박탈과 부정의(不正義)의 인식에서 창출되며 그것은 자원에 대한 비합법적인 접근을 동기화시킨다.

강제력의 사용결정은 성공과 실패에 따른 비용의 가치와 가능성에 좌우된다. 그리고 이것은 자기이미지의 보존 또는 권위유지의 필요성과 두려움에 의해 고양된다. 역시 그것은 개인의 자존심이 결핍되어 있고 어떤 사건에 영향을 미칠 만 한 힘이 부족하다고 느낄 때나 또는 사람들이 왜곡된 시간조

---

59) R. B. Felson, 'Aggression as impression management,' *Social Psychology*, No.41, 1978, pp.205-208.
60) R. Blackburn, *The Psychology of Criminal Conduct: Theory, Research, and Practice*(N. Y: John Wiley & Son, 1993), pp.223-224.

망, 자아중심성, 또는 알코올이나 마약 등의 중독을 통하여 비용을 잘못 인식하였을 때 더욱더 그런 현상이 나타난다. 강제력의 사용에 대한 몇 가지 원인은 사회인지이론과 양립하지만 Tedeschi의 접근방법은 대인간 상해의 목적 또는 강화자로서 주로 대인간 응종을 특정화시킨다는 점에서 차이가 난다.

두 번째, 계층-근거이론의 전통에 입각한 울프강과 페라큐티(**Wolfgang & Ferracuti, 1967**)는 폭력의 하위문화를 제안하였다.[61) 그것은 폭력에 규범이라는 것을 부가시킨 것이다. 이것은 흥분, 지위, 명예, 남성다움을 찬성하는 태도 등의 "강한 남성의식 유형(**machismo**)"의 일부이다. 예를 들어 살인율이 가장 높은 계층은 젊고 남자이며 낮은 계층집단에서 나타난다는 것을 볼 때, 이것은 이런 집단들이 폭력하위문화의 가치를 지지한다는 것을 시사하는 것이다. 하지만, 이것을 검증하기 위한 여러 가지 노력들은 만족할 만한 결과를 얻지 못하였다. 예를 들어, 벨과 로키치(**Ball and Rokeach, 1973**)는 교육수준과 수입 정도 등과 관계없이 폭력남성들 사이에서 선호하는 "남성적 의식"이라는 가치유형을 특별히 보이지 않는다고 하였다. 또, 에랑게(**Erlanger, 1974**)도 역시 남성의 폭력이 자신이 속한 집단에 의해 보다 많이 수용될 것이라고 느끼는 것이 남성일 것이라고 하는 예측을 지지하는 연구결과를 발견하지 못하였다. 그는 "남성다움의 하위문화"에서 폭력은 단순히 여러 가지 많은 문화 중에서 단지 하나에 불과하다고 주장하였다. 비록, 이것이 아직까지 널리 지지를 받고 있지만, 폭력의 하위문화가설을 지지할 만한 증거는 그렇게 많지 않다.

또 권력과 남성폭력의 관계라는 관점에서 폭력을 조망해 볼 수 있다. 크레그(**Clegg, 1989**)는 힘(**power**)을 개인의 권위에 의한 직접적인 통제라고 정의하였다. 여성에 대한 남성의 폭력을 권력의 관계로 설명하는

---

61) M. E, Wolfgang & F. Ferracuti, The subculture of violence (London: Tavistock, 1967), R. Blackburn, The Psychology of Criminal Conduct: Theory, Research, and Practice(N. Y: John Wiley & Son, 1993), pp. 223-224에서 재인용.

48

것은 명확한 설명이 되지 못하며 그것은 보다 더 특별히 폭력적인 남성들의 특성을 조사하는 방향으로 맞추어져야 할 것이다. 도바쉬와 도바쉬(Dobash & Dobash)는 아내구타의 원인을 그의 행동이 다른 사람에게 받아 들여 지지 않을 때 그의 아내를 힘으로 억압하거나 가장의 권위를 유지하기 위해 시도되는 하나의 수단이라고 하였다. 이들의 주장이 가장 정평이 있는 주장이라고 할 수 있다. 그 이유는 그것이 가부장권력가설(patriarchal power hypothesis)에 가장 근접한 이론이며 설득력 있는 설명이기 때문이다.62) 엘로와 스트라우스(Yello & Strauss, 1984)는 사회적 권력가설(social power hypothesis) 을 폭력과 여성의 전반적인 지위와의 관계조사를 통해 연구를 하였다. 여성의 지위를 법적, 경제적, 교육적 그리고 정치적 권력의 요소로 측정을 하였다. 그 결과 전반적으로 이것은 아내폭행과 선형적인 관계를 보였다.63) 예를 들어, 여성의 지위가 낮을수록 폭력피해를 많이 입었으며, 반대로 여성의 지위가 높을수록 폭력피해는 감소하였다.

남자의 세계에서 폭력이 의미하는 바는 과연 무엇일까? 전체 폭력범죄 중에서 남자가 80~90% 이상을 차지하고 있다. 아직도 여성은 분노와 폭력에 대해서 참아야 하는 것이 한국사회의 전통적 유교문화이다. 남성폭력은 놀라울 정도로 이질적이고 다양한 형태를 보이고 있다. 폭력의 형태에는 살인, 강도, 폭행, 학교폭력, 데이트 강간 등 실로 다양하다. 이렇게 다양한 행동으로 폭력이 행사되고 있지만 그것들에는 공통적인 특징을 가지고 있다. 폭력은 전반적으로 명백한 도구적 목표(예를 들어 경제적 이익의 확보)와 대인간 목적(예를 들어 다른 사람의 지배)을 달성하는데 있다는 공통된 특징을 보인다는 것이다.

예를 들어, 강도는 금전적인 이익을 획득하고자 하는 목적을 가지고 있으며, 그러나 그것은 또한 다른 사람의 통제수단으로써 위협의 효과적인 사용을 위한 것 일 수 있다. 또 폭행은 체면손상의 두려움을 제거하고자 하는

---

62) J. Archer, op. cit., p.315에서 재인용.
63) J. Archer, Ibid., p.315에서 재인용.

목적으로 이용되는 특징을 가지고 있다.64) 한편 데이트 강간도 성적 만족의 목적 또는 힘의 과시를 통하여 복종을 강요하기 위한 하나의 수단이다. 이렇듯 폭력은 어떤 한 남자가 다른 사람을 자신의 통제하게 두고 힘을 통해서 타인을 지배하고 동시에 자기존중감을 고양시키기 위한 하나의 효과적인 수단으로 이용된다고 볼 수 있다.

마지막으로 폭력을 귀인이론적 입장에서 연구하는 방법이다. 귀인이론(attribution theory)이란 자신과 타인의 행동의 원인을 어떻게 지각하는가에 대한 설명을 하는 이론이다.65) 귀인은 자기행동의 원인에 관한 개인의 신념이며 이것이 반드시 실질적인 원인을 대표하는 것은 아니다. 그러므로 귀인이론은 행위의 원인에 관한 이론이 아니라 원인에 대한 개인의 지각에 관한 이론이라 할 것이다.66)

또한 귀인이론은 자기 자신의 행동에 대한 추측된 동기 또는 의도를 탐색하는 것을 말한다. 귀인이론에는 5가지의 차원이 있다. 즉, 내부 대 외부 귀인, 안정 대 불안정, 전체적 대 특정적, 통제가능성 대 불가능성, 의도적 대 비의도적이 그 차원이다. 행동에 대한 개인의 귀인은 각각의 차원으로부터 한 가지 변인의 독특한 조합으로 이루어져 있다. 귀인과 폭력에 관한 연구결과를 살펴보면 다음과 같다.

먼저, 굳존선(Gudjonsson, 1984)은 정신적으로 이상이 있는 범죄자들은 자신의 바람직하지 못한 행동을 내적 원인으로 흔히 귀인을 하지만, 자신의 질병을 이유로 책임을 부인한다고 한다.67) 헨더선과 휴스턴

---

64) D. F. Luckenbill, 'Criminal homicide as a situated transaction', *Social Problems*, No.25, 1977, pp.176-178.

65) C. Antaki & C. Brewin, *Attribution and Psychological change* (New York: Academic Press, Inc., 1982), p.198.

66) Crombag, H. F. H., When law and psychology meet. In Wegner, Losel, & Haisch (Eds.), Criminal behavior and the justice system: Psychological perspectives(New York: Springer-Verlag, 1989), p.290.

67) G. H. Gudjonsson., 'Attribution of blame for criminal acts and its relationship with personality.' *Personality and Individual Differences*

(Henderson & Hewstone, 1984)이 행한 연구에서 밝혀진 범죄자의 귀인특성은 다음과 같다.

① 범죄자는 자신의 범죄행동은 외부 귀인을 더 많이 하였다.

② 폭력행동에 대해서 범죄자는 변명보다는 정당화를 더 많이 하였다.

③ 단독범이 공범보다 외부 귀인을 적게 하였고 책임의 분산현상이 발견되었다.

④ 범죄의 심각성이 변명 또는 정당화 설명의 하나의 요인이다. 치명적인 결과에 대해서 정당화는 거의 하지 않았고 변명을 많이 하는 편이었다.

⑤ 범죄자가 상해를 당했을 때 내부 귀인을 많이 하였고, 상황적 귀인은 적었다.

⑥ 범죄자가 피해자와 아는 사이일 때 상황귀인은 적게 하였으며, 피해자에게 탓을 돌리는 경향이 높았다. 그리고 피해자가 권위 있는 인물이라면 상황적 귀인을 더 많이 하는 경향을 보였다. 그린우드(Greenwood, 1979b)도 624명의 수감자를 대상으로 연구에서 범죄자들에게 일정한 귀인패턴이 있음을 발견하였다.68) 누범은 범죄의 원인이 향락인 반면에 다른 범죄자들은 경제적인 어려움이 그 원인으로 밝혀졌다. 니스벳(Nisbett, 1971)의 연구에 의하면 재소자들은 그들의 범죄행동은 외부적이고 불안정한 원인들에 귀인하였다.69) 이상에서 본 바와 같이 범죄자는 일정한 귀인 유형이 있음이 밝혀졌다. 그러나 폭력과 귀인과의 관계에 대한 증거는 부족한 실정이다.

사회심리학적 연구들이 인간의 사회적 관계에서 폭력행동을 연구하였다는 점에서 폭력이론의 발전에 상당한 기여를 하였다고 생각한다. 그러나 사회심리학적 이론은 다음과 같은 비판을 받고 있다.

5(1), 1984, pp.53-58.

68) p. W. Greenwood, *Career criminal prosecution: Potential objectives* (Santa Monica, California: The Rand Corporation 1979b), pp.289-292.

69) E. Jones & R. Nisbett, *The actor and the observer: Divergent perceptions of the causes of behavior* (Morriston, N. J. : General Learning Press, 1971) pp.124-126.

첫째, 대부분의 이론들이 남성의 폭력에 관한 이론이라는 한계이다. 강제력, 권력, 폭력하위문화론은 여성의 폭력을 설명하지 못하는 이론이다.[70] 여성의 폭력을 설명하는 사회심리학적 이론의 개발이 필요하다.

둘째, 사회심리학적 이론이 폭력의 연령 효과를 설명하지 못한다.

셋째, 폭력의 하위문화이론은 폭력의 개인차를 설명하는 데 한계점을 가지고 있다. 즉, 동일한 하위문화지역에 거주하면서 왜 어떤 사람은 폭력을 하고 또 어떤 사람은 폭력을 하지 않는지에 대한 설명력이 부족하다.

네 번째, 강제력과 권력에 관한 이론은 그것을 증명하는 방법론상의 타당성과 신뢰성에 문제를 가지고 있다. 즉, 강제력과 권력이 폭력에 미치는 영향에 관한 증거를 찾기가 어렵다는 것이다.

---

70) 검찰의 범죄통계를 보면 여성의 강력 범죄율이 최근 5년간 평균이 14.4%를 차지하고 있다. (범죄백서, 대 검찰청, 1998)

제3절 스트레스와 폭력행동

1. 스트레스의 정의

스트레스의 어원은 라틴어의 스트릭투스(strictus) 또는 스트링게레(stringere)라는 말에서 나왔다. 이 말은 '팽팽하다', '쪼이다'라는 의미이다. 이러한 어원은 개인이 스트레스를 경험할 때 느끼는 답답한 느낌, 근육의 긴장 등을 반영하고 있다. 이후 스트레스란 말은 환경에서 오는 어려움, 경제적 곤란 등을 의미하는 말로 사용되었다. 현대적 의미의 스트레스는 물리학과 공학에서 사용하던 개념을 캐나다의 내과의사인 셀리에(Hans Selye, 1936)가 의학적인 개념으로 사용하면서 보다 많은 사람들이 스트레스라는 단어를 사용하게 되었다.

스트레스에 관한 정의는 학자마다 조금씩 상이한데, 셀리에는 "개인의 적응과정에서 생기는 신체적 및 심리적 압박감, 긴장감"으로, 전겸구와 김교헌(1996)은 "자신에게 바람직하지 않은 상태가 발생하거나 발생할 것으로 예견하고, 그러한 상태를 해결하기 어려울 때 경험하는 상태"로 정의하기도 한다. 권석만 등(1996)은 "곤란한 상황에서 한 유기체 내에서 일어나는 심리적 및 생리적 반응들의 패턴"으로 정의를 하기도 한다.

이러한 스트레스는 인간의 삶에서 정상적인 한 부분이며, 사람이 새로운 환경, 지식, 기술과 행동양식을 습득하기 위하여 직면해야 하는 불가피한 부분이다. 그러나 스트레스가 지나칠 때 역기능적 현상들이 발생한다. 이때 사람은 정서적, 인지적, 생리적 기능의 혼란을 경험하게 되고, 지속적인 스트레스는 심장병, 고혈압 등을 포함하는 여러 가지 신체적 질병의 원인이 되기도 하며, 대인관계 및 직장에서의 여러 가지 해악을 일으키고, 심지어 스트레스로 범죄를 범하기도 한다.71) 특히 군대생활은 그 자체가 긴장과 불안을 야기할 수 있는 특징을 가지고 있어 스트레스를 유발하는 원인을 찾아 해결하는 것이 개인의 부대적응을 도와 범죄를 예방하고, 궁극적으로 전투력을 최상으로 유지하는데 기여할 것이다.

2. 스트레스 유발요인

(1) 압박감

압박감은 우리가 어떤 행동기준에 꼭 맞추려 하거나 급속한 변화에 적응하려고 할 때 경험하는 긴장상태이다. 압박감은 내부압력과 외부압력으로 나누어 생각할 수 있다.

첫째, 내부압력은 흔히 자존심의 유지와 관련이 있다. 가령 자기 자신의 지능, 인격 또는 재능에 관한 스스로의 믿음 때문에 보다 우수한 수준까지 자신을 끌어올리려고 하는 데서 오는 압박감을 느낄 수 있다.

이러한 내부압력은 공부를 열심히 하여 나중에는 성취감을 느끼게 되는 경우처럼 생산적인 결과를 가져오기도 하고, 실현 불가능한 이상이나 목표에 자신을 밀어붙이는 경우는 부정적인 결과를 초래하기도 한다.

둘째, 외부압력에는 다른 사람과의 경쟁, 사회조건의 급속한 변화, 가족 및 친구들로부터의 기대 등이 포함된다. 뿐만 아니라 현대 산업사회에서 요구하는 마감시간이 있는 직업 및 작업량의 폭주도 우리에게 압박감을 주는 요인임을 우리의 일상생활에서 자주 볼 수 있다.

---

71) 실직으로 인한 강·절도, 자살을 하거나 애인이 변심하였다고 탈영을 하거나 자살을 하는 것, 부모의 죽음, 이혼, 경제적 파탄을 견디지 못하고 마약을 복용하는 것도 스트레스로 인한 범죄에 속한다.

(2) 불　안

압박감은 사람들 스스로가 왜 압박감을 느끼는지를 알고 있다. 그러나 불안에서는 사람들이 왜 불안한지를 모르는 채 마음이 불편하고 불안정한 상태인 경우가 많다. 그래서 여러 스트레스 원천 중에서 가장 어렵고 당황하게 만드는 스트레스의 원천이라고 볼 수 있다. 불안은 특성불안과 상태불안의 두 가지로 나누어 고려하는 것이 필요하다. 특성불안은 비교적 지속적인 일종의 성격특성이고, 상태불안은 특정한 상태나 장면에 따라서 증가하기도 하고 감소하기도 하는 불안이다.

불안은 스트레스의 원천으로 그 이유가 불분명한 경우가 많아서 대처하기가 그만큼 어렵다. 그런데 모든 불안이 그런 것은 아니다. 적어도 상태불안은 위험의 예상에 의해 생길 수 있다. 위험스러운 사건을 경험할 때보다 예상되는 위험을 앞 둔 순간에 더 큰 불안을 겪는다는 사실은 특수부대 군인들의 공중낙하 전후의 생리적 긴장지표(심장박동, 땀 등)에서도 밝혀지고 있다. 또한 자존심의 손상이나 좌절의 결과로 불안해지기도 하는데, 스트레스에 대한 반응으로 불안한 상태가 되기도 하는 것이다. 불안에 대처할 때에도 불안의 이러한 두 가지의 특성에 따라 달리 대처하는 것이 필요하다.

(3) 좌　절

좌절은 방해물(사물 또는 인간) 때문에 목표로의 접근이 금지된 상태를 말한다. 자기가 좋아했던 여자가 휴가를 가보니 이미 다른 남자와 약혼했음을 발견한 병사의 경우나, 전투력 측정에서 평소 실력보다 나쁘게 나옴으로써 자기가 바라던 우수부대를 놓친 중대장의 경우처럼 지향했던 목표가 달성되지 못하고 좌절된 경우들이다. 콜만과 하멘(Coleman & Hammen, 1974)에 따르면 좌절의 다섯 가지 근원을 다음과 같이 기술하고 있다.

첫째는 행동과정의 지연이다. 현대 산업사회는 특히 속도와 시간을 중요한 가치로 강조하는 경향이 있기 때문에 시간이 지연될 때 좌절감을 느끼기 마련이다. 약속시간은 촉박한 데도 타고 있는 자동차가 교통 혼잡으로 제대로 진행하지 못하고 있을 때 겪는 좌절이 한 예일 것이다.

둘째는 자원의 결핍이다. 특히 수입이 적은 사람들에게는 고급 옷을 선전하는 광고나 TV의 온갖 상품선전들이 좌절의 원인일 수 있다. 현대 자본주의 사회의 빈부격차는 절대적 빈곤보다는 상대적 빈곤에서 오는 박탈감이 많으며, 특히 디지털시대인 21세기는 지식정보의 소유여부에 따라 빈부의 격차가 더욱 벌어질 것으로 예상된다. 그리고 군 장병들이 느끼는 상대적 박탈감 중에는 '유전면제, 무전병역'에 따른 좌절감으로 군복무의욕의 상실하는 경우도 발생할 수 있다.

셋째로 상실감을 들 수 있는데, 가령 가까운 부모님의 죽음이나 이혼, 친구나 애인을 잃었을 때 삶의 의미를 상실하여 자포자기하는 경우가 많다.

넷째로 실패는 오늘날과 같은 경쟁사회에서는 좌절의 주요 요인이 되고 있다. 실패감이 특히 적응하기 어려운 스트레스가 되는 이유는 실패에 뒤따르는 죄책감 때문이다. 왜냐하면 실패하고 난 사람은 자기 자신과 다른 사람의 실망에 대한 죄책감을 느끼기 마이기 때문이다.

마지막으로, 인생에 대한 무의미감이 좌절의 원인이 될 수 있다. 특히 노력 및 생활상의 보람을 타인의 방해나 사회적 조건 때문에 찾을 수 없다고 느낄 때에는 인생 전반에 걸쳐서 좌절을 겪게 된다. 이런 경우에는 일종의 무력감을 갖게 되고, 결과적으로 자기가 하는 일은 아무 것도 중요하지 않거나 타인으로부터 소외되고 있다고 믿게 된다. 한마디로 좌절은 기대나 욕구가 현실과 격차가 있을 때 경험되는 것이라고 할 수 있다.

(4) 갈 등

인간생활의 문제 중 아마도 갈등이 가장 흔한 문제일지도 모른다. 갈등은 두 가지 이상의 상반되는 요구나 욕구, 기회 또는 목표에 당면했을 때 일어난다. 원하는 목표나 욕구를 동시에 달성하기 어렵거나 불가능하기 때문에 문제가 되는 것이 갈등인 것이다. 갈등에서는 완전한 해결이나 모든 면에서 만족스러운 결과를 바랄 수는 없다. 따라서 두 가지 목표(또는 욕구)중 하나를 포기 또는 수정하거나, 현재가 아닌 나중으로 미루거나, 어느 것도 충분히 만족되지 않아도 견디어 낼 수밖에 없는 것이다.

갈등은 어느 누구도 피할 수 없다. 개인이 성장하고 그 행동범위가 넓어짐에 따라 직면하는 갈등도 다양해지게 마련이다. 이러한 갈등들의 원인에는 여러 가지가 있다.

첫째, 갈등은 개인의 포부와 능력이 균형을 이루지 못할 때 발생한다. 개인이 자신의 능력을 고려하지 않고 포부를 지나치게 높게 설정하는 경우이다.

둘째, 갈등은 양립할 수 없는 욕구나 목표 때문에 일어난다. 흔히 볼 수 있는 인간의 갈등은 의존과 독립의 욕구 때문에 오는데, 이 경우가 바로 그것이다.

셋째, 갈등은 금지와 욕망의 상충 때문에 일어난다. 성인의 금지와 자신의 욕망 사이에서 많은 갈등을 겪는 사춘기 청소년들의 경우가 좋은 예이다.

넷째, 문화의 상반되는 가치가 갈등을 불러일으킨다. 예를 들어, 성취를 강조하는 사회에서 동시에 협동도 강조하는 경우에 생기는 갈등을 들 수 있다.

3. 스트레스에 대한 반응

스트레스에 대한 반응은 개인차와 상황에 따라 아주 복잡하고 다양하다. 여러분은 교통이 혼잡할 대 조그만 일에도 짜증이나 화가 나는 것과 같은 정서반응을 경험하였을 것이다. 이러한 반응이 나타나는 이유는 운전으로 인하여 과중한 스트레스를 경험하면 신체적·정서적으로 긴장되어 있어 평소와 다른 반응을 나타나게 된다. 스트레스에 대한 정서적 반응, 생리적 반응을 위주로 살펴보겠다.

1) 스트레스에 대한 정서적 반응

대부분의 사람들이 스트레스를 경험할 때 정서반응이 나타난다. 흔히 스트레스는 불쾌한 감정을 유발하는 경향이 있다. 즉, 스트레스가 증가함에 따라 부적인 정서가 증가하는 경향이 있다. 스트레스와 정서는 단순히 1 : 1 관계가 있는 것은 아니다. 스트레스 사상이나 상황에 따라 아주 다양한 정서반응이 나타날 수 있다.

첫째, 스트레스는 사소한 짜증에서부터 통제하기 어려운 격분에 이르기까지 다양한 분노감정을 유발한다. 둘째, 스트레스는 주로 불안과 공포를 유발한다. 셋째, 스트레스는 낙담, 비애, 슬픔과 같은 기분을 유발한다. 정서반응은 생활과정에서 나타나는 아주 자연스럽고 정상적인 반응이다. 유쾌한 정서뿐만 아니라 불쾌한 정서도 중요한 역할을 한다. 신체의 통증처럼 고통스러운 정서는 일종의 경고이다. 여기서는 한국인의 가장 중요한 정서적 반응에 해당하는 화에 대하여 설명하기로 한다.

2) 스트레스에 대한 생리적 반응

스트레스에 대한 생리적 반응은 셀리에의 일반적응증후군(general adaptation syndrome)을 통해서 살펴보고자 한다. 유기체가 끊임없이 환경과 상호작용을 하면서 신체적으로나 심리적으로 균형을 유지하려는 노력을 계속한다. 그러나 종종 현재의 상태로는 이러한 균형을 유지할 수 없는 상황에 처하기도 하는데, 이것이 바로 스트레스 상황이다. 현재의 균형을 깨뜨리는 원인은 심리적인 것과 생리적인 것으로 나눌 수 있는데, 그 원인이 무엇이든지 간에 스트레스에 대한 생리적 반응은 근본적으로 동일하다고 할 수 있다.

셀리에(Seyle, 1974)는 스트레스를 일단 의 증상을 유지하는 심리적, 생리적 상태로 보았는데, 그의 일반적응증후군(general adaptation syndrome)이론에 따르면, 스트레스에 대한 유기체의 생리적 반응은 다음과 같은 3단계로 나타난다.

(1) 경고반응단계(stage of alarm reaction)

어떤 스트레스 자극에 대한 신체의 첫 반응인 경고반응(alarm reaction)은 다음과 같은 두 가지 단계들을 가지고 있다. 충격단계(shock phase)에서 체온과 혈압이 떨어지고, 심장박동이 빨라지고, 근육들이 이완된다. 즉, 일단 신체가 스트레스를 받게 되면 그것에 대한 저항력이 일시적으로 떨어지는 현상이 발생하는 것이다. 하지만 이러한 반응들 뒤에는 신체가 스트레스에 대한 방어력을 즉각 회복하여 그것에 대항하게 되는 일련의 자동적 방어기제가 작동하게 되는데, 이를 역충격단계(countershock phase)라고 한다.

이 단계 동안에 일어나는 일련의 신체반응들은 다음과 같다. 먼저 신체의 각 부위는 에너지 공급을 필요로 하게 되고, 그에 따라 간장은 근육들에 에너지를 공급하기 위해 포도당을 방출한다. 그리고 호르몬들이 분비되어서 체내에 축적된 지방과 단백질을 포도당으로 전환시키세 되며, 신체의 신진대사 속도 또한 빨라지게 된다. 심장박동, 혈압, 호흡 속도는 증가되며 근육이 긴장하게 된다. 이와 동시에 소화와 같은 불필요한 신체활동들은 줄어들게 된다. 이러한 생리적 반응들의 대부분은 시상하부에 의해 조절되는데, 시상하부는 위급상황에서 자율신경계의 활동을 통제하고 뇌하수체의 활동을 활성화시키는 등 스트레스에 대한 신체의 일련의 자동적 대응체계를 관장한다는 점에서 스트레스 중추로 일컬어진다.

자율신경계와 내분비계는 복잡한 방식들로 스트레스 반응을 합동적으로 조절한다. 시상하부의 통제를 받는 자율신경계는 부신수질을 자극하여 혈류 속에 에피네프린이라는 호르몬을 방출하게 되는데, 에피네프린은 신체의 여러 기관들에 있는 세포의 수용기들과 상호작용해서 심장박동과 혈압을 증가시키고 간장에서 여분의 포도당이 방출되도록 자극하는 역할을 한다.

또한 시상하부는 뇌하수체로 하여금 두 개의 중요한 호르몬들을 분비하도록 하는데, 이들 중 하나는 갑상선을 자극함으로써 신체에게 더 많은 에너지를 공급하도록 하는 역할을 한다. 다른 하나의 호르몬인 부신피질자극 호르몬은 부신피질을 자극해서 부신피질 스테로이드라고 불리는 일군의 호르몬들을 분비하도록 하는데, 이 호르몬들은 신진대사과정과 아울러 간장에서 포도당을 방출하도록 하는데 중요한 역할을 한다. 부신피질자극호르몬은 또한 신체의 다른 기관들에게 여러 가지 호르몬들을 방출하도록 신호하는데, 이 호르몬들은 스트레스에 대한 신체적 적응과정을 돕는 역할을 한다.

(2) 저항단계(stage of resistance)

경고반응은 또한 위급반응(emergency reaction)이라고도 불리는데, 스트레스에 대한 유기체의 첫 반응으로서 생리적 변화가 일어나는 시기이다.

하지만 이러한 신체의 반응에도 불구하고 스트레스가 지속된다면 우리의 신체는 저항단계로 들어가게 된다. 저항단계에서 뇌하수체는 계속 부신피질자극호르몬을 분비하며, 이것은 부신피질에게 부신피질 스테로이드들을 계속 방출하도록 자극하는데, 이 호르몬들은 신체의 저항력을 증가시키는 것을 돕는다. 부신은 실제로 저항단계에서 크기가 커지는데, 이는 저항단계 동안 이 기관의 활동상을 반영하는 것이다.

특정한 스트레스요인에 대한 저항이 증가됨에 따라 경고반응 동안에 활성화되었던 생리적 과정들의 대부분은 정상으로 되돌아오는데, 이는 부신피질자극호르몬과 스테로이드의 분비 수준이 증가되었기 때문으로 보인다.

하지만 겉으로는 저항단계에서 생리적 과정들이 정상인 것처럼 보이지만,

실제로는 그렇지 않다.

만일 어떤 두 번째의 스트레스요인이 저항단계에서 새로이 도입된다면 신체는 이것에 더 이상 효과적으로 저항할 수 없게 된다.

따라서 저항단계의 특징은 애초에 제시된 스트레스인에 대한 저항은 증가하지만, 신체의 전반적인 저항력은 저하된다는 것이다.

(3) 소진단계(stage of exhaustion)

만일 해로운 스트레스에 대한 노출이 장기간 계속된다면, 이것이나 다른 새로운 스트레스에 대한 신체의 저항력은 결국 붕괴되고 만다. 뇌하수체의 부신피질은 더 이상 부신피질자극호르몬과 스테로이드를 분비할 수 없게 되며, 경고반응단계동안에 나타났던 증상들 중의 몇 가지가 다시 나타나고, 심한 경우에는 사망에까지 이를 수 있다.

실험동물들이 스트레스에 장기간 노출되어 사망하였을 때, 그들의 부신이 손상되어 있다는 것이 발견되었다. 또한 신체면역 활동에 중요한 역할을 하는 임파선과 흉선들은 심하게 위축되었으며, 위장에서는 출혈성 궤양들이 나타났다.

일반적응증후군은 실험동물들에서 관찰된 생리적 변화들을 기술하고 있지만, 셀리에는 모든 장기간의 스트레스 경험은 동물과 아울러 인간에게서도 동일한 경로를 따를 것이라고 주장했다.

하지만 인간의 경우에는 동물의 경우에서와는 달리 상황에 대한 의미의 지각이 어떤 생리적 반응들이 일어날 것인지를 결정짓는다.

즉, 동일한 스트레스 자극이라 할지라도 그것의 심리적 의미는 각 개인들마다 다를 수 있고, 그에 따라 나타나는 생리적 변화과정 또한 개인마다 차이가 날 수가 있다.

4. 스트레스와 폭력과의 관계

(1) 모우슨의 일시적 범죄행동모델

모우슨(A. R. Mawson, 1987)은 일시적 범죄의 원인을 각성과 인지와의 관계를 통해서 설명하였다.[72] 그는 그림의 모델에서 보는 바와 같이 스트레스 자극을 통해서 교감신경계의 각성이 증가하고 이로 인해 인지적 지도의 장애발생으로 인하여 정상적인 사고와 판단능력의 일시적 혼란으로 범죄행동이 발생한다고 하였다. 특히 인지적 지도의 장애는 내면화된 도덕성, 법규범의 상실의 원인이 된다. 인지적 지도의 해체, 높은 각성수준, 개인의 감각추구행동은 이미 내면화된 도덕에 의해 지배를 받지 않는 상태가 되는 것이다. 이러한 조건하에서 범죄행동의 가능성은 더욱 증가한다고 볼 수 있다.

[그림 2-1] 일과성 범죄행동 모델

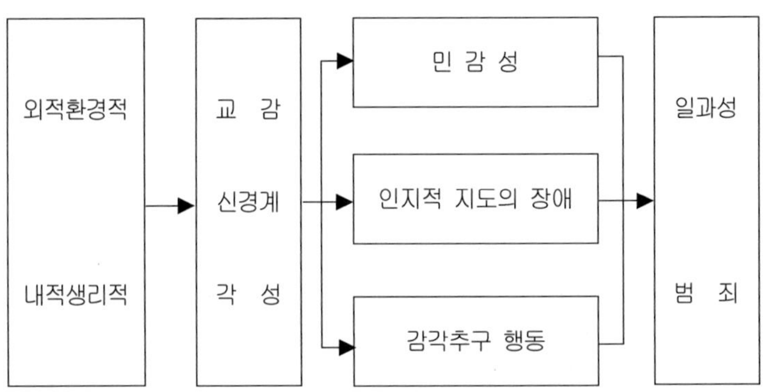

(출처: A. R. Mawson, Transient Criminality: A Model of Stress-Induced Crime, 1987, p.63.)

---

72) A. R. Mawson, Transient Criminality: A Model of Stress-Induced Crime (N. Y. : A division of Greenwood Press, Inc., 1987), pp.60~62.

모우슨(Mawson)과 마찬가지로 긴(Geen, 1970)도 현대사회에서 볼 수 있는 대다수의 폭력범죄는 일상생활의 스트레스로부터 유발된 높은 각성수준과 대중매체를 통한 다양한 폭력물의 관찰 간의 상호작용의 결과이라고 하였다. 또 쿨릭과 브라운(Kulli & Brown, 1979)은 상황적으로 서로 관련이 있는 불공평한 감정, 책임감, 사회적 확신, 분노의도의 지각 등의 변인들은 폭력행동에 영향을 미친다고 하였다.73) 이러한 관점에서 보면 폭력행동은 단순하게 힘의 사용을 통해서 즉시적인 만족을 얻고자 시도하는 것이라고 볼 수 있다. 예를 들어, 전화를 걸기 위해 줄을 서 있다가 장시간 전화를 한다고 폭행을 한다거나, 남편이 아내와 말다툼을 하다가 언쟁을 끝내기 위해 구타를 하는 것 등이 그 예이다. 이러한 행동들은 계획적이라기보다 비이성적이고 충동적인 행위들이다. 즉 폭력범죄는 대부분 이성적인 판단에 의해 이익과 비용을 고려한 계획적인 범죄라기보다는 감정적이고 즉각적이고, 무계획적인 우발적 범행이 대부분이다.

한편 조은경의 연구에 의하면74), 먼저 분노표현양식과 범죄유형별 차이를 보면 폭행범이 주로 화가 날 때 물리적 공격이나 버럭 화를 낸다는 반응을 가장 많이 표출하였다. 또 범행의 사전계획여부를 보면 폭행범이 무계획적인 범행을 가장 많이 하였다. 그리고 범행의 동기 면에서 보면 '화가 나서'가 살인범, 폭행범의 순으로 많이 응답하였다. 이 연구결과는 살인, 폭행, 강간 등의 폭력성 대인범죄의 발생원인이 '홧김'에 범행을 많이 하는 감정적 폭력행동이 주원인임을 시사한다.

과거의 범죄연구에서 간과한 연구 분야 중에 하나는 자신의 행동의 원인에 대한 범죄자 자신의 인식이다. 범죄자의 귀인특성을 파악함으로서 누범유형에 대한 통찰을 제공받을 수 있으며 또 폭력에 대한 정확한 예측력을 높

---

73) J. A. Kullik and R. Brown, "Frustration, attribution of blame, and aggression", *Journal of Experimental Social Psychology*, No.15, 1979, pp.183~194.

74) 조은경, "충동성과 공격성향이 강력 범죄에 미치는 영향", 형사정책연구원, 『형사정책연구』, 제8권, 제2호, 1997년 여름호, pp.151~154.

일 수 있을 것이다. 다음은 귀인과 폭력범죄의 관계에 관한 중요한 연구결과를 검토하여 보았다. 일본의 범죄학자인 山入端津由는 공격의 동기를 전략적 동기와 충동적 동기로 구분하여 공격의 2과정 모형을 다음 그림과 같이 제시한 바 있다.[75]

[그림 2-2] 폭력의 2과정 모형

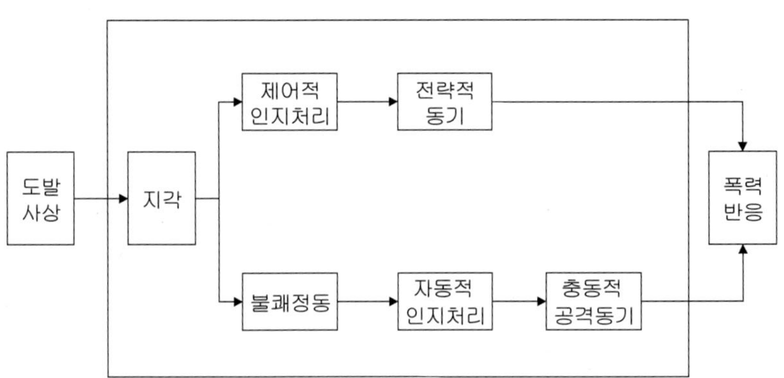

(출처: 山入端津由, 犯罪·非行의 社會心理, p.85.)

그림에서 보는 바와 같이 어떤 개인이 도발사상을 지각하고 나면 두 가지 경로의 폭력적 반응을 보이게 된다.

첫 번째 경로는 도발적인 사상을 지각한 개인은 제어적 인지처리를 통해서 전략적 동기가 생기고, 이것은 폭력적인 반응을 일으킨다. 여기서 전략적 공격 동기란 현실적 목표를 달성하기 위해 목표 지향적인 행동동기를 말한다. 따라서 전략적 동기에 의한 폭력적 반응에는 반응을 보이기 전에 개인의 이성적이고 합리적인 판단에 의해 사전 치밀한 계획을 수립 후에 폭력적인 반응을 하는 경우를 말한다. 두 번째 경로는 도발적인 사상을 지각한 개인이

---

75) 山入端津由, 前揭書, pp.85-86.

불쾌한 감정을 느끼게 되면 무조건적으로 발생하는 자동적 인지처리를 통해서, 충동적인 공격 동기가 발생하게 되고, 이로 인해서 타인에 대한 폭력적인 반응으로 나타나게 된다. 여기서 충동적 공격 동기가 발생하는 것은 타인의 도발적 사상에 대해 불쾌한 감정을 느끼게 되고, 이것이 개인의 인지적 처리과정에 영향을 미치게 된다는 것을 알 수 있다. 특히 山入端津由는 충동적 동기에 의한 폭력반응은 범죄적 폭력으로 연결되는 경우가 많다고 하면서, 특히 불쾌한 감정에 의한 인지적 처리는 살인 등 우발적인 강력 범죄로 이어진다고 하였다.

5. 스트레스 감소전략을 통한 범죄예방

합리적 선택이론에 의하면 범죄는 범죄자가 범죄행동을 하기 전에 충분히 범죄의 의 결과로 인한 이익과 손해를 충분히 고려한 다음 행동을 실천한다고 하다. 즉 범죄는 계획적이고, 합리적이며, 적어도 의도적인 행동이라는 것이다. 그러나 대다수의 범죄는 최근의 어떤 부적사건에 의해 저지러 진다. 예컨대, 실직한 가장이 생활비를 마련하기 위해 절도를 하거나 산모가 아이에게 우유를 먹이기 위해 상점에서 절도를 하는 것이나, 과중한 업무를 견디지 못하고 탈영을 하는 것은 계획적이고 합리적이 선택의 결과라고 하기 어렵다. 즉 경제적 곤란과 재산범죄의 관계는 "돈이 필요해서 훔친다"고 하는 단순한 논리 이상으로 그 원인이 복잡하다.

범죄는 높은 각성의 결과로 인지적 지도에 장애가 발생하고 그 결과 합리적인 선택을 하지 못하기 때문에 발생하기 때문에 범죄는 각성을 줄이는 것이 범죄예방의 핵심이다. 즉 개인의 인지적 지도를 적정한 수준에서 유지하는 것이 범죄를 예방하는 전략이다. 따라서 인지적 지도의 위협을 줄이는 다음의 방법을 활용하는 것이다.

첫째, 부조화(incongruity)를 감소시키거나 회피하기와 다른 교감신경계의 각성원인을 회피하거나 최소화시키는 것이다. 환경에서의 부조화와 관련하여 모든 사람들이 범죄성과 관련된 스트레스들 중에서 하나를 회피할 가능성은 거의 없다. 모든 사람들은 자신의 생활에서 가끔씩 상실이나 거부를 경험하게 된다. 또 많은 사람들은 알코올이나 약물을 때때로 사용하기도 하고, 여성은 월경 전 긴장을 경험하게 된다. 따라서 환경으로부터 경험하는 부조화를 줄이는 것이 스트레스를 감소시키는 것이며, 결국 범죄를 예방하는 방법이 된다.

둘째, 부조화의 영향을 간접적으로 감소하고 개인과 지역사회와의 연대를 공고히 함으로써 인지적 지도를 유지시키고 강화시키는 방법이다. 인지적 지도의 강화와 관련하여, 카셀(Cassel, 1976)은 스트레스와 질병의 관계에 관한 논문에서 스트레스에 노출된 사람들은 사회적 지원이 스트레스를 감소시킨다고 하였다. 즉 애착의 대상을 상실 등의 이유로 사람들은 이미 일상생활의 스트레스에 취약하기 때문에 스트레스가 범죄를 주도하게 될 것이다. 이 모델은 개인의 사회적 지원(친구, 부모, 가족구성원, 지역사회 등)과 같은 강한 '유대'의 강화나 유지가 중요하다는 것을 지적하고 있다.

다시 말하면 21세기는 산업의 급격한 성장, 사회문화적 경향과 기술의 발달이 급격하게 변화될 가능성이 많으므로 인간의 사회적 관계와 지역사회의 유대가 더욱 약화될 것으로 예상된다. 결국은 전문직업주의, 자동화, 기동성, 개인주의, 성취욕구가 인간성의 상실과 사회적 고립감을 더욱 가중시켜 사회적 스트레스는 심화될 것으로 예상된다.[76]

셋째, 교감신경계 각성을 감소시키는 수단으로 다른 절차를 활용하는 방법이다. 부교감신경체계를 범죄예방에 활용하는 것이다. 이것이 환경적 스트레스에 직면하였을 때 각성을 감소시키는 역할을 한다. 이 자극은 활동적인 육체적 운동을 통해서 달성된다. 육체적 운동이 심장의 건강과 체중조절, 정신건강에 좋다는 연구결과는 많이 있다.[77] 운동의 유형은 주로 걷기, 조깅, 수

---

76) M. Pilisuk, Delivery of social support, American Journal of Orthopsychiat, 1982, p.27.

영, 자전거 타기 등 적어도 하루에 **2-30분** 동안 근육을 적절하게 수축과 이완운동을 하면 효과적이다. 육체적 운동은 우울, 불안, 그리고 분노를 감소시키고, 스트레스에 대한 생리적 반응을 줄여주며 인지적 기능과 자신감을 고양시키는 역할을 하며, 자신에 대한 안녕감을 느끼게 하여 주는 역할을 한다.

그리고 뚱뚱한 사람이 마른 사람보다 우울과 불안, 그리고 긴장을 덜 하는데, 스트레스호르몬인 카테콜아민의 수준이 낮다. 테일러(Taylor et al., **1985**)의 알코올, 약물남용과 범죄의 관계에 관한 연구에 의하면, 육체적 운동은 범죄개입의 가능성을 감소시키는 역할을 하는 것으로 보고하였다. 즉 교감신경계의 각성과 감각추구경향성을 줄여주기 때문에 폭력이나 알코올, 약물남용, 상점절도와 침입절도를 범할 가능성이 감소하게 된다.

한 연구에 의하면 규칙적으로 조깅을 하는 집단과 그렇지 않은 집단 간에 범죄율, 교통사고, 알코올소비, 우울수준을 비교하였을 때, 규칙적으로 조깅을 하는 집단이 4가지 요소 모두에서 훨씬 낮은 것으로 밝혀졌다. 이외에도 교감신경계의 각성을 줄여주는 스트레스 관리기법으로 근육이완운동, 바이오피드백, 명상, 인지적 재구조화 등을 적절히 섞어서 사용하는 것이 좋다고 하였다.

결론적으로 범죄에 대한 공공건강적 접근법과 관련하여 다음과 같은 내용을 강력하게 제안한다.

첫째, 범죄와 관련된 위험요소들은 정신적인 병과 육체적 질병과 상당수가 중첩되어있다는 것이다.

둘째, 위에서 제시한 범죄예방을 위한 제안은 만성적 질병을 예방하는 방법과 일치한다.

셋째, 개인적 치료뿐만 아니라 사회적 개입이 질병과 마찬가지로 범죄행동에 대해서도 매우 유익하다. 예컨대 심장병이나 암과 같은 질병은 적절한 영

---

77) 이에 대한 대표적인 연구결과는 Boone, 1983; Mason & Powell, 1985 등이 있다.

양분의 공급과 운동, 적당한 수면, 스트레스 관리기술, 다른 건강유지습관의 결과로 그러한 질병을 예방할 수 있다.

이와 마찬가지로 대다수의 범죄는 만약에 우리의 사회가 그것이 일시적이든 만성적이든 간에 범죄를 범할 위험한 요소를 최소화시키거나 제거하는 방법이다. 예를 들어 총기를 사고파는 기회를 최대한 억제함으로써 충동적 또는 우연히 자신이나 타인을 살해 또는 상해를 입히는 것을 감소시킬 수 있고, 알코올소비나 다른 범죄적 소인과 관련된 행동을 억제할 수 있다.

제4절 성격과 폭력행동

1. 성격특성과 범죄

성격이라 함은 개인이 환경에 따라 반응하는 특징적인 양식으로서, 타인과 구별되게 하는 독특하고 일관성 있는 사고, 감정 및 행동방식의 총체를 말한다. 연구자들은 범죄자의 특징적인 性格을 발견하지는 못했으나 일부 정신과의사나 심리학자들은 일반인과 범죄자를 구분할 수 있는 성격 또는 성격특질을 찾기 위해 노력하고 있다. 모든 범죄자가 동일한 성격을 가진고 있는 것 같지는 않다.

1) 요첼슨과 세미나우의 연구

그들은 범죄자를 연구하는데 전통적인 정신의학적 기법이 비효과적이라고 주장하면서 효과적인 현장치료 프로그램을 개발하기 위해서 범죄자의 성격을 연구하였다. 255명의 범죄자들에 대한 면접과 공식자료를 통해서 범죄자의 "사고유형"을 파악하였다. 그 결과 그들은 범죄자의 성격은 사회경제적 또는 환경적 요인의 산물이 아니라고 했다. [표 2-2]에서 보는 바와 같이 범죄자는 주로 거짓말을 하고, 자기상이 불안정하여 화를 잘 내고, 타인으로부터의 모욕이나 상해를 받는 것에 대한 지나치게 두려워하고, 남의 물건을 자기 것으로 생각하는 성격특성을 보인다.

[표 2-2] 범죄자의 사고유형

① 만성적인 거짓말쟁이	⑤ 화를 잘 냄
② 불안정한 자기상	⑥ 허무맹랑한 낙천성
③ 상해 또는 모욕에 대한 두려움	⑦ 왕성한 에너지
④ 남의 재물을 자기 것으로 여김	

2) 월터스와 화이트의 연구

그들은 "잘못된, 비합리적인 사고"가 장기간에 걸쳐 법을 위반하는 "생활범죄자"의 특징이라고 주장하였다. 그들은 [표 2-3]에서 보는 바와 같이 생활범죄자의 전형적인 인지적 특질로 8가지를 제시하였다. [표 2-3]에서 보는 바와 같이 그들의 인지적 특징은 자신의 범죄행동을 외부적 요인에 귀인하고, 정당화시키며, 쾌락을 추구하고, 변덕이 심하며, 지나치게 낙관적인 특징을 가지고 있고, 인지적으로 보통사람보다 훨씬 게으르다고 한다.

[표 2-3] 생활범죄자의 인지적 특징

① 완화(mollification): 범죄를 하게 된 것을 외부의 힘으로 돌림으로써 범행을 정당화
② 제거(cut off): 범죄제지에 대한 두려움과 불안을 제거
③ 특권부여(entitlement): 세상을 자신의 이익과 쾌락을 위해 존재하는 것으로 보고 이것이 범죄자가 가지는 특권이라고 생각
④ 권력지향 (power orientation): 대인관계에서 강한 자와 약한 자의 차원을 강조
⑤ 감상성향 (sentimentality): 변덕이 심한 감정의 표현과 범죄자는 순수하게 타인을 돕겠다는 생각 없이 그들 스스로에 대해 좋은 감정을 가지는데 도움이 되는 자기 자신의 방식대로 표현함
⑥ 과잉낙천성(super optimism): 모든 것을 물리칠 수 있는 능력을 가졌다고 하는 극단적인 자기 확신
⑦ 인지적 게으름 (cognitive indolence): 중요한 사고를 하는데 게으르고 쉽게 싫증을 느끼는 경향성, 자신의 생각대로 손쉽게 신속히 받아들임.
⑧ 주의력결핍(discontinuity): 외부사건에 의해 쉽게 주의가 산만해지는 경향성과 장시간 동안 주의를 기울이는 것이 불가능

3) 아이젱크의 연구

아이젱크는 범죄성에 대한 상호작용이론을 제안했다. 즉, 범죄행동은 환경조건과 유전적 성격특성이 복합적으로 작용한 결과이다. 그에 따르면 범죄는 빈곤한 사회적 조건, 저학력, 실업, 유전적, 생물학적인 요인에 의해 발생한다고 생각하였다. 그는 적어도 반사회적 행동 또는 범죄행동에 대하여 유전적 소질을 강조하였다. 그는 개인의 신경계의 기능들이 사람의 성격특성으로 독특하게 작용한다고 주장하였다. 어떤 신경계는 반응성, 민감성과 흥분성과 밀접하기 때문에 범죄행동과 관련이 있음을 암시한다. 그는 성격차원을 내향성 – 외향성과 신경증 등 성격의 3가지 차원으로 구분했다.[78]

[그림 2-3] 성격의 차원

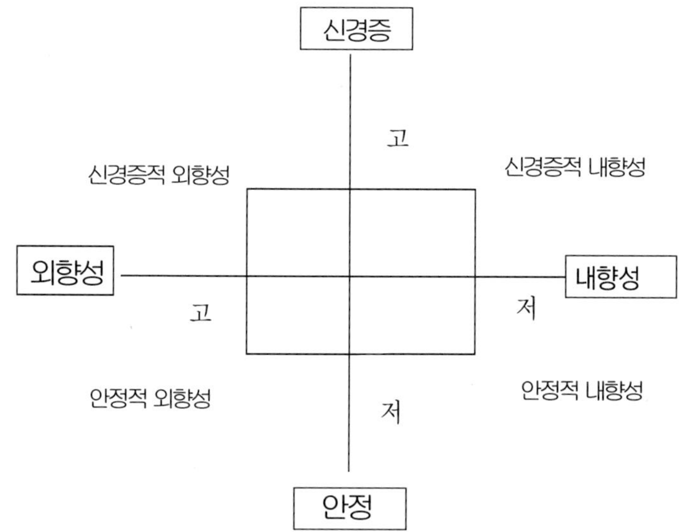

---

78) 이현수, 성격 및 개인차의 심리학(서울: 우성문화사, 1989), pp.364-366.

(1) 외향성과 내향성

전형적으로 외향적인 사람은 사교적이고 충동적이며 낙관적이고, 변덕이 심하며 흥분을 잘한다. 그리고 기분이 쉽게 변하고, 공격적이고 신뢰할 수 없다. 내향적인 사람은 말이 없고 조용하고, 조심성이 있고 감정을 잘 통제하고, 일반적으로 흥분, 변화가 심한 사회적 활동을 피하려 한다. 외향적인 사람은 외부자극에 대하여 적극적으로 대처한다. 외향적인 사람은 흥분하기 쉽고 자극적인 욕구를 가지고 있기 때문에 법을 위반하는 행동을 하기 쉽다. 그들은 비관습적이고 반사회적인 행동을 할 수 있는 기회를 즐기고 도전하기를 좋아한다. 범죄에 관여하는 사람은 대부분 모험을 즐기고, 드라이브를 좋아하며, 또 보다 높은 자극의 활동을 요하는 환경으로부터 자극 또는 흥분을 얻기 위해 강한 추동을 가진 사람들이다. 즉 대부분의 범죄자들은 외향적이다.

(2) 신경증

외향성과 마찬가지로 신경증도 범죄와 관련성이 많다. 가끔 정동성이라고 불리는 이 차원은 선천적이고 강압적인 사건에 육체적으로 반응하기위해 미리 생리적으로 결정된 성향이다. 기본적으로 신경증은 정서적 반응에 민감하다. 이런 사람들은 스트레스에 민감하고 지속적으로 반응한다. 사실, 스트레스 수준이 낮은 조건에서 조차도 우울하고 민감하고, 불안해하고, 두통, 허리통증, 소화불량 등 신체적 고통을 호소한다. 만약 이런 사람이 반사회적 습관을 가진다면 매우 높은 신경증을 가진 사람은 그렇지 않는 사람보다 범죄행동에 쉽게 빠진다. 따라서 신경증적 외향성인 사람은 범죄행동에 관여할 가능성이 많다.

2. 반사회적 성격장애와 범죄

1) 행동특성

이유 없이 결석을 한다, 거짓말을 많이 한다. 빈번히 물건을 훔친다, 그리고 고의적으로 파괴적인 행동을 하는 15세 이전의 행동장애이다. 성인기까지 지속되는 반사회적 행동은 무책임을 하며 법을 위반한다. 또 공격적이고 충동적이고, 무모한 행동을 서슴지 않는다. 그리고 사전계획을 세우지 않고 일을 한다.

2) 범죄와의 관계

흉악범죄자의 약 **75-80%**가 반사회적 성격장애의 행동특징과 유사하다(이들이 자주 법위반을 하기 때문에 교도소에 수감되는 경우가 많기 때문이다)

3) 반사회적 성격장애의 모델

① 회피학습모델

경험을 통해 새로운 습관을 학습할 수 없다. 사회적 비행을 했을 때 벌을 받지만 벌을 피할 필요성을 못 느낀다. 불안수준이 극히 낮기 때문에 반사회적 성격장애는 반사회적 행동을 제지할 능력이 부족하다. 따라서 법규위반을 회피하는 학습을 할 수 없다.

② 가족역할모델

부모의 애정결핍이 1차적인 요인으로 지적하고 있다. 부모의 양육태도가 큰 비중을 차지한다. 특히 반사회적 성격장애의 아버지는 자녀의 반사회적 행동에 있어서 가장 좋은 모델이다.

③ 행동유전모델

반사회적 성격이 유전적 결과라는 주장이지만 이를 입증하기가 상당히 어렵다. 유전적 소인이 범죄행동에 큰 비중을 차지하지만 쌍생아연구에서 보듯이 일란성쌍생아가 이란성보다 비슷한 방법으로 양육될 가능성도 배제할 수 없다. 즉 환경적 요인의 중요성을 시사한다.

3. 자기통제력과 범죄

사회학자인 갈프레드슨과 허쉬(Gottfredson & Hirsch, 1990)가 발표한 범죄의 일반이론에서 그들은 범죄행동의 관여와 관계가 있는 개인적 특성으로서 자기통제라는 성격특질을 기술하고 있다. 자기 통제력의 결핍이 범죄의 필요조건이 아니고 상황적 조건 또는 개인의 다른 요인에 의해 생길 것이다. 높은 자기 통제력은 효과적으로 범죄의 가능성을 감소시킬 수 있다. 자기 통제력이 부족한 사람은 충동적이고 감각이 둔하며 육체적 활동을 선호하며, 모험적, 근시안적, 비언어적인 특징들을 지니고 있다. 그러므로 그들은 범죄 또는 이와 비슷한 비행을 할 경향성이 강하며 부적인 결과에 대한 합리적인 판단을 하지 못한다. 그들은 범죄자와 일반인과의 자기 통제력에 차이가 나기보다는 범죄 자체의 특성 때문에 범죄자의 자기 통제력이 낮을 것이라고 추측하였다. 즉, 범죄의 특성은 즉각적인 만족을 제공해 주지만 장기간의 이익이 적고 또 범죄는 흥분과 모험적이며, 특수한 동기나 준비, 기술 또는 전문성을 필요로 하지 않기 때문이다.

청소년 비행에서부터 화이트칼라 범죄에 이르기까지 모든 범죄에 적용될 수 있다고 주장하는 낮은 자기 통제력은 양육, 교육, 또는 훈련의 부재와 같은 부적절한 사회화의 산물이다. 갈프레드선과 허쉬의 이론이 보다 완벽한 범죄이론이 되기 위해서는 범죄의 기회와 상황적인 것도 범죄자의 행동선택에 영향을 미친다는 것을 밝혀야 할 것이다. 비행참여가 약한 제약성(충동성 또는 낮은 자기 통제력)과의 관련성에 관한 연구에서 카스피(Caspi 등,1994)은 갇프레드 슨과 허쉬의 이론은 단순한 심리적인 것에 불과하다고 주장하였다. 그 이유는 다른 성격특질인 부적 정서, 공포와 불안, 분노에 대한 경험경향성, 낮은 스트레스 상황을 탈피하려는 경향이 비행과 상관이 더 높다고 하였다.

4. 공격성과 범죄

범죄 또는 비행과 관련이 있는 성격특성 중에 하나는 공격과 폭력을 표출하지 않고 좌절상황을 극복할 수 있는 능력이 없다는 것이다. 목표를 성공적으로 성취하지 못하였을 때 오는 좌절은 가끔 좌절대상 또는 다른 대상에 대하여 폭력을 야기 시킬 수도 있다. 자기주장이 너무 강하고 용감하며 싸우기를 좋아하고 쉽게 분노를 표출하며 통제에 대해 반항하는 경향을 가진 아동이 성인이 되더라도 법을 쉽게 위반한다고 하는 증거가 일부 있다. 심리학자들 중에서 공격성이 좌절로부터 직접적이고 단순하게 표출된다고 믿는 학자는 많지 않다. 좌절이 공격성을 야기 시킬 때조차도 범죄 행동보다는 학문적인 경쟁 또는 운동과 같은 수용 가능한 활동으로 소화 할 수 있다.

메가기(Megargee, 1992)라는 심리학자는 개인이 상황에 공격적으로 반응할 것인지를 결정하는 요인을 [표 2-4]에서 보는 바와 같이 제안하였다. 즉, 공격을 부추기거나 습관적으로 타인에게 힘을 사용하고, 공격을 억제하는 학습의 장애를 보이는 등 공격의 결정요인들이 많이 있다. 이외에도 복잡한 요인들 즉 유전적 성향, 무기의 사용가능성, 정치적 힘과 경제적 자원의 차이와 같은 요인들도 공격행동에 영향을 미친다.

[표 2-4] 공격의 결정요인

① 공격의 부추김: 공격적 또는 폭력행동을 하도록 동기화하는 모
　　　　　　　든 내적 요인들
② 힘의 습관적 사용: 특별한 상황에서 공격적인 행동의 사용을 하
　　　　　　　도록 하는 학습된 선호
③ 공격의 억제: 어떤 대상에 대한 공격성을 회피하도록 하는 학습
　　　　　　　된 선호
④ 자극적 요인: 공격행동을 부추기거나 장애가 되는 환경적 영향
⑤ 경　　쟁: 개인의 욕구가 최선의 방법을 택하도록 하기 위해 상황
　　　　　　　에 대한 몇 가지 반응들 중에서 선택

5. 정신병리적 성격과 범죄

　정신병적 또는 반사회적 성격은 범죄행동을 야기 시킨다고 생각되는 일련의 성격특질이다. 정신병(또는 사회병리)은 반사회적이고, 공격적이며 반사회적 행위에 대한 죄책감을 느끼지 못하는 사람들이며 또 타인과의 애착심을 유지할 수 없는 특징을 가진 사람들을 말한다. 정신병은 어린아이와 같이 사회적으로 성숙하지 못한 경우이다. 즉, 그들은 자신들의 바램과 충동을 조절할 수 없다. 정신병리적 성격의 특질은 [표 2-5]에서 보는 바와 같이 판단력이 정상인과 비교하여 미숙하고 지나치게 자기애적인 성격을 가지고 있을 뿐만 아니라 쾌락과 흥분을 추구하고 기분변화가 심하고 충동적이기 때문에 대로 등에서 갑자기 낯선 사람에게 흉기를 휘두르거나 잔인한 살인을 하는 경우가 발생한다.

[표 2-5] 정신병적 성격특성

① 판단력의 미숙	⑥ 학습능력 부족
② 비협조성	⑦ 흥분추구
③ 자기애성	⑧ 순간적인 충동적 만족
④ 쾌락추구	⑨ 기분변화가 심함
⑤ 사회적 요구에 쉽게 영향을 받지 않음	

정신병질적 성격 소유자의 범죄특징은 그들의 이런 충동성 때문에 타인에게 고의성은 가지고 있지 않으며 치밀하게 범죄를 계획하지 않는다. 또 그들은 좌절하였을 경우에 걷잡을 수 없이 공격적으로 돌변하고 그들의 충동을 승화시키거나 조절할 수 있는 능력을 가지고 있지 않다. 특히, 타인에게 상해를 가한 후에도 불안감이 없으며 후회를 하지 않는 특성을 가지고 있다.

정신분석학자들은 정신병을 사랑에 대한 왜곡된 수용능력을 가진 고독자, 개인적 쾌락의 목표를 위한 수단으로서 타인을 대하는 냉혈적인 인간으로 기술하고 있다. 연구자들은 일반집단 중에서 2% 내지 5%가 정신병자이다. 그리고 기소된 범죄자들 중에 약 10% 내지 25%가 이 범주에 속한다고 추측한다. 하지만 정신병이란 용어는 여러 가지로 정의되고 있으며 그리고 연구자들은 이런 성격유형에 대한 범위 한정에 의견이 일치하지 않고 있다. 몇몇 연구결과에서 정신병과 정상인 모두 정적인 보상이 주어진 과제학습에는 유사한 반응을 나타낸다. 그러나 부적 강화가 주어진 과제에 대해서는 정상인은 과제를 잘 수행한 반면에 정신병자는 과제를 잘하지 못하였다. 정신병질자는 처벌에 대한 자율신경계의 반응이 느리고 혈압과 심장 박동 수에서도 유의한 차이가 나타난다. 일반적으로, 연구자들은 정신병질자가 처벌에 대한 두려움이 적고 불안도 덜하며 스트레스에 적절하게 대처하지 못할 뿐 아니라 신경학적으로 성숙하지 못하고 또 흥분을 잘하며 보통사람들보다 폭력범의 비율이 높은 것으로 나타났다.

일부 연구자는 정신병질자는 보통사람과 비교해 보면 심리적으로 덜 민감하다고 하였다. 정신병질자는 육체적인 처벌에 의한 학습능력도 떨어지고, 그리고 그들은 피부전도자극에 반응이 느렸다. 에피네프린 호르몬을 생산하거나 방출하는데 필요한 아드레날린의 결핍과 같이 이것은 유전적인 특질의 결과일 것이다. 하지만 고통에 대해 상대적으로 덜 예민한 것은 청소년기의 사회화 경험이나 아동기의 학대의 결과일 수도 있다. 정신병질이 신경계상의 역기능일 것이 라는 증거도 있다. 예컨대 대다수의 오른손을 쓰는 정신병질자 중에서 언어는 뇌의 우반구와 좌반구 의해 통제를 받는데 반해서 보통의 오른손잡이의 사람들은 언어의 중추가 좌반구에 있다는 것이 발견되었다. 정신병질자와 일반인 간의 차이가 유전, 사고, 신체학대, 아동의 질병, 또는 환경적 요인인지는 불명확하다. 대부분의 정신병질자는 아동기에 부모로부터 거부경험을 가지고 있다. 이들은 청소년기에 제도화되고 그들의 부모들은 빈번한 범죄기록과 알코올중독의 역사를 가지고 있다.

정신병적 성격의 체계에 대한 연구들을 종합해 보면 다음과 같이 결론을 내릴 수 있다. 첫째, 시상하부와 같은 뇌의 특정 영역의 손상과 더불어 거부는 정신병을 일으키는 결과를 가져오고, 둘째, 신경장애가 없더라도 만약 환경적인 영향이(범죄자의 역할모델, 범죄자와의 차별적인 접촉, 또는 완전한 거부) 범죄지향성에 직접적인 도움을 주게 될 때 정신병적인 결과를 가져올 수 있다. 정신병질적 성격에 관한 연구들이 비판을 받고 있는 것은 다음과 같은 것이다. 즉, 정신과의사와 심리학자들 사이에 정신병에 대한 용어의 사용에서 차이가 있다. 이것은 수용자의 다른 표본으로부터 10%에서 25%까지 각각 다르게 정신병질자를 분류하고 있다는 것이 극단적인 한 예이다.

제3장 심리학적 이론과 선행연구

제1절 심리학적 이론의 적용

폭력범죄에 관한 심리학적 이론에는 성격, 지능, 정신병질 등 다양한 이론들이 있으며, 이 중 전통적인 심리학적 이론은 Freud의 정신분석이론, Berokowitz의 좌절－공격이론, Bandura의 사회학습이론을 중심으로 폭력범죄와의 관련성이 검토되어 왔다. 특히 이 세 이론은 폭력을 하나의 사회화 과정으로 이해하고 있다는 점에서 폭력이론의 발달에 많은 기여를 하였다고 할 수 있다.

위에서 제시한 전통적인 심리학 이론이 폭력범죄의 이해에 중요한 이론적 기초를 제공하는데 많은 공헌을 한 것은 사실이지만 이 이론들이 비판을 받고 있는 점은 첫째, 반사회적 행동과 비행을 설명에 적합한 이론이라는 점, 둘째, 지나치게 개인의 심리 내적인 문제에 중점을 두고 있으며, 셋째, 전통적 심리학 이론들이 폭력행동에의 맥락적·환경적 관련성을 경시하고 있어 대인간에 발생하는 폭력행동을 설명하는데 한계를 가지고 있다는 점이다.

최근의 심리학적 연구의 동향은 전통적 심리학의 지나친 개인내적 특성에 중점을 둔 연구를 비판하고 폭력의 사회적 영향을 중시하는 경향으로 변화하고 있다. 그러므로 폭력범죄의 복잡한 원인을 파악하기 위해서는 폭력을 사회적 맥락과 동시에 고려해야 이해 될 수 있을 것으로 판단된다. 본 책은 폭력범죄의 예측과 통제를 위해서 인간의 사회적 관계를 중요시하는 귀인이론과 분노이론을 중심으로 연구를 하고자 한다.

1. 귀인이론

1) 귀인의 개념

귀인이란 자신의 행동과 타인의 행동에 대한 원인을 어디에 돌리는가 하는 것을 의미한다. 사람들이 끊임없이 귀인을 하는 목적은 두 가지로 구분해 볼 수 있는데, 하나는 주변의 사회적 세계에 대한 이해를 증진시키는 것이며, 또 하나는 행위의 예측가능성을 향상시키는데 있다. 귀인이 이루어지는 과정은 다음과 같다.[79)]

첫째, 행위의 관찰단계로 지각자가 타인 또는 자신의 행위를 관찰하는 단계이다.

둘째, 의도의 판단단계로서 이는 관찰한 모든 행동이 귀인을 할 만큼 가치가 있는 것은 아니므로 어떤 행동이 귀인으로서의 가치가 있기 위해서는 그것이 의도적으로 일어났다고 판단할 수 있어야 할 것이다.

셋째 단계는 성향의 귀인으로, 성향의 귀인이 이루어지는 이유는 타인의 현재나 과거 또는 미래에 할만한 행동을 어느 정도 정확하게 예측함으로써 자신의 지각세계를 단순화하려는 욕구를 가지고 있기 때문이다.

2) 귀인의 주요이론

귀인이론(attribution theory)은 개인의 자신의 행동과 타인의 행동에 대한 설명을 추론하고자 하는 노력의 과정을 설명하는 이론이라고 할 수 있다. 따라서 귀인이론은 행위의 원인에 관한 이론이 아니라, 그러한 원인에 대한 개인의 지각이론이라고 할 수 있고, 원인에 대한 지각이 올바른 것일 때만 원인에 관한 이론이 될 수 있다. 귀인의 대표적인 이론은 하이더(Heider)의

---

79) 최순영, 귀인이론(서울: 중앙적성출판사, 1991), pp.35-40.

상식심리학, 존슨과 데이비스(Jones & Davis)의 대응추리이론, 케리(Kelly)의 귀인이론을 들 수 있다. 다음은 세 학자의 귀인이론을 구체적으로 살펴보고자 한다.

(1) 상식 심리학적 귀인이론

이 이론에 의하면 보통 사람들은 행위에 대한 상식적인 선에서의 분석과 행위에 대한 개인적 책임의 수준을 통해서 귀인에 이르게 된다고 한다.[80] 행위의 상식적 분석에는 인적 요소와 환경적 요소가 있다. Heider는 인적 요소와 환경적 요소의 상호작용 과정을 통해서 행위가 이루어진다는 점을 강조하였다. 그는 두 요소 간의 관계 정도에 따라 책임감을 다섯 가지 수준으로 분류하였다. 첫 번째는 '연합수준'이다. 이 단계에서 행위자는 자신과 인과적으로 직접 관련이 없는 사상을 책임져야 할 경우를 말한다. 두 번째는 '인과수준'이다. 이 단계는 행위자가 일으킨 행위의 책임을 그 사람에게 부과하는 수준을 말한다. 세 번째는 '예견수준'이다. 이 단계는 가능조건이 있어야 하고 지각자가 동기나 의도를 추론할 수는 없다하더라도 행위자가 그 사건의 발생을 미리 예측했다고 판단할 수 있어야 한다.

마지막 단계는 '의도수준'으로 이는 행위자에게 특정의 행위를 할만한 가능성이 있고, 시도했으며, 의도가 있었다고 여겨질 때 의도수준의 책임귀인이 발생한다. 마지막으로 '정당화 수준'에서는 특정행위를 할만한 능력과 의도가 있고 시도했다 하더라도 그 행위를 외부의 강요 탓이라고 정당화 할 수 있는 경우를 말한다. Heider의 귀인이론은 "대인지각의 목표가 환경 및 타인의 고유한 성향적 속성을 이해함으로써 세상을 더 잘 예측할 수 있다"라는 관점을 취하는 대표적인 귀인이론이다.

---

80) K. G. Shaver, Attribution Process, 최순영 역(서울: 중앙적성출판사, 1991), pp.52-54.

(2) 대응추리적 귀인이론

이 이론은 행위의 결과에 초점을 맞춘 이론이라고 할 수 있다. 흔히 지각자는 어떤 행위의 발생을 직접 보지 못한 채 그 결과만으로써 행위자의 성향을 추론하곤 한다. 그들은 행위의 결과와 그 결과에 반영된 성향 간의 관계를 분석하였다.[81] 이 이론에서 몇 가지 중요한 개념은 ①행위의 선택과 그 결과, ②공통성과 바람직성[82], ③추리의 대응이 있다. 이 중 추리의 대응은 행위로부터 행위자의 기본적 개인성향을 추론하는데 대한 지각자의 확신을 말한다. 그들은 그림에서 보는 바와 같이 비공통의 결과와 추정된 바람직성이 특정한 방식으로 조합되었을 때에만 높은 추리대응이 가능하다고 하는데, 높은 추리대응이 가능한 상황은 비공통의 결과가 적고 추정된 바람직성이 낮을 때이다.

[그림 3-1] 추리의 대응

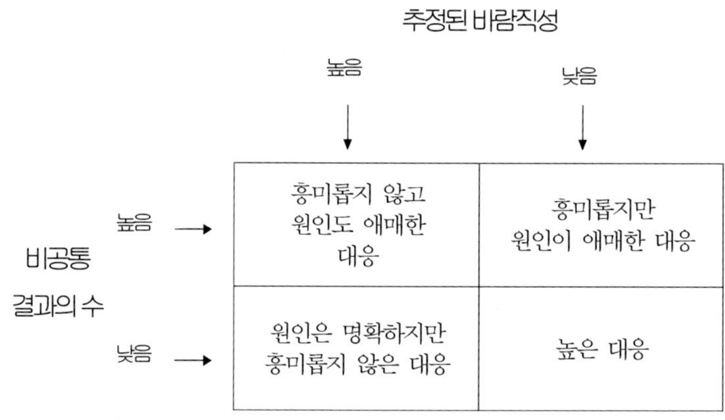

(출처: Jones and Davis, 1965, 최순영 역, 귀인이론, 1991, p.62)

---

81) 상게서, pp.57-64.
82) 추정된 바람직성이란 상응성(correspondence)이라고도 불리는데 이것의 의미는 행동과 행동을 한 사람의 속성이 추정에 의해서 비슷하게 설명되는 정도를 말한다.

그들은 귀인의 과정이 지각자의 개인적 욕구로 인해 왜곡될 수 있다는 **Heider**의 주장에 동의하면서 귀인편향의 개념을 보다 더 확장시켜 귀인과정에 지각자의 욕구가 개입될 수 있는 두 가지 가능성을 제시하였는데 하나는 쾌락적 관련성이고, 또 하나는 개인주의적 변수의 작용가능성이다. **Jones**와 **Davis**는 지각자가 의도적 성향의 원인을 밝히는 과정을 일목요연하게 제시하고자 노력하였다. 예컨대 지각자가 행위자의 성향에 돌릴 가능성이 많은 조건은 그 행위에 따른 결과의 수가 적을 때와 그 결과가 사회적으로 바람직하지 않을 때이다. 이 이론은 추정된 바람직성과 비공통결과의 수간에 적절한 조합을 통해서 대응추리를 한다는 점에서 귀인이론의 개념을 확장시키는데 상당한 기여를 하였다고 평가할 수 있다.

(3) 공변 및 절감 원리적 귀인이론

존스와 데이비스(**Jones & Davis**)처럼 켈리(**Kelly**)의 귀인이론도 하이더(**Heider**)의 상식심리학으로부터 영향을 많이 받았다. 이 이론의 핵심내용은 공변의 원리와 절감의 원리라고 할 수 있다.[83] 먼저 공변의 원리란 독특성, 합의성, 일관성의 세 가지 정보를 이용하여 상이한 여러 조건들에 걸쳐있는 어떤 특정의 효과와 특정의 원인 사이의 연계를 찾는 경향성을 말한다. 이는 타인의 행위뿐만 아니라 자신의 감정에 대한 귀인을 설명하는데도 적용되는 원리이다. 절감의 원리란 어떤 특정의 효과를 일으키는 데에 특정원인의 역할은 만일 다른 그럴듯한 원인들이 있게 되면 깎아 내려지게 된다는 원리이다. **Kelly**는 귀인오류의 발생은 **Jones**와 **Davis**가 주장한 것에 추가하여, 행위의 환경적 맥락을 모르거나 잘못 알고 있을 때가 그 원인임을 강조하였다.

위에 설명한 귀인이론들은 귀인과정에 포함된 여러 요소를 밝히고자 하였

---

83) S. E. Taylor, et al., Social Psychology, 8 ed. (Englewood Cliffs, N. J: Prentice-Hall, Inc., 1994), pp.108-110.

는데, 귀인과정에서 지각자가 고려하는 것은 정확히 무엇인가? 하이더에 따르면 지각자는 행위의 발생에 있어 인적 요인과 환경적 요인의 상대적 중요도를 평가하여 결정하게 된다고 보았고 또 존스와 데이비스는 정보처리의 지각자인 행위자가 실제로 행하지 않았지만 할 수 있었던 다른 행위까지도 고려하게 된다는 점을 그리고 켈리는 타인에 대한 귀인뿐만 아니라 자기귀인까지도 포함하였다. 이상에서 귀인의 개념과 주요 귀인이론을 살펴보았는데, 중요한 핵심은 타인에 대한 귀인뿐만 아니라 자신에 대한 귀인조차도 정확하지 않으며 귀인의 오류가능성을 가지고 있다는 점이다. 다음은 세 학자들의 귀인이론을 근거로 하여 귀인의 특성은 내재성과 안정성, 전체성, 통제가능성, 그리고 의도성으로 나누어 볼 수 있다.

3) 귀인특성의 유형

(1) 내재성

이 차원은 내부 또는 외부 귀인으로 나누어지는데, 내부 귀인은 개인에 관한 어떤 특성을 반영하는 것인 반면에 외부 귀인은 사건이 발생한 환경을 반영하는 것이다. 일반적으로 개인은 완전히 내부 또는 외부 귀인하는 것은 아니며, 그들 자신의 생활상의 각기 다른 여러 가지 면에서 내부와 외부 귀인이라는 두 가지 차원을 동시에 고려하는 경향을 가지고 있다. 귀인의 내재성 차원을 로터(**Rotter, 1966**)는 개인의 행위가 자신의 가치에 근거하여 예측된다는 점에서 지각된 통제의 소재(locus of control)라는 관점에서 설명하였다. 즉, 만약 사람들이 자신의 행동을 상황에 의존하는 하는 것이 아니라 자신의 비교적 영속적인 특성이라고 지각한다면 어떤 행위가 내적으로 통제된다고 믿는다.[84]

---

[84] J. B. Rotter, "Generalized expectancies for internal versus external control of reinforcement." *Psychological Monographs: General and*

따라서 어떤 결과를 자신의 행동에 원인을 두는 사람은 내적 통제의 소재에 해당한다. 또 그들 자신을 둘러싸고 있는 외부의 힘에 원인을 돌린다면, 그것은 외적 통제의 소재이다. 이러한 통제의 소재는 행위의 신념에 영향을 미친다. 어떤 행동에 대해 외적인 원인이 있다는 것은 외적 원인에 책임의 정도에 관계없이 내부적인 원인에 귀인하는 정도가 감소하게 된다. 역으로 행동의 원인이 내적인 것에 존재한다는 것은 개인이 외적인 원인에 책임을 돌리는 정도가 낮아진다는 것을 시사한다.

(2) 안정성

이 차원은 안정적인 차원과 불안정적인 차원으로 나누어진다. 안정적 원인들은 오랜 시간 동안 변하지 않는 반면에 불안정 차원은 자주 변한다. 인과의 안정성은 원인의 지각된 지속기간을 말하며, 예를 들어 능력은 안정적 원인으로 고려된다. 그 이유는 개인의 능력은 오랜 시간 동안 변하지 않기 때문이다. 이에 비해 노력은 불안정한 원인이다. 왜냐하면 노력의 양은 비교적 단기간에 상황과 상황 사이에 다양하게 변할 수 있기 때문이다. 만약 어떤 사람이 자신의 행동원인을 능력과 같은 안정적인 원인에 귀인 한다면 성공 또는 실패의 동일한 결과가 미래에 기대되는 것일 것이다.

하지만 만약 노력과 같은 불안정한 귀인은 그것이 성공 또는 실패에 적용될 때 결과는 상황에 따라 변한다. 감정은 귀인의 안정에 역시 영향을 미치는 요인이다. 성공에 대한 안정적인 귀인은 유능감과 확신의 감정을 표출하게 할 것이다. 반면에 실패에 대한 귀인은 우울, 반감 또는 후회의 감정이 그 원인이 된다. 이 안정성 귀인은 사람이 스스로 평가할 때와 다른 사람에 의해 평가할 때가 서로 다르다. 만약 개인의 수행수준이 증가한다면 그것을 다른 사람들은 노력에 돌린다. 다른 사람의 수행성과가 감소하는 것은 능력과

Applied, 80(1), 1966, p.1.

같은 안정적인 원인 때문이라고 평가한다. 반대의 경우는 자기평가일 때 나타나는 현상이다.

(3) 전체성

이 차원은 귀인에 포함된 사건의 범위로서 전체적인 것과 특정적인 차원으로 나누어진다. 전체성 귀인은 사건의 광범위한 범위를 포함하는 것이다. 이에 비해 특정성은 사건들 중에서 소수의 범위로 한정된 것에 귀인하는 것을 말한다. 학습된 무력감과 우울은 이런 전체성 차원의 대표적이라고 할 수 있는데, 예를 들어 학습된 무력감에 있어서 통제 불가능한 사람들은 내적, 안정적, 전체적이라고 믿고, 우울한 사람들은 부적 사건의 원인은 내적, 안정적, 전체적이라고 믿는다. 이에 반해 정적 사건의 원인은 외적, 불안정적, 특정적이라고 믿는 경향이 있다. 범죄자들에게 학습된 무력감 또는 우울과 같은 귀인유형이 발전될 때 그들은 누범이 될 가능성이 상당히 많다. 그 이유는 범죄자들은 자신의 행동을 변화시킬 수 없다고 믿기 때문에 범죄를 단념하고자 하는 노력이 종종 실패로 끝나는 경우가 많이 있기 때문이다.

예를 들어 분노, 공포 또는 좌절의 표출로 야기된 살인범은 거의 재차 범죄를 범하지 않는다. 대부분 이런 살인자들은 가정이나 술집에서 가족과 평소에 안면이 있는 사람을 살해하는 경우가 많다. 이처럼 살인의 지각된 원인이 살인을 범한 사람에게 특정적인 살인범의 경우에 재범가능성은 거의 없고, 이런 유형의 범죄는 일회성 범죄로 종료되는 경우가 많다.85) 이에 반해 한번에 다수의 사람을 살해하는 대량 살인범 또는 수회에 걸쳐 반복적으로 죽이는 연쇄 살인범은 범죄를 반복할 가능성이 많은데, 그 이유는 살인의 지각된 이유가 전체적이고 포괄적이기 때문이다.

---

85) C. R. Jeffery, Criminology: An interdisciplinary approach(Englewood Cliffs, New Jersey: Prentice Hall, 1990) p.176.

(4) 통제가능성

이 차원은 행동의 원인이 개인의 지각된 통제범위에 관한 것으로서 통제
가능성과 불가능성의 차원으로 나누어진다. 자신의 행동에 대하여 통제 가능
한 또는 불가능한 원인으로의 지각은 미래의 행동에 영향을 미친다. 이처럼
지각된 통제는 성공의 기대에 영향을 미치게 되는데, 능력은 통제 가능한 것
으로 지각되고 노력은 통제 불가능한 것으로 지각된다. 이처럼 통제의 미흡
에 대한 지각이 무력감의 원인이다. 예를 들어 어떤 범죄자가 자신의 운명을
통제할 수 있다고 믿게 되면, 과거의 실패를 거울삼아 자신의 행동을 개선하
고 변화시키기 위해 노력을 한다. 그러므로 재범을 예방하기 위한 가장 중요
한 문제는 범죄자들에게 자신의 운명을 통제할 수 있고, 그들의 환경을 개선
시킬 수 있다는 것을 확신시켜 주는 것이다.

(5) 의도성

이 차원은 범죄자의 처벌을 결정하는 형사사법기관에서 많이 이용되는 것
으로서 의도적인 것과 비의도적인 차원으로 나누어진다. 예를 들어 만약 어
떤 사람의 범죄행위가 의도적이라고 지각된다면 강한 형벌이 선고될 것이다.
Kumar(1987)는 범죄와 지각된 의도성을 설명하는 3가지 가설을 제시하였
는데,[86] 예를 들어 ① 범죄가 지각된 높은 의도성으로 발생한 것으로 내적
귀인을 한다면, 내적 귀인이 외적 귀인보다 처벌이 강할 것이다. ② 만약 범
죄가 의도성이 낮으면 환경적 특성 때문으로 간주되는 외부 귀인을 하게 된
다면 범죄자의 개인적 특성이 처벌의 결정에 그렇게 중요하지 않게 된다. 또
③ 지각된 범죄의도가 보통 의도적 범죄와 관련이 없는 사람에 의해 범하였
을 때 보다 강한 처벌이 종종 결정되는데 그 이유는 고정관념화 된 특징의

---

86) p. Kumar, "Role of personal characteristics in cognitive dissonance and causal attribution", Journal of Social Psychology, 127(4), 1987, pp.355-357.

표출이기 때문이다. 따라서 범죄의 지각된 의도가 처벌의 강도를 결정하는 잠재적인 요인의 역할을 하게 된다. 하지만 지각된 의도는 관찰자의 의견이고 실제적인 의도의 지표가 아니라는 것을 염두에 둘 필요가 있다.

이상과 같이 폭력범죄의 예측과 통제에 관한 인지적 변수라고 할 수 있는 귀인의 차원을 구체적으로 알아보았다. 폭력범죄의 정확한 예측과 통제는 지역사회의 안전과 시민의 생명과 재산의 보호는 물론이고 사회경제적 비용을 절감하는데 중요한 요인이 된다. 그러므로 폭력의 예측과 통제를 효과적으로 하기 위한 새로운 사회심리학적 실증연구는 중요한 가치를 지닌다고 할 것이다. 특히 귀인이론이 폭력행동의 예측과 통제를 위한 변인으로서 지금까지 거의 연구가 이루어지지 않았으며, 최근에야 비로소 미국을 중심으로 연구가 활발히 진행되고 있는 실정인데, 한국이라는 인적·장소적 특성을 중심으로 폭력범죄자의 귀인특성을 연구한다는 것은 의미가 있다 할 것이다.

2. 분노이론

1) 분노의 개념

분노란 사전적 의미로 ‘분개하여 성을 냄’ 또는 ‘노여움’으로 정의할 수 있다. 또 분노의 학문적 정의는 학자마다 다양하다.[87] 예컨대 ‘강한 불쾌감으로 일어난 감정의 흥분’, ‘두려움이나 불안감에서 비롯된 감정’, ‘심리적 좌절감에서 생겨난 감정적인 반응’, ‘외적 사건에 대한 개인이 명명하는 내적 반응’, ‘인체 내 아드레날린 분비에 따른 생물학적 체내반응’ 등 인지적, 정서적, 신체적인 면에서 분노를 다양하게 정의할 수 있다. 또 이러한 분노는 의지의 상실, 상황판단의 오류, 성급한 폭력의 유발 등을 결과를 야기할 수 있는 위험한 감정이다.[88]

---

87) 김한식, 분노는 조절할 수 있다 (대전: 육군본부, 1998), p.32.

특히 한국인의 정서는 서양과 달리 집단성과 정적 사회를 의미하는 '우리 성'에 기초하고 있기 때문에 더욱 복잡하다.[88] 최상진(1997)은 서구사회의 개인은 독립적으로 가능한 독특한 완성체이며, '개별자'로 정의할 수 있지만, 한국인은 '우리 성' 집단을 구성하고 확안·유지하는 일이 인간관계에서 가장 중요하게 여기므로 한국인의 '우리 성' 관계에서는 상대에게 자신의 마음을 말로 표현하지 않더라도 자신의 마음을 미리 알아차리기를 원하게 된다. 그래서 아주 가까운 관계에 있다고 생각하는 사람이 이에 못 미치는 행동을 보일 때 한국인들은 '섭섭함'과 '야속함'과 같은 분노감정을 느끼게 되는데 이러한 감정을 느끼게 되는 이유는 상대가 자신을 남처럼 대했다는 것에서 비롯된 것이다. 이처럼 한국인은 제3자보다는 자기와 잘 아는 사이일수록 감정의 표출은 객관성과 합리성보다는 주관성과 편향성이 더 많이 작용하는 것이다. 사람들 사이에 나타나는 여러 가지 감정반응 중에서 특히 분노는 대인간의 관계에서 중요한 영향을 미치는 요인이다.

2) 분노의 주요이론

분노와 폭력 간의 직접적인 인과관계에 대한 증거의 부족으로 정서적 각성인 분노와 행동적 반응인 폭력을 매개하는 과정을 설명하기 위해서 학자들은 다양한 이론적 모델들을 제시하고 있다. 그 대표적인 모델은 순환모델, 사회적 구성모델, 분노의 각성모델, 인지적 구조화모델, 인지적 신연합 모델이다. 다음은 분노와 관련된 이론적 모델을 구체적으로 살펴보았다.

---

88) 차호원, 분노 (서울: 두란노 도서출판, 1996), p.92.
89) 최상진, "당사자 심리학과 제3자 심리학: 인간관계 조망의 두 가지 틀", 한국심리학회 추계심포지움, 1997, 10월, pp.133-135.

(1) 순환적 모델

이 모델은 분노는 일정한 순환과정을 거쳐 반복적으로 발생한다는 이론이다. 분노의 표출 정도나 방식에도 개인차가 있겠으나, 빌로우듀(M. S. Bilodeau, 1992)는 분노의 발생 과정을 그림에서 보는 바와 같이 설명하였다.

[그림 3-2] 분노의 발생과정

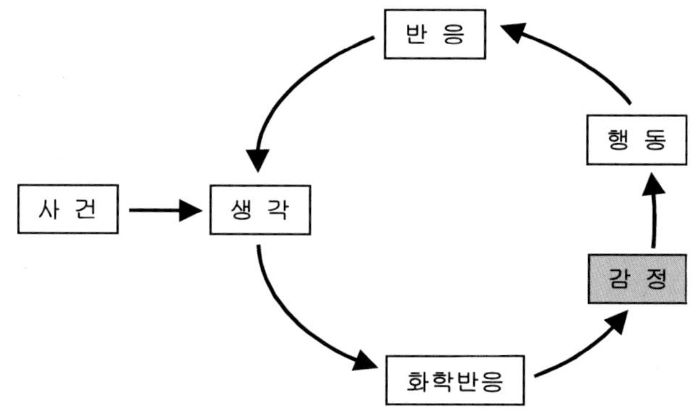

(출처: Lorrainne Bilodeau, M. S. (1992), The Anger Workbook)

그림에서 보면 어떤 사건이 발생했을 때 그것이 인간의 생각에 영향을 미치고, 그러한 사고의 결과와 종류에 따라 신체의 내분비물이 분비하게 된다. 그 화학반응은 생물학적인 과정을 거쳐 감정을 유발하게 하고, 그것은 특정의 행동을 일으키게 하여 그것이 반응으로 나타나게 되는 순환과정을 거치게 된다.

한편 김용태 등(1995)은 한국인을 대상으로 한 분노표출과정을 연구하여 인지-행동적 측면을 모두 고려한 분노의 생성과정을 제시하였다.[90] 즉 개인의 자아에 대한 부정적인 인식과 잘못된 자아상 확립은 자신에게 심리적

---

90) 김용태 등, '청소년 분노조절 프로그램,' 청소년 대화의 광장, 1995, p.22.

으로 부당하고 부적절한 판단을 갖게 하는 역할을 하게 된다. 이것이 특정사건을 통해 자극을 받았을 때 불안이나 공포의 감정을 야기시키게 되고, 이것은 감정이라는 맥락 속에서 분노를 유발하게 하여 타인에 대한 공격적 행동으로 이어지고 또 타인으로 하여금 감정을 유발하게 하여, 다시 왜곡된 지각을 하게 하는 일련의 순환과정을 거치게 된다고 하였다.

사람들은 비슷한 분노를 경험할 때에도 그것을 표현하는 방식에는 개인차가 있다. 어떤 사람은 분노를 참지 못하고 외부로 표출하고, 또 화가 나도 표출하지 않고 속으로 삭이는 사람도 있다. 겉으로 표현하지 않는 사람은 분노를 느끼지 않는 것이 아니라 자신의 감정을 내·외적인 어떤 영향에 의해 억제하기 때문이다. 이런 사람은 어떤 상황적 단서에 의해 순간적으로 감정이 폭발할 수 있다. 이러한 여러 가지 다양한 분노의 양면성이 더욱 이해를 어렵게 하는 것이다.

분노는 적응적인 경우도 있지만 비적응적인 경우가 훨씬 많이 있기 때문에 문제가 된다.91) 예컨대 폭력적인 행동은 정서적으로 추동된 감정적인 행동일 수도 있고, 계획적인 상해와 전혀 관련이 없는 도구적인 행동일 경우도 고려해 볼 수 있다.92) 그러나 대다수의 대인간의 폭력은 분노에 의해 동기화 된 경우를 많이 볼 수 있다. 하지만 분노가 공격성 또는 폭력에 필요충분조건은 아니라는 주장도 설득력이 있는 주장으로 보인다.93)

---

91) R. Novaco, "The functions and regulation of the arousal of anger" *American Journal of Psychiatry,* 133, 1976, pp.1124-1128.
92) R. Blackburn, Psychopathy and personality disorder in relation to violence. In K. Howells and C. R. Hollins(Eds.) Clinical approaches to violence(Toronto: John Willey and Sons. 1989), pp.61-87.
93) 대표적인 학자로는 Blackburn(1989); Kennedy(1992); Novaco(1976, 1986, 1994) 등이 있다.

(2) 사회적 구성 모델

이 모델은 정서에 관한 사회적 구성주의자의 관점을 제시한 이론이다. 사회적 구성주의의 대표적인 학자인 에브릴(Averil, 1982)은 정서를 다음과 같이 정의하였다.94) 즉 정서란 일시적인 사회적 역할 또는 일련의 행동으로서 사회적으로 구성된 증후군이라고 하였다.

그에 의하면 정서는 과거, 현재, 그리고 미래의 사상을 반영한 것이라는 것이다.

그것은 의도적인 목적을 가지고 있으며 사회적 규칙에 따라 의미가 변화하기도 한다. 그러므로 정서의 기능과 의미는 사건의 사회적 맥락에 의해서 결정된다.

다른 정서와 마찬가지로 분노는 규칙의 내면화를 기초로 한 사회적 상호작용의 한 형태이다. 에브릴의 분노에 대한 관점은 특히 상징적 상호작용이라는 관점에서 정상적인 갈등정서로 보는 것은 흥미로운 점이다.

즉 그는 "감정의 경험은 자신의 행위에 대한 해석을 포함한다. 그리고 감정은 개인의 상황에 대한 평가, 외부환경에 부여하는 의미, 즉 인지적 구성에 달려 있다."라고 하였다.

하지만, 노바코(Novaco, 1994)는 이 모델이 분노를 심리적 혼란으로 보지 않고 있다는 점과 임상적인 유용성을 지나치게 과대평가하고 있다는 점을 비판하였다.95)

---

94) J. R. Averill, Anger and aggression an essay on emotion(New York: Springer-Verlag, 1982), p.141.

95) R. Novaco, "Anger as a risk factor for violence among the mentally disordered", In J. Monahan and H. J. Steadman(Eds.), Violence and mental disorders, developments in risk assessment, 1994, pp.21-22.

(3) 분노각성 모델

이 모델은 분노를 정서적 각성을 담당하는 교감신경계의 각성작용에 의하여 폭력과 연합된다는 이론이다.[96] 분노각성이론 대표적 학자인 룰과 네스데일(Rule & Nesdale, 1983)은 정서적 각성이 오직 폭력적인 단서가 존재하는 상황에서 폭력을 촉진시킨다는 것을 발견하였다.[97] 즉 각성의 근원적 특성들이 폭력의 수준을 결정한다는 것이다. 또 질멘(Zillman, 1983)은 각성과 폭력행동의 관계를 두개의 요인모델로 설명하였다.[98]

하나는 인지적 과정모델이고 또 하나는 자극과정모델이다. 그는 각성이 독립적으로 폭력적 행동을 유도하지 못한다고 주장하였다. 그 이유는 각성의 증감을 유도하는 화는 인지적 과정에 의해 분석되고 화에 대한 반응을 그에 알맞게 매개된다고 할 수 있기 때문이다. 하지만 그는 "각성의 최고 수준에서 행동의 인지적 매개역할이 크게 장애를 받는다"고 하였다.[99]

마찬가지로 와이너(Weiner, 1985)는 분노각성을 정서에 대한 귀인모형으로 설명하였다.[100] 감정은 외부사건에 대한 개인의 지각으로부터 비롯된다. 분노의 귀인모델은 개인이 불쾌한 사건으로 인해 분노를 갖게 된다는 것을 시사하고 있다.

한편 베탄코트와 브레어(Betancourt & Blair, 1992)도 분노가 공격적 행동의 결정에 매개역할을 한다고 주장하였다. 범죄자를 대상으로 한 공격에 대한 일시적 매개모델의 검증에서 이 모델을 지지하였다.[101] 또 웰쉬와 고

---

96) 이를 주장하는 대표적인 학자는 Ax(1953); Zillman(1983) 등이 있다.

97) B. G. Rule 과 A. R. Nesdale, "Emotional arousal and aggressive behavior", *Psychological Bulletin,* 83, 1983, pp.851-863.

98) D. Zillman, Arousal and aggression, In R. G. Geen and E. I. Don-nerstein(Eds.) Aggression theoretical and empirical reviews, vol. 1(New York: academic press, 1983), p.93.

99) Ibid, p.94.

100) B. Weiner, "An attributional theory of achievement motivation and emotion", *Psychological Review,* 92(2), 1985, pp.548-573.

94

덴(Welsh & Gorden)은 개인적인 인지, 각성, 그리고 특질과 연합된 상황적 요인들이 공격적 행동에 유의미하게 영향을 미친다고 보고하였다.102) 요컨대 분노의 강도가 정서적 각성과 관련이 있으며 분노표출은 인지적 매개에 종속적인 관계에 있다고 할 수 있다. 인지적 매개는 여러 가지 과정을 포함한다. 즉, 각성의 원천파악, 각성의 명명, 사회적 학습과 성격특성(태도와 신념)에 따른 행위의 과정에 대한 평가 등이 그것이다.

(4) 인지적 구조모델

인지적 구조모델의 대표적 학자인 노바코는 분노개념을 정서상태가 한정적이거나 상황에 대한 인지적 구조화가 결정된 상태 하에서 생각해 볼 수 있다고 하였다.103) 여기서 인지적 구조화란 개인의 인지적 평가와 사건의 해석을 말한다. 이것이 인지적 구조모델의 핵심이다.

정서의 강도는 자극이나 화의 단서에 대한 인지적 평가, 개인의 성격특성, 상황적 결정요인들, 개인의 기대 등에 좌우된다. 그는 분노가 외현적인 공격행동으로 일상생활에 나타나는 경우는 드물다는 것을 주장하고, 다른 스트레스 반응과 마찬가지로 분노는 내적 또는 외적 요구나 스트레스 요인에 의해 생성된다는 점을 강조하였다.

특히 그는 폭력을 예측하는데 있어서 분노측정도구를 이용하려고 했다. 그는 분노란 정상적 정서이며 분노가 심한 경우도 역기능적이지는 않다고 말했다. 그러나 분노의 높은 수준이 정신병질자의 폭력행동을 증가시키는 것과 관련이 있다는 것이 밝혀졌다. 그는 이런 관계를 현재의 분노측정도구로서 예측하는데 실패하였다고 하면서, 그 원인은 대부분 이론적 근거의 부족과

---

101) W. N. Welsh and A. Gorden, "Cognitive mediators of aggression" *Criminal Justice and Behavior,* 18, 1991, p.139.
102) Ibid, p.142.
103) Novaco, op. cit., p.1124.

사후 검증구조의 특성 때문이라는 점을 강조하였다. 이 분노모델은 라자루스
(Lazarus)의 인지적 행동 모델을 본질적으로 영향을 받았다.104) 폭력에 인
지적 모델의 적용은 기분의 다양한 효과를 고려하지 않고 있다는 점이다.

(5) 인지적 신연합 모델

이 모델은 분노나 좌절과 같은 혐오적 사건 외에도 슬픔, 우울, 비탄 등
나쁜 환경적 조건들이 분노적 폭력을 일으키게 한다는 것을 강조한다.
Berkowitz의 폭력에 관한 인지적 신연합 모델은 중추신경계의 지각과
Leventhal(1984)의 정서지각－운동이론105)의 인지적 정보처리를 조합한 이
론이라고 할 수 있다.

이 인지적 신연합 모델의 중요한 특징은 분노의 기본적 자원은 부적감정
이며, 부적감정을 주도하는 것과 분노감정의 결과를 가져오는 것 사이의 관
계를 명백히 밝히고자 한다는 점이다. 그는 부적감정에 대한 표출적－운동
처리 과정은 적어도 두 가지 반응이 동시에 일어난다고 보았는데, 하나는 불
쾌함으로부터의 도피이고(즉, 도주반응), 또 하나는 분노의 원천에 대한 공격

---

104) 이러한 주장을 하는 학자로는 DeLongis, Folkman, and Lazarus(1988);
Folkman and Lazarus(1988); Lazarus(1974, 1991); Lazarus and Smith
(1988) 등이 있다. Lazarus는 전통적인 행동을 설명하는데 있어서 생물학
적 고려와 감정을 의도적으로 배제하였다.
105) Leventhal(1984)의 정서지각－운동이론이란 연합적 정보처리를 강조하는
신행동주의자의 입장임을 의미한다. 또 표출적－운동과정을 선천적인 것
으로 설명하고 있다. 그것은 태어나면서 작용하는 것이며, 특정의 정서적
반응은 상황적 단서들에 중요한 핵심이 된다. Averil(1982)과 Bandura
(1983)와 같은 학자들과는 반대로, Leventhal은 일차적 정서의 의미화는
본질적인 감각－운동구조의 결과이지 사회학습의 결과가 아니라고 주장한
다. 이처럼 감각－운동, 도식적 그리고 개념적 정보처리 간의 상호작용은
비대칭적이며 상호작용적이라고 볼 수 있다.비록 Leventhal에 의해 제안
된 그 기제가 설명적이지만 그 처리과정과 그것들의 상호작용은 정서에서
관찰된 특성과 정서적 행동을 설명하고 있는 정서복합 모델의 일부분에
불과하다.

(즉, 싸움반응)이다. 이러한 처리과정은 고도로 자동적이어서 인지적인 처리과정 이전에 발생한다고 보았다. 그는 부적감정, 느낌, 관념과 분노의 기억 간의 관계와 부적감정과 공격적 경향성의 관계가 표출적－운동처리의 단계에서 발달한 것이라고 주장한다.106)

따라서 부적감정은 이를 선유경향성(predisposition)을 가진 사람들에서 분노적 공격을 야기시킬 수 있다. 생물학적, 학습, 또는 상황에 영향을 받는 사람들은 그들 자신의 분노가 귀인이라는 인지적 매개의 필수적인 관여 없이도 표출될 수 있다. 인지 이전의 수준에서 발생하는 연합적 처리를 강조하는 이 모델은 고차적 처리과정의 관여를 배제하지 않는다. 인지적 처리과정은 귀인과 기대에 영향을 미치고, 또한 인지적 활동은 정서적으로 부과된 기억들에 접근하거나 회피함으로써 부적감정이 증가하거나 감소하게 된다.

버코위츠의 모델은 분노와 분노적 공격을 설명하는데 인지적 개입을 필요로 하지 않음 강조하는 모델로서 최근에 공격의 성 차에 관한 분석의 결과가 일반적으로 이 모델의 주장과 일치한다는 결론을 내렸다.107) 하지만 이 모델에서 도출된 가설의 직접적인 검증에는 한계가 발견되었다. 즉 딜과 엔더슨(Dill and Anderson, 1995)의 연구결과에 의하면, 좌절이 폭력을 유발시키는 반면에 비 좌절조건에서는 폭력이 일어나지 않는다는 것을 발견하였다. 따라서 연구자들은 어느 정도의 수준에서 부적감정이 공격적 경향성과 연합된 인지를 자발적으로 촉발시키며 사람들에게 여러 가지 많은 수의 적대감경향을 생성한다고 결론을 내렸다.108) 이 모델은 선행연구결과에 의해 광범위하게 지지를 받고 있다.

---

106) L. Berkowitz, "On the formulation and regulation of anger and aggression, a cognitive-neo-associationistic analysis", *American Psychologist,* No.45, 1990, pp.494-503.
107) B. A. Bettencourt and N. Miller, "Gender differences in aggression as a function of provocation: A meta-analysis", *Psychological Bulletin,* Vol. 119, No.3, 1996, pp.422-447.
108) J. C. Dill and C. A. Anderson, "Effects of frustration justification on hostile aggression", *Aggressive Behavior,* No.21, 1995, pp.359-369.

이상에서 분노에 관한 주요 모델의 관점을 요약하면 다음과 같다. 분노의 순환모델을 주장하는 사람들은 분노는 반복적으로 발생하는 하나의 과정이라는 관점을 가지고 있으며, 사회적 구성주의자들은 분노를 하나의 사회적 구성요인으로 생각하여 사회적 맥락에 따라 정서가 결정된다는 입장이다. 또 분노의 각성모델을 주장하는 학자들은 분노는 교감신경계의 기능에 의해 발생하는 것으로 환경단서로 인해 촉발된다고 한다.

한편 노바코는 분노는 개인의 인지적 구조화 이후에 결정된다고 주장하였다. 개인의 인지적 평가와 사건의 해석이 중요하다는 것이다. 버코위츠는 인지적 신연합이론을 주장하였는데 그는 분노란 신경계의 각성과 인지적 정보처리의 연합적 작용이라고 한다. 본 책에서는 분노의 특성적인 면을 강조한 노바코의 인지적 구조화 이론과 분노의 순환모델을 중심으로 폭력범죄자의 분노특성을 연구하고자 한다.

3) 분노특성의 유형

분노를 경험할 때 그것을 표현하는 방식에는 개인차가 존재하는데, 이에는 분노표출형과 분노억제형, 그리고 분노조절형이 있다. 어떤 사람들은 화를 유발한 대상이나 외부의 환경에 표출시켜 행동을 나타내는 반면에, 화가 나도 표현하지 않고 속으로만 삭이는 사람이 있다. 겉으로 화를 표현하지 않는 사람들은 감정을 더 약하게 분노의 감정을 다른 사람들보다 약하게 경험할 수도 있겠지만 자신의 감정을 표출하지 않으려고 억제하기 때문일 수도 있다. 분노감정을 억지로 참는 사람에게 고혈압 등 심장질환이 더 많다는 것은 정서의 억압기제와 신체생리반응과의 관계를 시사하는 것이다.

일련의 연구결과에 의하면 분노억제(anger-in)와 잠재적인 적개심이 관상동맥경화증가 유의한 상관관계를 나타냈다.109) 분노를 강하게 느끼면서도 그

---

109) J. M. MacDougall, T. M. Dembroski, "Components of the Type A coronary-prone behavior pattern and cardiovascular responses psycho-

것을 겉으로 표현하지 않는 사람들은 적절한 상황적 요인에 의해 순간적으로 억압된 감정을 표출할 수가 있다. 이는 과잉통제형이 오히려 도발적인 상황에서 범죄자가 될 가능성이 있다는 **Megargee**의 주장과도 일치한다. 한편 분노를 참지 못하고 표출하는 것은 범죄와 상관이 대단히 높은데, 동생이 형에게 "형은 무절제하고 돈을 낭비하고 사생활이 문란하다"고 하는 핀잔에 격분하여 부엌에서 흉기를 들고 나와 옆구리를 찔러 숨지게 한 사건의 예에서 보듯이 대부분의 살인이나 폭행사건은 순간적인 화를 참지 못하여 발생하는 사례가 많이 있다.

여기서 분노의 특성을 정리하면, ① 분노표출(anger-out)이란 신체적·언어적 수단을 포함하여 분노를 유발시킨 대상에게 직접적 또는 간접적으로 화를 표출하는 특성을 말한다. ② 분노억제(anger-in)란 "속으로 끓지만 겉으로 화를 드러내지 않는" 경우처럼 화를 경험하면서도 그 표현을 억누르고 자기내부에 화를 돌리는 특성을 가진 사람을 말한다. 마지막으로 ③ 분노조절(anger-control)이란 "다른 사람에게 인내심을 보이거나 내정함을 유지하는 등" 분노의 표출을 통제하려고 하는 특성을 가진 경우를 의미한다. 이런 자들은 자기 통제력이 강한 사람들이라 할 수 있다.

---

motor performance challenge," Journal of Behavioral Medicine, Ⅰ, pp.159-176.

제2절 폭력범죄에 관한 기존연구

분노 및 귀인특성과 폭력범죄의 관계에 대한 선행연구결과를 검토하기 전에 기존의 심리학적 이론과 폭력범죄의 관계에 대한 몇 가지 중요한 연구결과와 한국에서의 폭력범죄 연구동향을 간략히 검토하여 보면 다음과 같다.

첫째, 성격특성과 폭력범죄와의 관계이다. 이에 대한 대표적인 학자는 아이젱크와 요첼슨 및 세미나우 등이 있다. 아이젱크는 범죄자는 정신병적, 신경증적 그리고 외향성적인 성격특성을 가지고 있다고 하였다.[110] 또 누범의 성격특성은 초범과는 차이가 난다고 하면서 누범은 더욱 외향적이라고 하였다. 한편 요첼슨과 세미나우(Yochelson & Samenow, 1976)는 범죄자의 독특한 사고유형으로 "거짓말을 잘하고, 자기상(self-image)이 불안정하며, 화를 잘 내고, 타인으로부터의 모욕이나 상해에 대하여 지나치게 민감하며, 남의 물건을 자기 것으로 가볍게 생각" 등을 제시한 바 있다.[111]

둘째, 정신병질과 폭력범죄의 관계이다. 정신병질자의 범죄특징은 충동성과 비계획적이며, 좌절상황에서 걷잡을 수 없이 공격적으로 돌변하고, 충동조절능력이 부족하며, 특히 타인에게 상해를 입힌 후에도 불안감과 죄책감을 가지지 않는다. 모든 정신이상자가 위험한 것은 아니며, 예컨대 전체 죄수들 중에 정신이상자는 5%를 넘지 않는다고 한다.[112]

최근 연구에 의하면 비록 정신이상자의 폭력위험 정도가 다른 요인의 효과와 비교해서 그렇게 커지는 않지만 정신이상증세를 가진 사람들은 정상적인 사람보다 폭력과 불법행동에 더 많이 관여하였음이 보고되었다.[113] 또 정신병질의 이상

---

110) 이현수, 성격과 개인차의 심리학(서울: 우성문화사, 1989), pp.364-367.
111) S. Yochelson and S. Samenow, The Criminal Personality: Vol. 1: A Profile for Change(New York: Jakson Aronson, 1976), pp.178-183.
112) p. A. Strasburg, Violent Delinquents: A Report to the Ford Foundation from the vera Institute of justice(New York: Monarch, 1978), p.68.

성격을 가진 사람들은 일시적·기회적 범죄보다는 지속적·상습적인 범죄자가 될 가능성을 가지고 있다고 할 것이다.114)

셋째, 지능과 폭력범죄의 관계에 관한 연구이다. 랑게빈(Langevin, 1982)은 살인범이 비폭력범죄자보다 낮은 지능을 가지고 있다고 하였으며, 판톤(Panton, 1976)은 살인범과 재산범에는 지능에서 유의한 차이가 없다고 보고하였고, 이에 반해 헤일브럼(Heilbrum, 1978)은 지능이 폭력과 직접적인 관련이 없다고 하더라도 매개변인으로서의 역할을 한다고 하였다. 지능이 낮은 것은 충동적·감정적인 이상과 결합되기 쉽고, 이러한 것이 사회적 판단기준에 대한 이해력을 어렵게 하는 것을 사실일 것이다.115) 다시 말해서 지능이 높은 사람은 지능 그 자체가 폭력의 억제역할에 영향을 미칠 뿐이지 폭력행동이 단순히 지능이 낮기 때문이라고 할 수 없다.

이상과 같이 성격특성, 정신병질, 지능과 범죄의 관련성에 대해서 알아보았다. 위에서의 선행연구에서 보듯이 폭력과의 관련성이 일부 확인되었지만, 분명한 관계는 밝혀지지 않았다. 현재까지의 개인 내적 특성에 중점을 둔 순수한 심리학적 연구들은 많은 폭력범죄의 원인을 밝히는데 많은 한계를 노출하고 있다. 따라서 폭력범죄에 대한 심리학적 연구는 사회적 환경으로 연구의 범위를 확대하지 않을 수 없을 것이다.

1990년대부터 미국과 캐나다를 중심으로 사회심리학적인 요인과 폭력범죄에 대한 연구가 활발히 진행되고 있다. 사회심리학은 본질적으로 사회적 행동에 관한 여러 현상을 심리학적으로 연구하는 학문으로 인간의 폭력적인 범죄행동도 사회라는 환경과 끊임없는 상호작용의 결과로 볼 수 있다. 그래서 오늘날 사회심리학자들의 관심영역이 범죄, 마약, 알코올, 환경 등으로 확장되어 가고 있는 경향을 보이고 있는 것은 고무적인 현상이라고 할 수 있

---

113) Link, Andrews, and Cullen, "The Violent and Illegal Behavior of Mental Patients Reconsidered," *Americal Socialogical Review,* Vol. 57, 1992, p.290.
114) 이 상현, 전게서, p.56.
115) 상게서, p.55.

다.116)

한편 한국의 폭력범죄에 대한 최근의 연구동향을 대상범죄와 연구의 방법 면에서 살펴보면, 주로 연구의 대상이 되는 범죄는 강력 범죄에 해당하는 살 인, 강도, 강간, 등과 최근에는 성폭력, 가정폭력, 학교폭력 등이 많다. 연구 의 방법 면에서 보면 공식통계를 이용한 실태분석과 대책에 대한 연구와117) 폭력을 가해자와 피해자의 상호작용관계를 중심으로 가해자뿐만 아니라 피해 자의 폭력에 대한 유책정도를 강조한 연구가 최근에 시도되고 있다.118) 그러 나 순수한 대인간 폭력에 해당하는 폭행, 상해 등의 범죄에 대한 연구는 많 지 않으며, 더구나 심리학적인 관점에서의 실증적 조사연구는 거의 없는 실 정이다. 다음에서 폭력범죄에 관한 심리학적 특성인 귀인 및 분노특성에 관 한 한국 및 외국의 선행연구 결과를 고찰하여 보았다.

1. 귀인특성과 폭력범죄의 관계

과거의 범죄연구에서 간과한 연구 분야 중에 하나는 자신의 행동의 원인 에 대한 범죄자 자신의 인식이다. 범죄자의 귀인특성을 파악함으로서 누범유 형에 대한 통찰을 제공받을 수 있으며 또 폭력에 대한 정확한 예측력을 높 일 수 있을 것이다. 다음은 귀인과 폭력범죄의 관계에 관한 중요한 연구결과

---

116) 민경환, 상게논문, p.160.
117) 강력 범죄에 관한 대표적인 연구는 차용석(1990)의 "강력 범죄의 실태와 대책", 최인섭(1994)의 "강력 범죄의 실태와 대책", 김상희(1991)의 "살인 범죄의 실태에 관한 연구", 심영희(1991)의 "강도범죄의 실태와 대책", 최 인섭 1991c)의 "강간범죄의 실태에 관한 연구", 심영희 등(1990)의 "성폭 력의 실태와 대책에 관한 연구" 최인섭의 "성폭력의 원인에 관한 연구" 등이 있고, 청소년 폭력에 관한 대표적인 연구는 이민희 등(1998)의 "청소 년 폭력대책모델개발", 학교폭력은 김준호 등(1997)의 "학교주변 폭력의 실태와 대책" 등 다수의 논문이 발표되었다.
118) 대표적인 연구는 오윤성(1996)의 "군부대내 폭행에 관한 피해자학적 연 구", 이성식(1996)의 "폭력범죄에 대한 상호행위론적 접근", 그리고 최근에 는 박순진(1999)의 "범죄자와 피해자의 상호작용에 관한 연구"가 있다.

를 검토하여 보았다. 일본의 범죄학자인 山入端津由는 공격의 동기를 전략적 동기와 충동적 동기로 구분하여 공격의 2 과정 모형을 다음 그림과 같이 제시한 바 있다.119)

[그림 3-3] 폭력의 2과정 모형

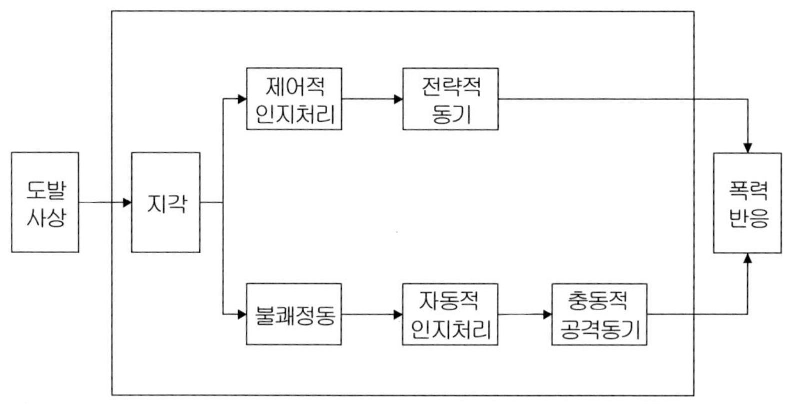

(출처: 山入端津由, 犯罪·非行의 社會心理, p.85.)

그림에서 보는 바와 같이 어떤 개인이 도발사상을 지각하고 나면 두 가지 경로의 폭력적 반응을 보이게 된다. 첫 번째 경로는 도발적인 사상을 지각한 개인은 제어적 인지처리를 통해서 전략적 동기가 생기고, 이것은 폭력적인 반응을 일으킨다. 여기서 전략적 공격 동기란 현실적 목표를 달성하기 위해 목표 지향적인 행동동기를 말한다. 따라서 전략적 동기에 의한 폭력적 반응에는 반응을 보이기 전에 개인의 이성적이고 합리적인 판단에 의해 사전 치밀한 계획을 수립 후에 폭력적인 반응을 하는 경우를 말한다.

두 번째 경로는 도발적인 사상을 지각한 개인이 불쾌한 감정을 느끼게 되면 무조건적으로 발생하는 자동적 인지처리를 통해서, 충동적인 공격 동기가 발생하게 되고, 이로 인해서 타인에 대한 폭력적인 반응으로 나타나게 된다.

---

119) 山入端津由, 前揭書, pp.85-86.

여기서 충동적 공격 동기가 발생하는 것은 타인의 도발적 사상에 대해 불쾌한 감정을 느끼게 되고, 이것이 개인의 인지적 처리과정에 영향을 미치게 된다는 것을 알 수 있다. 특히 山入端津由는 충동적 동기에 의한 폭력반응은 범죄적 폭력으로 연결되는 경우가 많다고 하면서, 특히 불쾌한 감정에 의한 인지적 처리는 살인 등 우발적인 강력 범죄로 이어진다고 하였다.

헨더슨과 휴스톤(Henderson & Hewstone, 1984)은 폭력범죄자에 대한 귀인유형을 연구하였다.120) 연구 결과에 의하면 범죄자들은 주로 피해자와 상황 등에 외부 귀인을 많이 하고, 변명보다 정당화를 더 많이 하는 경향을 보였다. 특히 피해자와 가해자가 서로 면식이 있을 때 피해자에게 더 많이 귀인을 하는 것으로 밝혀졌다. 이 연구결과가 시사하는 바는 범죄자들은 일정한 귀인특성을 가지고 있다는 점이다.

그린우드(Greenwood, 1979b)도 재소자를 대상으로 한 연구에서 범죄자들에게 일정한 귀인패턴이 있음을 발견하였다.121) 예컨대 누범 이외의 다른 범죄자들은 경제적인 어려움이 그 원인인 것과 비교하여 누범은 쾌락적인 목적이 범죄의 원인인 것으로 밝혀졌다. 이 연구에서 그는 범죄자의 범행 동기는 범죄의 유형과 빈도와 강한 상관관계에 있음을 주장하였다.

따라서 재범을 방지하기 위해서는 그것의 인과관계를 파악하는 것이 중요하다. 그 이유는 인과관계의 파악이 적절한 교정정책을 수립하고, 선별적 구금을 위한 누범의 파악에 중요한 기여를 할 수 있기 때문이다.

웰스(Wells, 1980)는 비행소년들의 귀인에 관한 연구에서 내부 귀인 및 외부 귀인과 범죄관여의 관계를 조사하였다. 연구결과에 의하면 비행소년들은 자신의 행동과 타인의 행동을 외부 귀인을 더 많이 하였다. 한편 굳존슨(Gudjonsson, 1984)은 범죄행동의 비난에 대한 내－외부와 통제가능－불

---

120) M. Henderson, & M. Hewston, "Prison inmates' explanations for interpersonal violence: Accounts and attributions", *Journal of counseling and Clinical Psychology,* 52(5) 1984, pp.789-794.
121) p. W. Greenwood, Career criminal prosecution: Potential objectives (Santa Monica, California: The Rand Corporation 1979b), pp.97-98.

가능귀인의 역할을 조사하였다.[122] 연구결과에 의하면 "정신이상" 범죄자의 귀인과 "정상적 범죄자"의 귀인은 다르다는 것이 밝혀졌다. 예컨대 정상적인 범죄자는 바람직하지 못한 행동의 원인을 외부원인으로 귀인하였다. 그러나 "정신이상" 범죄자들은 잘못된 행동에 대한 원인을 개인적인 책임을 부정하거나 내부 귀인하는 경우가 많다는 것이다.

이 연구에서 그는 보통의 범죄자와 비교하여 비난과 책임에 대한 귀인이 차이가 난다고 한다. 즉 그들이 책임의 원인을 자신의 정신병에 돌리지만, 그들은 자신의 행동을 통제가능 하다고 생각하지만 자신의 행동을 외적으로 합리화한다는 점이다. 이러한 외적 합리화는 일반적으로 특정 피해자 또는 사회가 그 대상이 된다.

정신이상의 범죄자들은 자신의 바람직하지 못한 행동을 흔히 내적 원인으로 귀인하지만, 자신의 질병을 이유로 책임을 부인한다는 것이 밝혀졌다. 예를 들어 "나는 우울하기 때문에 나의 아내를 죽였다"는 말로 내부 귀인을 한다는 것은 범죄에 대한 책임을 자신의 병으로 돌리는 좋은 예이다.

일반적으로 정신적인 면에서 정상적인 사람들은 바람직하지 못한 사건을 외적인 힘에 귀인하는 경우가 많다. 예컨대 "그 여자가 나를 화나게 만들었기 때문에 나는 그를 죽였다"는 것은 상대방에게 책임을 돌리는 외부 귀인의 한 예이다. 외부 귀인은 실패에 대한 방어와 관련이 있다. 실패를 외적인 힘에 귀인하는 사람들은 실패를 내부 귀인하는 사람보다 성공에 대한 기대감을 훨씬 많이 가지고 있다. 극단적으로 외부 귀인하는 사람들은 중요한 부적응과 관련하여 방어를 한다. 이런 사람들은 흔히 수동적이고 어려운 상황에 직면하였을 때 무기력하다고 믿는다.

비록 귀인에 대한 연구가 충분하지 못하지만 내·외적 귀인과정은 누범과 관련이 높다고 할 것이다. 대부분의 범죄자들은 주로 외부적인 원인에 귀인하

---

122) G. H. Gudjonsson, "Attribution of blame for criminal acts and its relationship with personality". *Personality and individual Differences* 5(1), 1984, pp.53-58.

고, 또한 자신의 범죄행동에 대한 책임을 인정하지 않는다. 이와 비슷한 이론으로 맛챠(Matza)의 중화이론이 있다. 그는 비행청소년들이 자기의 비행을 합리화 또는 중화(neutralization)한다고 한다. 구체적인 중화기술로는 ① 책임의 부정, ② 피해자의 부정, ③ 비난자에 대한 비난, ④ 충성심을 통한 회피를 들고 있다. 이러한 중화기술은 단지 비행청소년에게서만 발견되는 것이 아니며, 보통의 사람에서도 흔히 발견되는 잠재적 가치의 연장으로 해석될 수 있을 것이다.

와이너(Weiner, 1980)는 감정이 내·외적귀인에 대해서 전체적으로 중요한 요인이라고 하였다.123) 능력, 노력 또는 성격의 귀인들은 내부 귀인의 요소들이다. 또 자존심, 확신, 능력과 만족의 감정들은 성공에 대한 내부 귀인과 관련이 있다. 그리고 죄책감은 실패에 대한 내부 귀인과 관련이 있는 감정이다. 한편 외부 귀인은 우연, 운명, 운, 기대 불가능한 환경 또는 다른 것들의 영향 등이다. 만족의 감정과 공포 등은 성공에 대한 외부 귀인과 관련이 있다. 분노, 공포, 그리고 좌절은 실패에 대한 외부 귀인과 관련이 있는 것들이다. 범죄학에서 감정에 관련된 연구는 많이 있다.124) 많은 범죄는 사건과 결과 간에 지각된 비일관성 때문만은 아니다. 이것은 주로 범죄자의 감정 때문에 발생한다. 성공 또는 실패에 대한 범죄자의 지각된 외부 귀인의 결정은 부적절한 감정의 결정을 설명하는 중요한 요소이다.

자신의 행동에 대한 귀인은 관찰자의 귀인과는 차이가 난다. 즉, 관찰자와 행위자의 편향이 발생하게 된다. 비행에 대한 안정성, 통제가능성, 그리고 의도의 귀인에 대한 관찰자의 인식에 있어서 차이점은 범죄자에 대해서도 시사하는 바가 있다. 예를 들어 Jones와 Nisbett(1971)의 연구에 의하면 재소자들은 그들의 범죄행동은 외부적이고 불안정한 원인들에 귀인 한다.

---

123) B. Weiner, "The role of affect in rational(attributional) approaches to human motivation", *Educational Researcher*, July-August, 1980, pp.4-11.
124) Bartol & Bartol, 1986; Blau, 1989; Buss, 1961; Cohen, 1986; Crombag, 1989; Farrington, 1989; Gaapanen, 1990; Jeffery, 1990; Weiner, 1980 등 많은 연구가 이루어졌다.

106

반면에 교정공무원들은 재소자의 행동에 대해 내부적이고 안정적인 원인들에 귀인 한다. 원인귀인의 불안정성 때문에 재소자들은 그들의 범죄행동이 재발하지 않을 것이라고 생각한다.125) **Carroll** 등에 의하면 타인의 비행에 대한 성인의 귀인경향성을 연구하였다.126) 연구결과를 보면, 인과귀인의 정도가 교정적인 진단과 미래의 범죄행동을 포함한 보호관찰의 결정에 보다 유의미한 예측요인이 된다고 보고하였다.

와이너(1980)는 지각된 통제가능성이 관찰자에 있어서 극단적인 반응을 유발하는 요인이 된다고 하였다.127) 만약 어떤 관찰자가 타인의 욕구를 통제 가능한 것으로 지각되면, 분노의 감정이 표출되고, 만약 욕구가 통제 불가능한 것으로 지각된다면, 연민과 동정의 감정이 나타날 것이다. 이 연구에서 높은 통제감이 낮은 동정심과 관련이 있고, 낮은 통제감은 높은 동정심과 관련이 있음이 밝혀졌다.

그리고 신하와 쿠마(Sinha & Kumar)는 특성의 효과, 지각된 의도와 직장에서의 지위와 처벌의 관련성에 대해 연구를 하였다.128) 연구결과를 보면 범죄자의 지각된 의도의 정도가 증가하면, 처벌의 양도 또한 증가하였다. 범죄자의 특성과 관련하여 좋은 성격을 가진 사람은 좋지 못한 성격을 가진 사람보다 처벌의 강도가 약했다. 그러나 좋은 성격을 가진 사람이 중한 범죄를 범했을 때 인지적 부조화현상이 나타났다.

Kumar(1987) 등의 연구결과는 범죄에 대한 처벌은 범죄자의 지각된 의도성과 관계가 있다는 것을 의미한다.129) 그러나 범죄에 대한 지각된 의도

---

125) E. Jones, & R. Nisbett, The actor and the observer: Divergent perceptions of the causes of behavior (Morriston, N. J. : General Learning Press, 1971), p.127-128.
126) J. S. Carroll, J. Galegher, & R. Weiner, "Dimensional and categorical attributions in expert parole decisions" *Basic and Applied Psychology,* 3(3), 1982, pp.187-201.
127) B. Weiner, op. cit. pp.4-11.
128) J. L. Sinha, & p. Kumer, "Antecedents of crime and suggested punishment", *Journal of Social Psychology,* 125(4), 1985, pp.485-488.

가 낮을 때 범죄자의 개인적 특성은 유의미하지 않았다. 하지만 범죄행위에 대해 의도성이 높다고 인식되었을 때 여성 또는 고 학력자는 처벌을 더욱 강하게 받았다. 학력이 높은 여성은 저 학력의 여성보다 처벌을 더 엄하게 받았다. 결과적으로 관찰자의 성향이 처벌에 영향을 미친다는 것이다. 여러 연구들은 범죄자의 처벌은 귀인이론과 인지부조화의 조합으로 다양하게 나타난다고 설명하였다. 인과귀인이론은 개인의 행동은 내적 통제소재와 의도에 귀인하는 지 또는 외부적인 요인들에 귀인하는 지를 결정하는 것이다.

이상에서 귀인특성과 폭력범죄의 관계에 대한 연구결과를 살펴보았다. 특정의 귀인차원이 범죄와 상관이 있다는 것을 알 수 있다. 그러나 선행연구결과를 보면 범죄유형별, 연령별, 성별, 초범과 누범 간에 귀인양식의 차이에 대한 연구는 세부적으로 이루어지지 않았다.

특히 한국에서는 폭력범죄자에 귀인양식에 대한 연구는 아직 없는 실정이다. 따라서 본 책에서 폭력범죄자의 귀인양식에 대한 연구를 통해서 폭력범죄의 효과적인 예측과 통제에 대한 가능한 정책적 대안을 모색해보는 것은 가치 있는 연구임에 틀림없다.

2. 분노특성과 폭력범죄의 관계

우리 속담에 "참을 인자 셋이면 살인도 면한다"라는 말이 있다. 이는 역설적으로 분노를 적절히 조절하지 못하면 자칫 범죄와 직결될 수 있음을 시사하는 말이다. 이와 같이 부적감정인 좌절, 불안, 갈등, 증오, 공포, 수치, 흥분, 분노는 비행 또는 범죄행동과 관련이 있다.

강지원(1994)은 나쁜 심성을 8가지의 범주로 구분하여 제시하였다.[130] 이

---

129) p. Kumar, "Role of personal characteristics in cognitive dissonance and causal attribution", *Journal of Social Psychology*, 127(4), 1987, pp.355-357.

108

중에서 '욱' 하는 감정이 폭력비행을 가져오는 중요한 요인이다.131) 그에 의
하면 '욱' 하는 감정은 순간적으로 공격을 받았을 때, 무시당하거나 모욕을
당했을 때, 자신의 일이 방해를 받았을 때, 상대방이 약을 올릴 때나 신경질
을 낼 때 일어나는 감정이다. '욱' 하는 감정이 '공격적인 독한 마음'이 연
합되면 살인, 흉기를 이용한 폭력행위가 야기되는 경우가 많이 있다고 한다.

한편 에그뉴(Agnew, 1994)는 전통적 긴장이론에서 부적 감정을 청소년
의 비행행동의 발달에 중요한 요인이라고 하였다.132) 전통적 긴장이론은 긴
장의 중요한 원인으로서 목표의 좌절을 지적하고 있다. 이 이론에 따르면 여
성범죄의 경우에 높은 긴장 하에서 이루어지는 것은 드물다고 한다.

그 이유는 여자들은 일반적으로 분노를 표현하도록 사회화 되어있지 않으
며 분노를 경험하지 않는 경우가 많기 때문이다. 즉 분노는 보통 부적 결과
에 대한 비난을 외부 귀인할 때 수반되는 것이다. 그러나 여자들은 부적감정
을 내부 귀인하여 해석하는 경향을 가지고 있다. 이러한 내부 귀인은 부적
감정을 외부의 세상 탓으로 돌리지 않으며 긴장을 야기시킨 대상에 대한 폭
력적 반응을 감소시키는 역할을 한다. 이러한 성격을 메가기는 과잉통제형
성격이라고 하였다. 대부분의 폭력범죄자는 저통제형이며 자신의 충동성을
제한 없이 표출하게 된다.

메가기의 주장에 의하면 일반적으로 여성의 폭력범죄율은 낮을 것이며, 역
시 극단적 폭력은 드물고 거의 불규칙적인 분포를 보일 것이라고 예측하였
다. 또 그는 과잉통제형 성격을 폭력범죄의 이차적 범주에 포함하였다. 이런
사람들은 인지적 재해석, 철수를 포함하여 다양한 대처기제를 통하여 부적
감정을 관리하다. 그리고 그들은 분노표현을 극도로 억제하며, 그래서 다른

---

130) 강지원, "청소년 인성지도의 실천적 방향", (청소년의 비행심리와 인성지
　　도, 법무부, 1994), p.30.
131) 상게논문, pp.39-40.
132) R. Agnew, "Why do they do it? An examination of the intervening
　　mechanisms between social control variables and delinquency", *Journal
　　of Research in Crime and Delinquency*, Vol. 30, No.3, 1994, pp.245-266.

사람들과 비교하여 폭력을 적게 한다. 하지만 폭력행동이 자주 발생하지 않지만 자신의 분노억제가 어느 한도를 초과할 때 대단히 극단적인 폭력행동을 표출한다. 그의 이론은 광범위한 지지를 받고 있지만 주로 남성 폭력범죄자만 대상으로 하였다는 비판을 받고 있다.[133]

한편 버나드(Bernard, 1993)는 체계적인 연구를 통해서 생물학적으로나 심리적으로 정상적인 사람도 만성적인 분노를 경험하게 되면 눈에 보이는 나약한 대상에게 직접적인 폭력을 행사하는 경향을 표출한다고 보고하였다. 대부분의 범죄학 문헌에서 살인범들은 공격성을 이미 가지고 있고, 즉시적인 반응을 보이는 저통제형의 성격을 가진 것으로 밝혀졌다.

분노, 공포 또는 좌절의 표출로 야기된 살인범은 거의 다른 범죄를 범하지 않는다. 대부분 이런 살인자들은 가정이나 술집에서 가족과 평소에 안면이 있는 사람을 살해하는 경우가 많다. 살인의 지각된 원인은 특정적인 경우가 많이 있다. 그래서 이런 유형의 범죄는 반복되는 경우가 거의 없다.

한번에 다수의 사람을 살해하는 대량 살인범 또는 수회에 걸쳐 반복적으로 죽이는 연쇄 살인범은 범죄를 반복할 가능성이 많은데, 그 이유는 살인의 지각된 이유가 전체적이거나 포괄적이기 때문이다. 최근에 분노가 범죄행동에 가장 밀접한 단서임이 밝혀졌다.[134] 연구자들은 분노를 지금까지의 연구와는 아주 다르게 평가하고 있다.

예컨대 잼블과 퀸세이(Zamble & Quinsey)는 행위자 자신의 범죄행위 직전에 어떤 느낌이 들었는지에 대한 질문을 통해서 연구를 하였다. 이 질문에서 공통적으로 밝혀진 정서는 분노였다. 따라서 분노정서가 범죄를 일으키는 대표적인 정서적 원인이라고 말할 수 있다. 청소년 범죄자들을 대상으로 한 연구에서 분노 또는 부적감정과 반사회적 행동 간에 관계가 있음이 발견되었다.[135]

---

133) Megargee의 이론을 검증한 대표적인 연구자들은 Blacburn, Holland and Holt, Lane and Kling, Lang et al., Walters et al. 등이 있다.

134) E. Zamble and V. L. Quinsey, The Criminal recividism process, (Quenns University, Cambridge University, 1996), p.225-227.

135) 이러한 연구결과를 밝힌 대표적인 연구자는 Agnew(1992, 1994); Agnew

110

그러므로 분노 또는 부적감정이 폭력행동과 관련이 있는 일시적인 심리상태의 하나로 고려될 수 있을 것이다.[136) 폭력행동 중에 대체적으로 사람들의 감정상태는 아주 부적이고 극단적이며 통제가 잘 되지 않는 경향을 보이는 경우가 많이 있다. 이러한 감정상태는 개인에게 인지적 왜곡과 부정적인 행동을 초래케 한다. 사람들이 정서적으로 극단적인 각성상태일 때 사고는 제한적이고, 개인적, 현실의 중시, 구체적 사실, 모험추구적이고, 행동지향적인 사고를 하는 특징을 보인다.

예컨대 **A. R. Mawson(1987)**은 일시적 범죄의 원인을 각성과 인지와의 관계를 통해서 설명하였다.[137)

[그림 3-4] 스트레스에 의한 일과성 범죄행동 모델

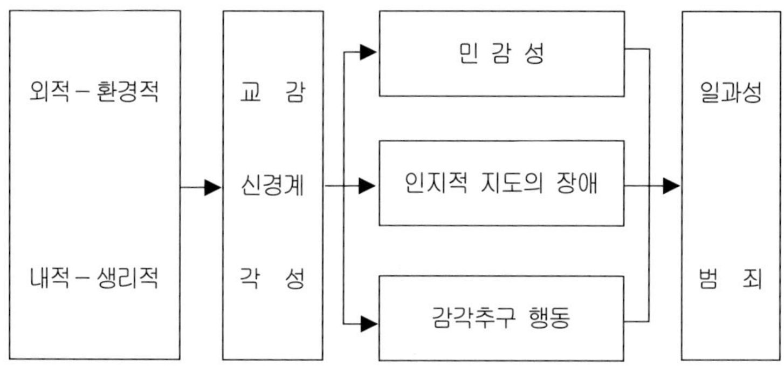

(출처: A. R. Mawson, Transient Criminality: A Model of Stress-Induced Crime, 1987, p.63.)

---

and White (1992); Caspi, et al. (1994) 등이 있다.

136) T. R. Holland, et al. 'Prediction of violent versus nonviolent recidivism from prior violent and nonviolent criminality,' *Journal of Abnormal psychology,* No.91, 1982, pp.178-182.

137) A. R. Mawson, Transient Criminality: A Model of Stress-Induced Crime(N. Y. : A division of Greenwood Press, Inc., 1987), pp.60~62.

그는 그림에서 보는 바와 같이 스트레스 자극을 통해서 교감신경계의 각성이 증가하고 이로 인해 인지적 지도의 장애발생으로 인하여 정상적인 사고와 판단능력의 일시적 혼란으로 범죄행동이 발생한다고 하였다. 특히 인지적 지도의 장애는 내면화된 도덕성, 법규범의 상실의 원인이 된다. 인지적 지도의 해체, 높은 각성수준, 개인의 감각추구행동은 이미 내면화된 도덕에 의해 지배를 받지 않는 상태가 되는 것이다. 이런 조건 하에서 범죄행동의 가능성은 더욱 증가한다고 볼 수 있다.

모우슨과 마찬가지로 긴(Geen, 1970)도 현대사회에서 볼 수 있는 대다수의 폭력범죄는 일상생활의 스트레스로부터 유발된 높은 각성수준과 대중매체를 통한 다양한 폭력물의 관찰 간의 상호작용의 결과이라고 하였다. 그리고 큘릭과 브라운(Kullik & Brown, 1979)은 상황적으로 서로 관련이 있는 불공평한 감정, 책임감, 사회적 확신, 분노의도의 지각 등의 변인들은 폭력행동에 영향을 미친다고 하였다.[138] 이러한 관점에서 보면 폭력행동은 단순하게 힘의 사용을 통해서 즉시적인 만족을 얻고자 시도하는 것이라고 볼 수 있다.

예를 들어 전화를 걸기 위해 줄을 서 있다가 장시간 전화를 한다고 폭행을 한다거나, 남편이 아내와 말다툼을 하다가 언쟁을 끝내기 위해 구타를 하는 것 등이 그 예이다. 이러한 행동들은 계획적이라기보다 비이성적이고 충동적인 행위들이다.[139] 즉 폭력범죄는 대부분 이성적인 판단에 의해 이익과 비용을 고려한 계획적인 범죄라기보다는 감정적이고 즉각적이고, 무계획적인 우발적 범행이 대부분이다.

한편 조은경의 연구에 의하면[140] 분노표현양식과 범죄유형별 차이를 보면

---

138) J. A. Kullik and R. Brown, "Frustration, attribution of blame, and aggression", *Journal of Experimental Social Psychology*, No.15, 1979, pp.183~194.

139) 이화여자대학교 사회복지연구회편, 가족폭력(양서원, 2003), p. 373.

140) 조은경, "충동성과 공격성향이 강력 범죄에 미치는 영향", 형사정책연구원, 형사정책연구, 제8권, 제2호, 1997년 여름호, pp.151~154.

폭행범은 주로 화가 날 때 물리적 공격을 하거나 버럭 화를 낸다는 반응을
가장 많이 표출하였다. 또 범행의 사전계획여부를 보면 폭행범이 무계획적인
범행을 가장 많이 하였다. 그리고 범행의 동기 면에서 보면 '화가 나서'가
살인범, 폭행범의 순으로 많이 응답하였다. 이 연구결과는 살인, 폭행, 강간
등의 폭력성 대인범죄의 발생원인이 '홧김'에 범행을 많이 하는 감정적 폭력
행동이 주원인임을 시사한다. 또 김준호의 청소년들의 긴장대처방식에 관한
연구를 보면, "타인에게 분풀이를 하거나 짜증을 낸다", "그 상황에 대해 욕
설을 하고 비난을 한다"라고 하는 정서 지향적 대처방식을 하는 경우는 전
체의 62.3%가 그렇다고 응답하여 감정적인 대응을 하는 경우가 많음을 알
수 있다.[141] Averill(1982)과 같은 분노의 사회 구성주의적인 관점을 강조
하는 학자는 분노가 물리적 폭력과 직접적인 상관이 없다고 주장하고 있으
나 대다수의 연구결과들은 분노가 폭력에 유의한 영향을 미친다는 것을 알
수 있다.[142]

지금까지의 선행연구결과들은 폭력범죄와 분노 간에는 정적인 상관이 있
음이 밝혀졌다. 이 결과들은 폭력범죄의 예측과 통제를 위한 정책적 대안을
제시하는데 상당한 기여를 하였다고 평가할 수 있다. 하지만 우리나라의 경
우 폭력범죄에 대한 심리학적 연구가 다소 부족한 실정이다. 특히 분노와 폭
력범죄와의 관계에 관한 연구는 극히 미흡하다. 앞으로의 연구에서 폭력범죄
에서의 분노와 부적감정의 역할에 대한 심도 있는 연구가 필요한 실정이다.

---

141) 김준호, "청소년의 긴장과 비행", 한국형사정책연구 연구보고서, 1996, p.84.
142) 예를 들어, Geen and O'Neal(1971), Geen(1970), Zillman(1970) 등이 있다.

3. 귀인과 분노특성의 상호관계

인지와 정서 및 행동이라는 세 가지 요소는 상호작용관계를 가지고 있다. 환언하면 인지와 정서와 행동은 서로 독립적으로 존재하는 것이 아니라, 세 가지 요소가 상호작용을 하면서 서로 밀접하게 영향을 미치고 있다는 것이다. A. Ellis(1984)는 인지, 정서, 행동의 세 가지 요소 중에 하나의 장애가 인간의 심리구조에 결정적인 영향을 미친다고 보았다. 특히 인간의 심리적 장애는 인지에 의해 결정된다는 것을 강력히 주장하였다. 이중에서 평가적 인지의 역할은 폭력행동, 정신건강과 부적응적 행동에 중요한 역할을 담당하고 있음을 강조하였다.

감정이 인지에 여러 가지 방법으로 영향을 미치게 된다.[143] 이와 같이 인지와 정서의 상호작용과정을 통해서 인간의 행동에 영향을 미친다는 것을 Krebs와 Miller(1985)는 폭력행동의 유발에 적용하여 그림과 같이 인지와 정서의 관계에 대한 상호작용적인 관점에서의 이론적 틀을 제시하였다.

---

143) T. L. Robbins & A. S. DeNisi, "A closer look at interpersonal affect as a distinct influence on cognitive processing in performance evaluations", *Journal of Applied Psychology,* 79, 1994, pp.239-250.

[그림 3-5] 폭력행동의 수준 간 상호작용

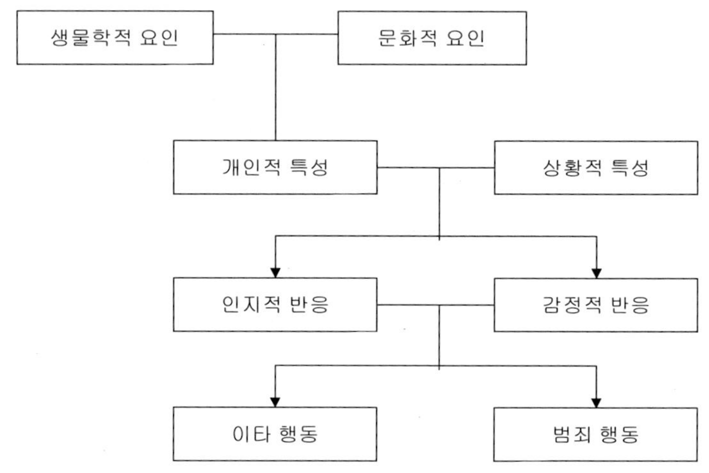

(출처: D. L. Krebs & D. T. Miller, Altruism and aggression, The Handbook of Social Psychology)

그림에서 제시된 바와 같이 그는 폭력행동이 유발되는 과정을 3가지 수준으로 설명하고 있다. 첫 번째 수준은 생물학적 요인과 문화적 요인이라는 광범위한 면에서 폭력의 원인을 다루었다. 두 번째 수준은 개인적 특성과 상황적 특성이라는 면에서 다루었으며, 세 번째 수준은 미시적인 관점에서 귀인이나 도덕적 추리와 같은 인지적 매개과정과 분노와 같은 감정적 매개과정을 다루었다. 이 수준에서는 인지적 요인과 감정적 요인의 독립적 또는 상호작용 관계를 통해서 폭력행동이 발생한다는 점을 강조하였다.144)

최근에 사회심리학자들은 위와 같은 개념적 틀을 기초로 하여 인지적 혹은 매개과정이라는 면에서 개인 내적 변인에 많은 관심을 가지고 있다. 특히 몇몇 귀인요소들은 특정한 정서를 유발시킨다는 것이 밝혀졌다. 예컨대 **Weiner(1986)**의 정서에 대한 귀인과정모델에 의하면,145) 성공은 정적인 감

---

144) 윤진, 폭력의 이론: 공격행동의 심리적 기제, 정신건강연구, 제6집, 1987, p.3.

정을 유발하고, 이에 반해 실패는 부적 감정을 일으키게 한다고 설명하였다. 즉, 그는 사람들이 경험하는 정서는 자신이 귀인을 어떻게 하느냐에 달려있다고 하였다. 다른 귀인이 다른 정서를 만든다고 볼 수 있다. 그림에서 보면, 어떤 결과에 대하여 사람들은 평가를 하게 되고 평가에 따라서 일반적인 정적 정서와 부적 정서를 느끼게 되며 동시에 인과에 대한 귀인을 하고 마지막으로 그에 따른 특이정서를 가지게 된다. 예컨대 실패의 결과를 보면 실패는 부정적인 평가를 가져오며, 이것은 결국 부정적 정서와 가지게 하고 이는 통제 불가능한 것으로 귀인을 하게 하여 결국은 분노의 감정을 느끼게 하는 결과를 가져온다.

최근의 연구들은 특정 정서와 인지적 과정 간에 강한 상관이 존재한다고 하는 것에 대한 의심이 없다. 예를 들어 분노는 원치 않는 상황에서 다른 사람을 비난하는 것인 반면에 죄책감은 자기 자신에 대한 비난을 포함하고 있다. **Miller(1985)**는 이 분노를 본질적으로 방어적인 것으로 보았다.146) 그는 이 분노과정이 자기가 통제력을 획득하기 위한 노력의 일환이라고 하였다. 그러므로 수치심은 수동적인 입장에서 능동적인 입장으로 전환된다고 보았다. 예컨대 "방귀 낀 사람이 먼저 화낸다"라는 속담도 있듯이 잘못한 사람이 오히려 먼저 화를 내는 경우는 이에 해당한다.

몇 가지 가능한 인과적 연결고리의 결과인 폭력을 하나의 이론적 형식으로 설명할 수 있는 것은 아니지만 귀인에 관한 대표적인 하나의 모델을 다음 그림과 같이 제시할 수 있다.

---

145) B. Weiner, "An attributional theory of motivation and emotion", *Educational Researcher,* 1986, p.122
146) R. Perna, op. cit., p.30.

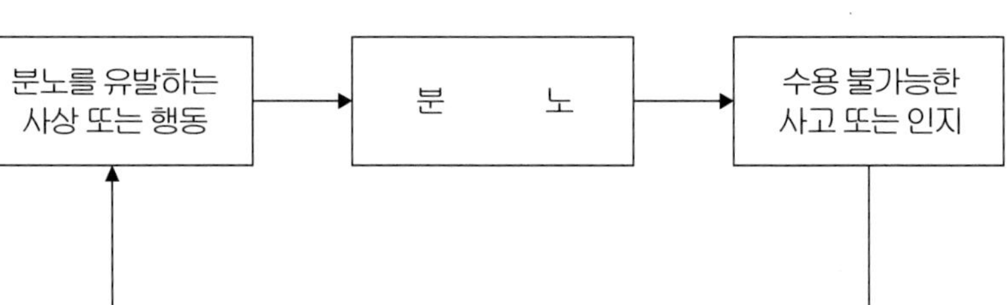

[그림 3-6] 대인갈등시의 귀인과정모델

(출처: R. Perna, Primed Negative Affect, Aggression, and Attribution style, 1996, p.32)

이 모델은 부적감정이 인지를 왜곡하여 공격가능성을 증가시키는 과정을 개념화한 것이다. 그림을 보면 어떤 개인이 분노를 유발시키는 사건이나 행동으로 분노를 느끼게 되면 정상적인 감정상태에서는 수용할 수 없는 사고를 가지기 시작한다. 이것이 분노한 사람에게 죄책감을 유발시키고, 이런 감정에 대한 방어로서 미래의 정보에 대하여 악의적 또는 부정적인 편견을 가지게 된다. 악의적 편견이 수치심의 결과로 생긴 자기 존중감이 위협을 받는다고 생각할 때 폭력행동이 발생하게 되는 순환과정을 거치게 된다.

일상생활에서 우리는 소수의 정보에 근거하여 신속한 판단을 해야 할 경우가 많이 있다. 귀인은 확실히 그러한 행동에 대한 하나의 예이다. 귀인은 사건의 발생에 대한 이유와 방법에 관한 추론 또는 지각이며 사람들의 성향이나 다른 사람의 심리적 상태에 관한 추론이나 지각이라고 할 수 있다.147) 몇몇 연구자들은 귀인과 평가가 자신의 정서적 상태의 강도와 질과 유의미

---

147) G. Weary & J. K. Harvey, "Current issues in attribution theory and research", *Annual Review of Psychology,* No.35, 1984, pp.427~459.

하게 달라질 수 있다는 것을 주장하였다.148) 그러나 개인의 감정상태와 특별한 귀인과정에 관한 특성은 아직 완전하게 탐색되지는 않았다고 할 수 있다.149) 특히 이 분야에 대한 연구가 안 된 것은 귀인과 동기적 상태 간의 밀접한 관계가 명확하게 밝혀지지 않았기 때문이다. 일부 연구자들에 의해 특정의 귀인이 분노, 죄책감, 그리고 수치심을 설명하는 것을 밝히는 많은 자료를 제시하였다.150) 그러나 분노에 대한 인지적 선행조건과 심리상태의 관계에 관한 문헌은 절대적으로 부족한 실정이다.

감정과 귀인에 관심을 가지고 있는 대부분의 연구들은 행복한 피험자와 우울한 피험자의 비교를 통해서 연구를 하였다. 행복한 피험자는 좋은 일에는 안정적, 내적 원인에서 찾고, 나쁜 일에는 불안정, 외적인 원인에 돌리는 경향이 많이 있다. 이와 반대로 우울한 피험자는 자신의 성공보다는 자신의 실패에 대해 내적이고 안정적인 원인에 귀인을 하게 된다. 좋지 않은 일이 일어났을 때 자신을 비난하지만 좋은 일에는 자기 자신을 신뢰하지 않음으로써 이러한 피험자들은 전형적으로 우울증적 인지경향을 보인다.151)

러셀과 멕오레이(Russell and McAuley, 1986)는 귀인 - 정서 - 귀인의 연속성을 주장하였다. 이것은 정서가 중간에서 매개적인 역할을 하여 하나의 귀인이 뒤이어 일어나는 귀인에 영향을 미치게 한다는 것을 의미한다. 그러한 과정에 대한 탐색은 정동 상태가 어떻게 유지되고 증폭되는가를 보다 잘 이해하는데 도움을 주게 될 것이다.

최근에는 사건에 대한 반응이 대부분 사람의 정신적 표상 또는 사건의 추

---

148) 대표적인 연구자는 Weiner(1985)와 Tangney(1993) 등이다.

149) J. p. Forgas, "Sad and quilty? Affective influences on the explanation of conflict in close relationships", *Journal of Personality and Social Psychology,* No.66, 1994, pp.56~68.

150) 이러한 자료를 제시한 대표적인 학자는 Weiner(1985)와 Tangney(1993) 가 있다.

151) R. Ottavini and A. T. Beck, Cognitive theory of depression, In K. Field & J. Forgas(Eds.) Affect, cognition and social behavior(Gottingen, Federal Republic of Germany, 1988), pp.209~219.

론에 의해 결정된다는 주장을 하는 연구내용들이 증가하고 있다. 예를 들어 개인은 실체에 대해 엄밀한 의미에서 편향이 없는 기억으로부터 부호화, 저장, 그리고 인출하기보다는 빈번하게 발생하는 사건에 대하여 왜곡된 견해를 가지게 되는 경우가 많이 있다.152)

과거사건 또는 눈에 보이지 않는 편향에 관한 왜곡은 객관적 사건에 대한 그 당시의 정서 또는 객관적 사실과 관련되거나 관련이 되지 않는 과거사건에 관한 현재의 감정의 결과로 생긴다. 사람들 사이의 갈등에서 귀인의 역할을 이해하기 위해 노력할 때, 우리는 사람들이 어떤 경우에도 체계적 편향을 보이지 않을 가능성이 있음을 깨달을 필요가 있다.

그러나 자신의 판단에 완전히 부적절한 형태의 귀인오류가 발생할 수 있다. 잘 알려진 귀인의 오류는 사람이 실패보다는 자신의 성공에 대해서 더욱더 인과적 신뢰를 가질 경향성을 가지고 있다는 것이다. 이런 자기고양 편향은 자존심을 유지, 고양하는데 귀인을 이용하는 것이 하나의 예이다. Jones와 Berglas (1978)는 귀인의 원리를 이용하여 일시적인 부적 기분상태와 귀인의 유형, 즉 통제의 소재, 안정성, 그리고 전체성과의 체계적 관계에 대하여 연구를 하였지만 이 분야는 아직 연구가 미흡한 분야 중에 하나이다. 특히 폭력범죄와의 관련성에 대한 연구는 거의 이루어지지 않은 미개척 분야라고 해도 과언이 아니다. 따라서 본 책에서는 인지와 정서의 상호작용관계, 즉 귀인과 분노가 폭력행동에 얼마나 상호작용효과가 있는지를 알아보는 연구는 상당한 가치가 있다고 할 것이다.

---

152) C. W. Williams et al., "Human response to traumatic events: An integration of counter factual thinking, hindsight bias and attribution theory", *Psychological Reports,* No.72, 1993, pp.483~494.

제4장 폭력범죄의 최근발생동향

다음은 공식적인 통계자료를 이용하여 폭력범죄의 발생동향을 분석한 것이다. 범죄통계는 범죄와 관련된 다양한 사회문화적 특성을 규명함으로써 향후의 범죄추세를 예측하고 범죄예방을 위한 정책을 입안하는데 매우 귀중한 자료를 말한다. 또한 범죄통계는 형사 실무적 측면뿐만 아니라 범죄의 원인을 기술하고 설명하기 위한 이론적 토대를 마련하는 학문적인 측면에서도 중요한 역할을 한다.

한국의 폭력범죄의 발생동향을 분석하기 전에 먼저 우리나라와 지역적·문화적인 교류가 많은 미국과 일본의 범죄통계를 살펴보는 것은 가치 있는 비교이다. 미국의 폭행(aggravated assault)의 발생추세를 보면 '98년을 기준으로 '99년은 -3.5%, '00년은 -6.6%, 그리고 '01년 -12.3%, '02년은 -15.1%로 감소하는 등 매년 감소추세를 보이고 있다.[153] 이는 관계기관과 지역사회의 다양한 예방노력의 결과일 것으로 판단된다. 한편 일본의 조폭범죄는 '93년을 기준으로 볼 때 '98년은 0.4%, '99년은 -2.9%, '00년은 3.9%, '01년은 10.6%가 증가하는 등 일본의 조폭범죄 발생추세는 '99년도에 약간 감소하는 경향을 보이다 그 이후부터 지속적으로 증가하는 추세를 보이고 있으며, 폭력범죄의 예방을 위한 각종 대책에 부심하고 있는 실정이다.[154]

범죄의 연구에 비교 국가적인 방법을 통해서 범죄의 일반적인 추세와 특

---

153) UCR, FBI, 2004. pp.10-13. 참고로 '97년 한 해 동안 지수범죄의 발생률은 절도가 58.6%, 침 입절도 18.7%, 차량절도 10.3%, 폭행 7.8%, 강간 0.7%, 살인 0.1%의 순으로 발생하였다.
154) 범죄백서, 일본 법무총합연구소, 2003, pp.8-11. :일본의 형법범에 대한 분류방식은 흉악범(살인, 강도)과 조폭범(상해, 폭행, 협박, 공갈), 교통관계사범, 기타 형법범 등으로 분류하고 있다.

성을 파악해 본다는 것은 의미 있는 연구라고 할 수 있지만, 범죄통계의 방법 면에서 국가 간에 차이가 크기 때문에 실질적인 비교분석에는 한계를 가지고 있다. 그러므로 본 책에서는 한국의 폭력범죄에 대한 최근 발생동향을 중심으로 살펴보았다. 본 책에 사용된 공식통계자료는 대검찰청의 범죄분석과 법무연수원의 범죄백서, 그리고 경찰청의 범죄분석과 경찰백서를 기초로 분석하여 분석하였다.

1. 폭력범죄의 발생추세

폭력은 형법상의 폭행, 상해, 체포 및 감금, 약취·유인, 공갈, 손괴와 특별법인 폭력행위 등 처벌에 관한 법률위반 행위를 말한다. 본 연구에서는 이러한 폭력범죄 유형 중에서 '94년부터 '98년도까지 통계를 이용하여 발생추세를 분석하였다.

[그림 4-1] 폭력범죄의 발생추세

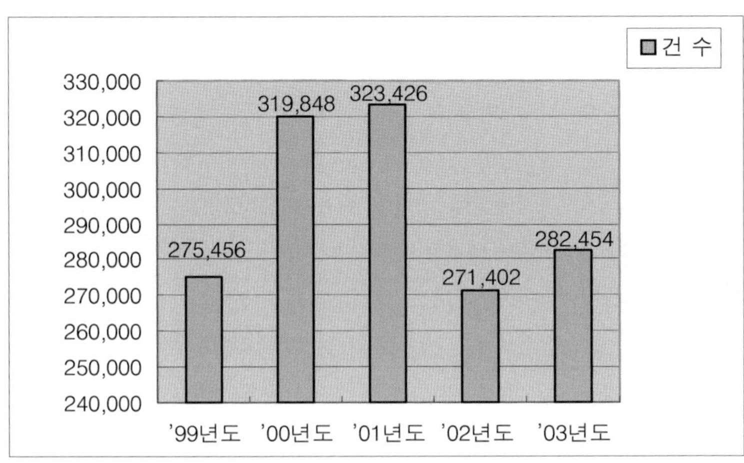

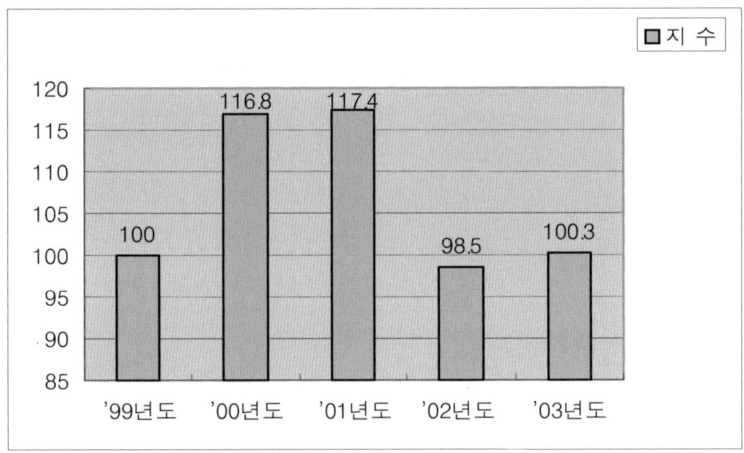

(출처: 범죄분석, 대검찰청, 2004)

그림에서 제시된 바와 같이 '03년도는 282,454건의 폭력범죄가 발생하였다. 이는 '99년도와 비교하였을 때 약 0.3%가 증가한 것이다. '99년을 기준으로 폭력범죄의 추세를 보면 '00년과 '01년은 급격히 증가하였으나 '02년 이후는 급격히 감소하여 '03년도는 '99년도와 비슷한 건수를 보였다.

122

특히 '01년은 '99년도와 비교하였을 때 무려 17.4%가 상승한 것은 IMF 의 영향으로 기업의 연쇄부도로 인하여 실직자가 대량 발생하는 등 사회적 불안요인의 지속으로 경제적·심리적 좌절을 겪은 사람들의 불만이 참을성의 한계를 넘어서 생계형 범죄뿐만 아니라 폭력형 범죄도 급격히 증가한 것으로 생각된다.

이는 일반시민의 폭력범죄에 대한 두려움을 증가시키는 등 폭력범죄가 중요한 사회문제로 등장하고 있다는 것을 의미한다.

이상철(1994)의 1960년대부터 1990년대까지 한국의 범죄발생추세에 대한 분석에 의하면 1960년대는 절도가 전체 형법범죄의 약 50%를 차지하였으며, 1970년대는 폭력행위 등 처벌에 관한 법률위반(이하 폭처법이라 함)의 급격한 증가로 절도 다음으로 높은 비율을 차지하였고, 1980년대는 폭처법이 계속 증가하여 절도의 비율을 능가하는 특징을 보였으며, 1990년대 초반부터 폭처법의 비율이 38%를 차지하여 전체 형법범죄의 분포에 큰 변화를 가져와 우리나라의 형법범죄는 재산범죄에서 폭력범죄위주로 점차 전환되고 있음을 알 수 있다.155)

---

155) 이상철, "범죄발생의 추세분석: 1964-1991", 형사정책연구원 연구보고서, 1994.

2. 폭력범죄의 유형별 발생동향

[그림 4-2]는 폭력범죄의 세부 유형별로 얼마나 많은 범죄가 발생하고 있는지를 건수와 발생률을 중심으로 분석한 자료이다.

[그림 4-2] 유형별 발생현황

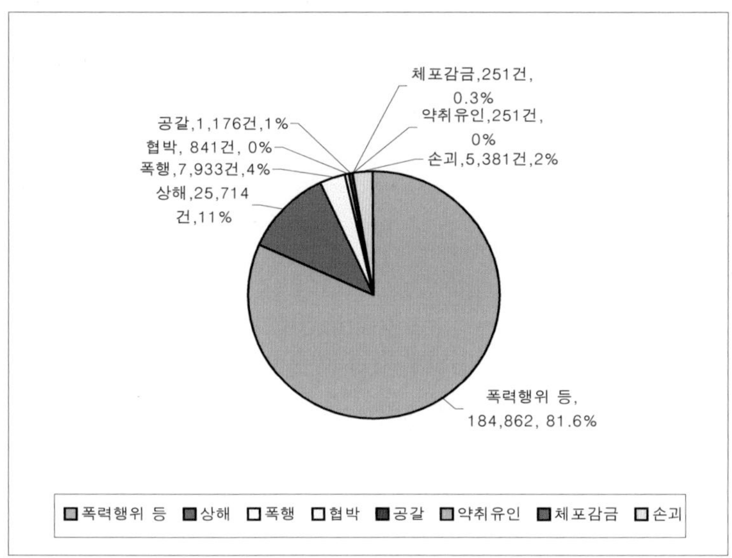

(출처: 범죄분석, 대검찰청, 2004)

그림을 보면 전체 폭력범죄 발생건수 22만 여건 중에서 폭력행위 등 처벌에 관한 법률위반이 **81.6%**로 가장 많은 부분을 차지하고 있으며 다음으로 상해 **11.4%**, 폭행 **3.5%**이며 나머지는 **1%** 내외를 차지하고 있다.

세부 범죄유형별로 전년도와 비교하면, '98년은 전년도와 비교하였을 때 폭행은 **49.5%**, 상해는 **12.1%**, 폭력행위등처벌에관한법률의 위반은 **12.1%**가 증가하여, **IMF** 이후 재산형 범죄뿐만 아니라 폭력범죄도 급격히 증가하는 경향을 보였다.

특히 폭력행위등처벌에관한법률 위반의 범죄가 차지하는 비율이 높다는 것은 2인 이상이 공모하여 타인에게 폭행을 가하는 범죄와 폭행이 주로 야간에 많이 발생하고 있음을 알 수 있으며, 특히 폭력행위 등에 대한 효과적인 대책이 전체 폭력범죄를 감소시키는데 중요하다고 할 것이다.

3. 폭력범죄의 범행 동기

[그림 4-3]은 전체 폭력범죄자와 여성폭력범죄, 소년폭력범죄의 범행 동기를 비교하여 분석한 것이다.

[그림 4-3] 범죄유형별 범행동기

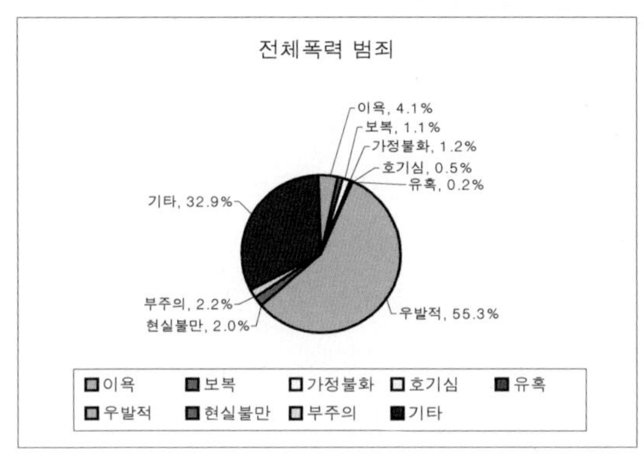

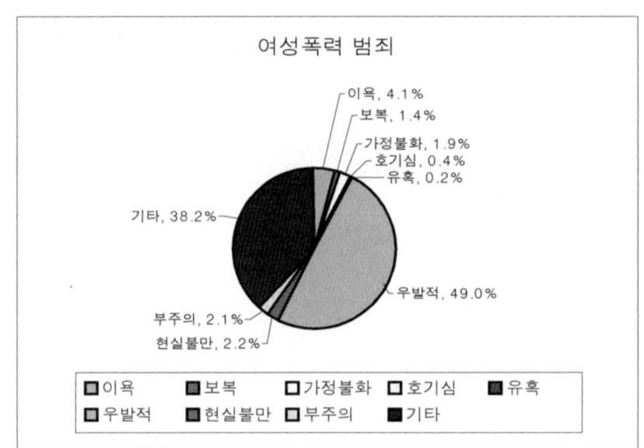

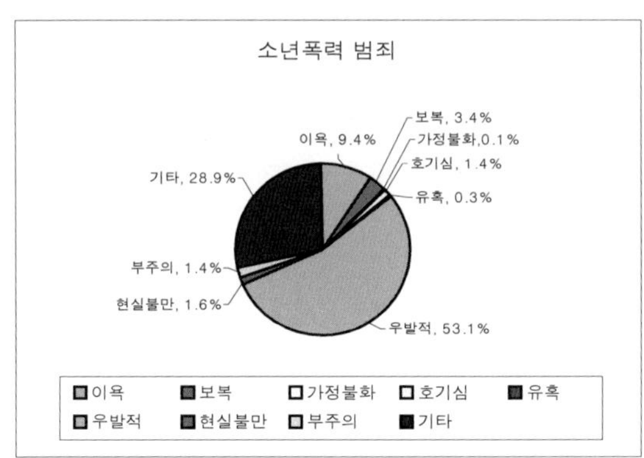

(출처: 범죄분석, 대검찰청, 2004)

126

그림을 보면 전체 폭력범죄의 범행 동기는 우발적인 경우가 전체 동기 중에서 55.3%로 가장 많이 차지하였고, 그 다음으로 이욕, 현실불만의 순이었다. 여성폭력범죄도 우발적인 범행 동기가 49.0%로 절반 정도를 차지하고 있으며, 그 다음이 이욕, 현실불만의 순이고, 소년범죄는 우발적인 경우가 53.1%로 가장 많이 차지하였고, 그 다음으로 이욕, 보복, 현실불만의 순이었다. 즉 대부분의 폭력범죄는 계획적이라기보다는 우발적으로 발생하는 경우가 많다는 것을 알 수 있다. 특이한 것은 소년범죄자의 경우 10건 중 1건이 금전적인 이유로 폭력범죄가 발생한다는 것이 성인범죄와 차이가 나는 점이다. 한편 폭력범죄를 재산범죄와 비교하여 보면, 재산범죄는 이욕이 22.5%, 호기심 2.6%이고, 우발적인 경우는 2.5%로 폭력범죄의 동기와는 차이를 보였다.

이는 폭력범죄가 주로 사전에 치밀한 계획에 의해 범죄가 발생하는 것이 아니라 충동적이고 우발적으로 많이 발생하고 있다는 것을 알 수 있다. 전대양(1994)의 연구에 의하면, 범죄자가 초범 시에 범하는 죄 종은 폭행 및 상해가 213건으로 42.1%로 가장 많이 차지하였고, 절도는 181건으로 35.5%이었고, 범행 동기는 우연이 41.5%로 가장 많은 부분을 차지하였고, 다음이 이욕 및 생활고 17.2%, 원한 및 분노 8.5%의 순이었다.[156] 최근의 연구에 의하면 폭행과 상해의 범행 동기는 사소한 말다툼이나 술에 취해서인 경우가 40%로 가장 많이 차지하였고, 당사자사의 감정적 갈등이 18%, 치정이나 애정문제가 12%, 경제적 갈등이 12%의 순이었다.[157] 즉 살인의 경우는 감정적 갈등이나 애정문제가 주요한 동기인 것에 비해 폭행·상해는 사소한 말다툼 등 자존심이 상하거나 우연한 기회에 발생하는 경우가 많음을 알 수 있다. 즉 폭력범죄는 계획이기보다는 우발적으로 일어나기 쉬우며 사소한 언쟁이나 말다툼으로 일어날 가능성이 상당히 많은데, 특히 피해자가

---

156) 전대양, 전게논문, pp.115-119.
157) 박순진, "범죄자와 피해자의 상호작용에 관한 연구", 한국형사정책연구원 연구보고서, 1999, p.86.

가해자에게 자존심을 상하게 하는 모욕적인 말이나 행동으로 발생하는 경우
가 많이 있다.

4. 폭력범죄의 발생시간

[그림 4-4]는 폭력범죄가 어떤 시간대에 많이 발생하는지를 재산범죄와
비교하여 분석한 그림이다.

[그림 4-4] 폭력범죄 중요 발생 시간

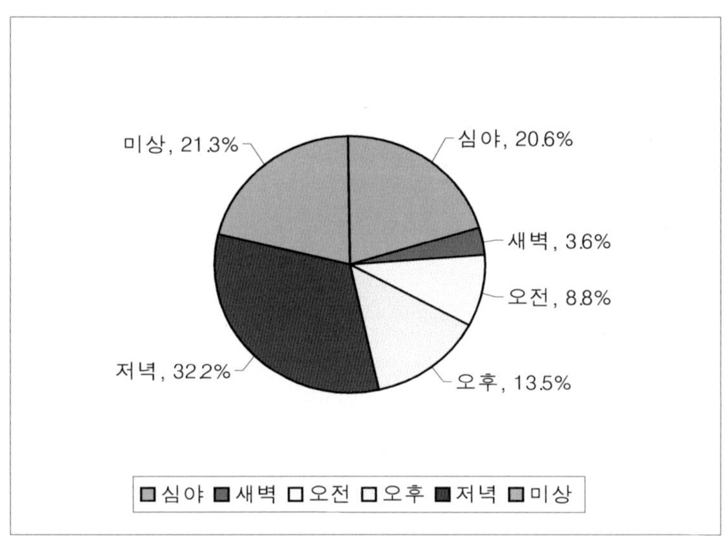

(출처: 범죄분석, 대검찰청, 2004)

그림에서 제시된 통계를 보면 폭력범죄는 저녁 및 심야시간대가 **52.8%**로
어두운 밤에 많이 발생한다는 것을 알 수 있다. 이에 비해 낮 시간대인 오전
과 오후는 **21.5%**로 야간 발생률과 비교하였을 때 발생률이 상대적으로 낮았
다. 이는 야간시간대에 주로 음주와 대인접촉이 많이 이루어지기 때문인 것으

로 판단된다. 특히 야간은 주간보다 사람들이 생리적으로 각성의 수준이 높기 때문에 외부자극에 민감하게 반응하는 것도 한 가지 이유가 된다. 한편, 경찰 백서의 요일별 범죄율에 의하면 수요일에 전체 22.5% 가장 많이 발생하는 것도 수요일이 일주일의 중간으로 사람들이 가장 스트레스를 많이 받는 요일이기 때문인 것으로 해석할 수 있을 것이다. 폭력범죄의 발생시간을 살인과 비교하여 보면, 살인은 오후 9시부터 오전 3시 사이에 가장 많은 21%가 발생하였고, 폭행과 상해는 오후 3시부터 오후 6시 사이에 가장 많은 22%가 발생하였다.[158] 이는 폭력범죄의 예방을 위한 경찰의 치안활동은 오후시간대에 집중되어야 할 것이다.

---

158) 상계논문, p.85.

5. 폭력범죄의 범행도구

[그림 4-5]는 폭력범죄에 사용한 범행도구를 유형별로 분석하여 봄으로써
범죄자의 가해수법을 분석한 자료이다.

[그림 4-5] 폭력범죄에 사용한 범행도구

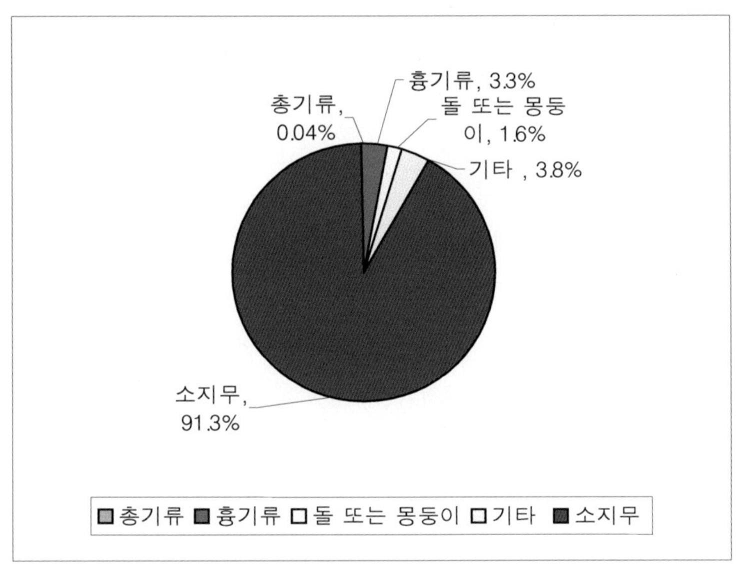

(출처: 범죄분석, 대검찰청, 2004)

폭력범죄의 범행에 사용한 도구를 분석해 보면, 그림에서 보는 바와·같이
특별한 무기를 소지하지 않고 개인의 신체의 일부인 주먹, 발, 머리 등을 이
용하여 발생한 폭력이 **91.3%**로 절대 다수를 차지하고 있음을 알 수 있다.
이외에 칼, 도끼, 낫, 유리병 등 흉기를 이용한 폭력이 **3.3%**이고, 총기를 이
용한 폭력은 **0.04%**로 극히 낮은 비율을 차지하였다. 이에 비해 재산범죄는
특이하게 폭력범죄보다 오히려 흉기를 소지한 범죄가 **5.8%**로 높았다.

이는 폭력범죄에서 상황적 단서가 폭력을 증가시킨다고 하는 상황적 이론보다는 폭력이 개인 내적 원인(intrapersonal causes), 즉 분노의 강도, 분노의 표현양식, 분노의 원천에 대한 귀인을 어떻게 하는가 하는 것에 영향을 많이 받음을 의미한다.[159] 특히 [그림 4-3]에서 제시된 바와 같이 폭력범죄의 동기가 우발적인 동기에서 많이 일어난다는 것과 흉기의 소지비율이 극히 낮다는 것은 폭력범죄가 무계획적이고 충동적인 원인에 의해 발생한다는 것을 의미한다. 박순진의 연구에 의하면 폭행·상해의 경우는 범죄자 자신의 손발 등 신체를 사용하는 경우가 62%로 절반 이상 차지하는 것으로 보고한 것은 폭력범죄가 순간적인 감정에 의한 범죄임을 알 수 있다.

6. 폭력범죄자의 직업

[그림 4-6]은 폭력범죄자의 직업별 현황을 분석하여 어떤 직업군에서 폭력범죄를 많이 범하는지 알아보았다.

---

159) 홍대식(역), 전게서, p.331.

[그림 4-6] 폭력범죄자의 직업별 현황

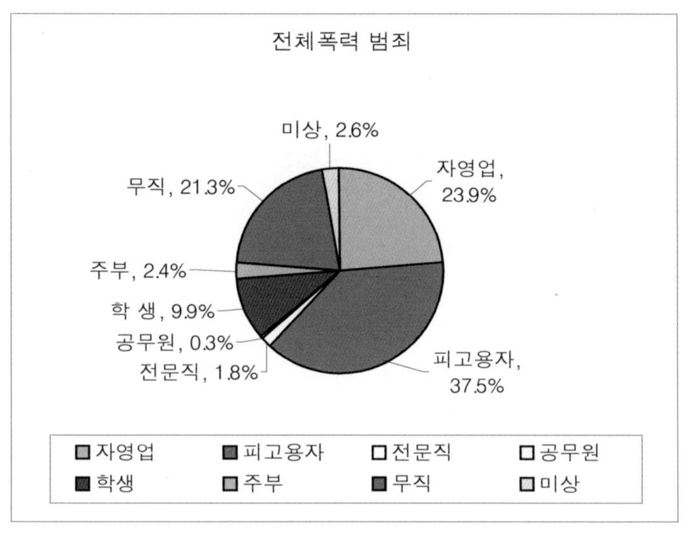

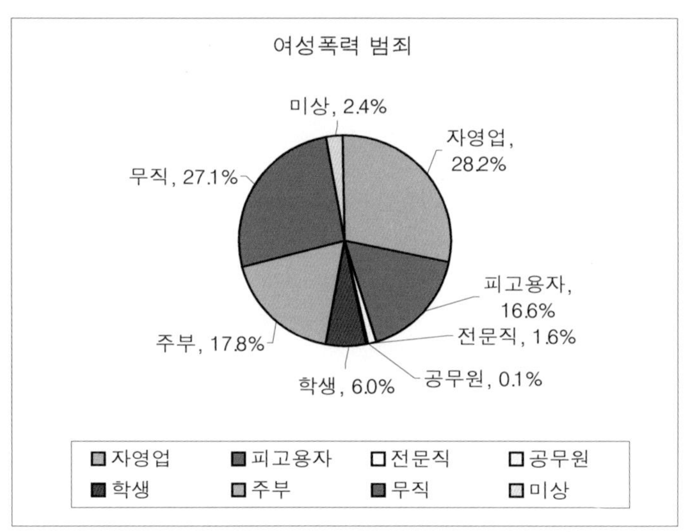

(출처: 범죄분석, 대검찰청, 2004)

그림에서 제시된 바와 같이 폭력범죄의 직업별 발생건수를 비교해 보면 피고용자가 37.5%로 가장 높은 비율을 차지하였다. 다음으로 자영업이 23.9%, 무직이 21.3%, 학생 9.9%의 순으로 많았다. 여성폭력범죄자의 직업을 보면, 자영업이 28.2%로 가장 많은 부분을 차지하였다. 다음으로 무직이 27.1%, 주부가 17.8%, 피고용자 16.6%를 차지하였다. 전문직이나 공무원보다는 자영업이나 피고용자가 폭력범죄를 많이 범하는 것으로 나타났다. 이를 분석해 보면 일정한 직업이 없는 무직자가 전체폭력범죄나 여성폭력범죄에 공통적으로 높은 비율을 차지하고 있다는 것을 알 수 있다. 이는 직업이 없거나 불안정한 직업을 가진 자는 학력이 낮거나 전과자가 많고, 이들은 사회에 대한 불만과 좌절을 쉽게 극복하지 못하는 사람들이므로 직업교육과 더불어 자기 통제력을 강화시키는 등 대인관계기술훈련의 병행을 통해서 사회복귀능력을 향상시켜야 재범을 방지할 수 있을 것으로 판단된다.

7. 폭력범죄자의 범행 시 정신상태

다음은 폭력범죄 당시에 폭력범죄자의 정신적인 상태를 분석하여 폭력범죄가 어떤 정신적인 상황에서 많이 발생하는지 분석한 것이다.

[그림 4-7] 범행 시 정신상태

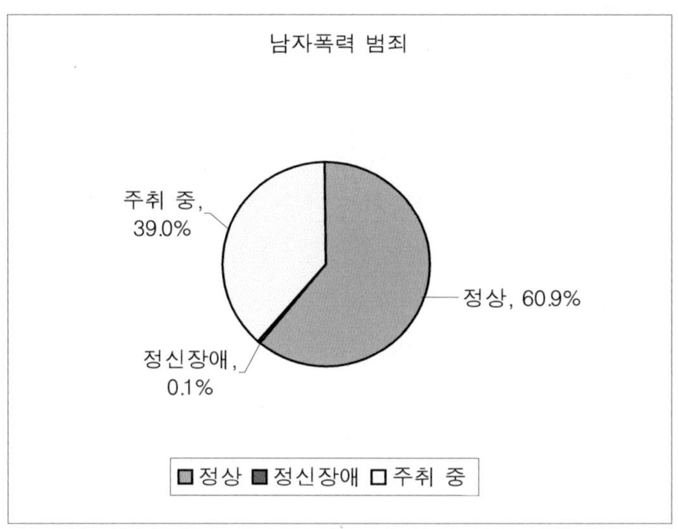

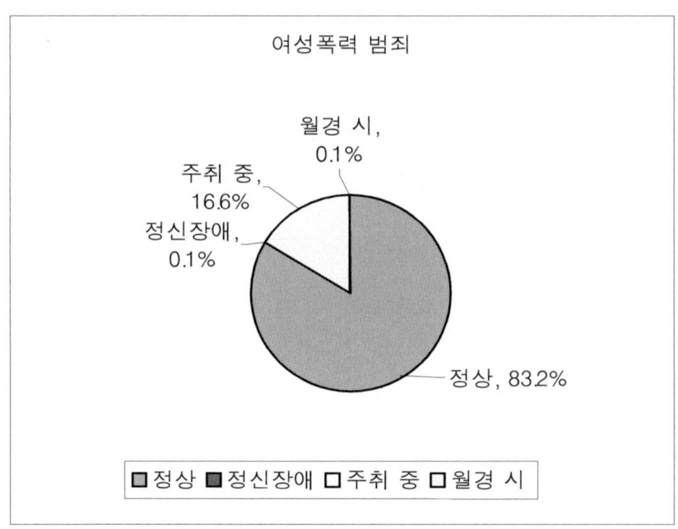

(출처: 범죄분석, 대검찰청, 2004)

그림에서 보는 바와 같이 폭력범죄는 범행 시에 정상적인 경우가 남자 폭력범죄는 60.9%, 여성폭력범죄는 83.2%로 특히 여성의 경우는 정상적인 경우가 압도적으로 많았다. 주취 중에 폭력범죄가 발생하는 비율을 보면 남자의 경우는 39%이고 여성의 경우는 16.6%를 차지하였다. 이는 남성폭력범죄의 경우에는 음주를 한 상태에서 많이 발생하고 있다는 것을 알 수 있다. 이에 비해서 재산범죄자는 주취 중에 범행을 하는 비율이 0.1%로 상당히 낮았다. 폭력범죄에서 음주의 비중이 높은 것은 알코올이 인간의 폭력성에 영향을 미치기 때문이다. 한편 폭력범죄자의 마약류 상용여부를 보면, 마약류가 7.0%, 알코올이 4.3%, 환각물질이 0.02%의 순으로 상용하고 있다고 한다.[160]

폭력범죄자의 일부는 마약류나 알코올 등을 지속적으로 상용하는 자중에서 범죄가 발생하고 있다는 것을 알 수 있다. 이는 폭력범죄자의 11% 정도가 마약류 등의 상용자라는 것은 약물이 단순히 쾌락적인 목적으로 이용될 뿐만 아니라 범죄의 수단으로 이용되고 있다는 것을 의미한다. 특히 알코올은 중추신경계에 영향을 미치는 약물로서 중추신경의 기능을 억제시키는 효과를 발휘한다.[161] 따라서 알코올을 장기적으로 음용하면 기질적인 변화를 초래케 하고, 이유 없는 분노가 유발케 하며, 불안심리가 증가시키는 등 폭력범죄에 중요한 변인으로 작용하므로 음주의 적절한 통제대책이 폭력범죄를 예방하는데 중요하다.

---

160) 범죄분석(서울: 대검찰청, 1998), p.250.
161) 이상현, 전게서, p.309.

8. 범죄자와 피해자의 관계

[그림 4-8]은 폭력범죄자와 피해자가 어떠한 관계에 있는지를 분석해 봄
으로써 가해자와 피해자의 관계를 통한 폭력범죄의 형태를 추정해 보았다.

[그림 4-8] 범죄자와 피해자의 관계

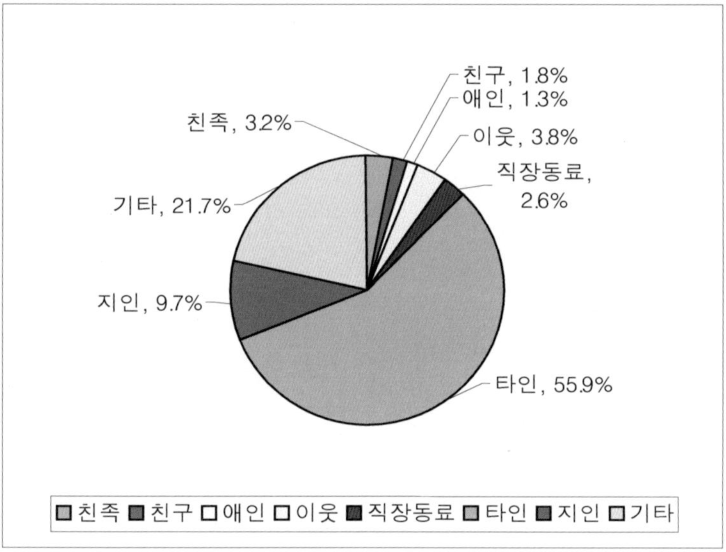

(출처: 범죄분석, 대검찰청, 2004)

그림에서 보는 바와 같이 폭력가해자와 피해자는 상호 모르는 사이인 경
우가 **55.9%**로 절반 이상을 차지하였다. 다음이 알고 있는 사람 **9.7%**, 이웃
이 **3.8%**, 친족 **3.2%**, 직장동료가 **2.6%**의 순의 비율을 차지하고 있다. 이
는 폭력범죄는 대부분 서로 알지 못하는 사이에서 가장 많이 발생하고 있다
는 것을 알 수 있다. 한편 남성 폭력피해자의 연령 대를 보면, 40대가
36.2%, 30대가 **22.9%**, 50대가 **21.1%**로 많은 비중을 차지하고 있으며,

136

20세 이하의 청소년과 60세 이상의 노년층은 상대적으로 적었다. 여성피해자도 남성피해자와 비슷한 분포를 보였다. 이를 분석해 보면 가장 사회활동을 많이 하는 연령층이 폭력가해자도 많고 동시에 피해자도 많은 비중을 차지하는 것으로 보인다.[162)

이상현은 가해자의 유책정도에 따라 유책성을 5단계로 나누어 분석을 하였는바, 상해사건의 경우 가해자와 피해자가 유책의 정도가 3단계부터 5단계까지가 전체 범죄의 42.2%를 차지한다고 보고하고 있는 것으로 보아[163) 폭력범죄에서 피해자의 유책정도가 높음을 알 수 있다. 즉 폭력범죄는 가해자의 고유한 특성 때문에만 발생하는 것이 아니라 피해자와의 상호작용과정을 통해서 발생하는 경우가 많이 있다.[164) 따라서 폭력범죄의 예방은 가해자에 대한 통제대책뿐만 아니라 잠재적인 피해자에 대한 적절한 대인관계 기술훈련이 필요할 것이다.

---

162) Hindelang의 생활양식이론(lifestyle theory)에 의하면 범죄가능성이 높은 사람과 직·간접적으로 접촉빈도가 높은 사람이 범죄의 피해가능성도 높다고 한다. (김준호 외, "청소년범죄피해에 관한 연구", 형사정책연구원 연구보고서, 1991, p.52. 참고.)

163) 이상현, 전게서, pp.160-161.

164) 오윤성, "군부대내 폭행에 관한 피해자학적 연구", 동국대학교 대학원, 박사학위논문, 1996, pp.30-36. : Sengstock의 상호작용이론은 폭행가해자와 피해자의 관계를 상대적인 것으로 보고 완전한 무책과 완전한 유책이란 개념은 구분하기란 결코 쉽지 않다. 지금까지 전통적 인 범죄학은 범죄발생에 있어서 가해자 측면만 강조하고 있으나 사회적 상호작용을 고려하는 가해자와 피해자를 모두 범죄발생에 있어서 중요한 요소로 고려할 것을 강조한다.

9. 폭력범죄자의 재범유형

[그림 4-9]는 재범자의 재범의 형태를 분석하여 폭력범죄가 얼마나 재범
가능성이 높은 지를 알아보았다.

[그림 4-9] 재범자의 재범유형

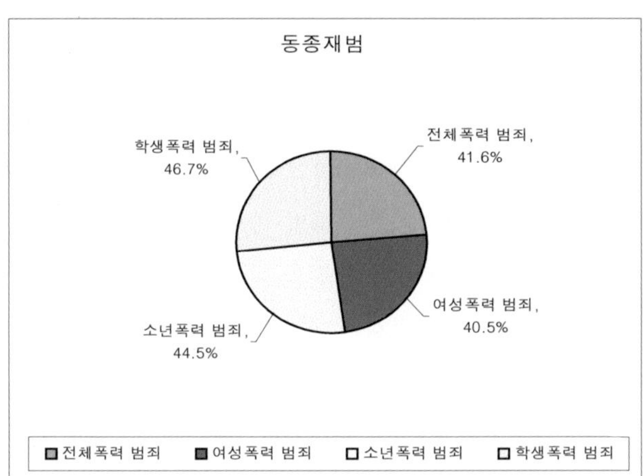

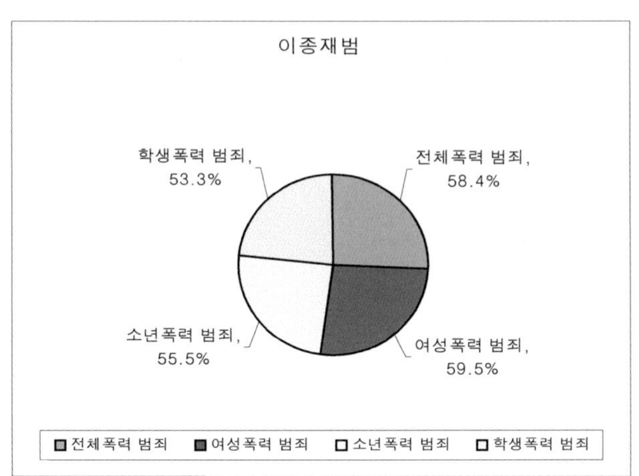

(출처: 범죄분석, 대검찰청, 2004)

위의 그림은 동종재범과 이종재범을 구분하여 재범유형을 분석한 것이다. 그림에서 보는 바와 같이 폭력범죄의 재범형태는 이종재범이 동종 재범보다 약 17% 정도 많은 58.4%이며, 여성범죄자는 동종재범보다 이종재범이 약 19% 정도 높았다. 한편 소년범죄자와 학생범죄자는 동종재범의 비율이 전체폭력범죄나 여성범죄자보다 동종재범의 비율이 상대적으로 높았다. 이는 소년 폭력범죄자의 폭력지향성(violence orientation)이 성인남자나 여성폭력범보다 높은 것으로 해석된다.

한편 '98년에 검거된 전체 범죄자중에서 56.6%가 재범자이고, 동일한 죄를 반복해서 범하는 동종재범은 전체 범죄 중에 18%로 분석되었다.[165] 이는 Wolfgang 등의 연구에서 "폭력피의자들의 50% 이상이 이미 이 사건 이전에 범법행위를 한 사실이 있는 재범자"라고 보고하였듯이 소위 전과자가 다시 범죄를 하는 경우가 많다는 것을 알 수 있다.[166] 이는 초범이 범죄경력자로 발전되지 않도록 통제하는 것이 중요하다는 것을 시사하며, 이와 아울러 폭력재범자들이 폭력적인 성향을 가지고 있을 가능성이 많으므로 이들에 대한 심리적 특성의 파악을 통한 심리치료적인 대책이 무엇보다 중요할 것이다.

---

165) 경찰백서, pp.15-16.
166) 전대양, 전게논문, pp.58-59.

제5장 폭력범죄에 관한 조사

제1절 조사의 설계

1. 분석의 모형

본 책의 목적은 폭력범죄자의 심리적 특성을 파악하여 폭력범죄의 예측과 효과적인 통제방안을 강구하기 위한 심리학적 기초 자료를 제공하는데 있다. 이러한 연구목적을 달성하기 위해 심리학적 관점에서 귀인이론과 분노이론을 이론적 배경으로 폭력범죄자의 인지 및 정서적 특성을 고찰하였다. 우리 인간은 단순히 자극에 반응하는 수동적인 존재가 아니라 그 자극을 해석하고 판단하는 인지적 및 감정적 처리과정이라는 특성을 가지고 있으며, 이러한 특성이 행동에 결정적인 영향을 미치게 된다.

개인이 자신의 주변상황을 어떻게 해석하는가 하는 귀인과 그러한 상황에 대하여 개인이 일반적으로 나타내는 감정적 성향이라고 할 수 있는 분노특성에 따라서 행동의 결과는 달라진다. 즉 폭력적인 행동도 개인이 부적 사건에 대하여 그것의 원인을 어디에 돌리고, 그 사건에 대하여 일반적으로 느끼는 감정적 반응에 영향을 받게 된다. 폭격범죄자는 다른 사람과 구별되는 독특한 귀인특성과 분노특성을 가지고 있으며 나이와 학력 또는 성 차 등 개인의 인구사회학적 특성이나 범죄경력도 귀인과 분노특성에 영향을 미치게 될 것이다. 왜냐하면 개인의 부모로부터 물려받은 생물학적 요인, 성장하면서 배우게 되는 학습적 요인, 범죄적 환경에서의 폭력하위문화적 요인으로 인하여 폭력범죄자는 다른 사람과 구별되는 독특하고 일관성 있는 인지적·정서적 특성을 가지게 될 가능성이 높기 때문이다.

140

본 책은 개인의 귀인 및 분노특성을 독립변수로, 개인적 특성과 범죄경력을 통제변수로, 폭력행동을 종속변수로 선정하여 다음 그림과 같이 분석의 모형을 설정하였다.

[그림 5-1] 분석의 모형

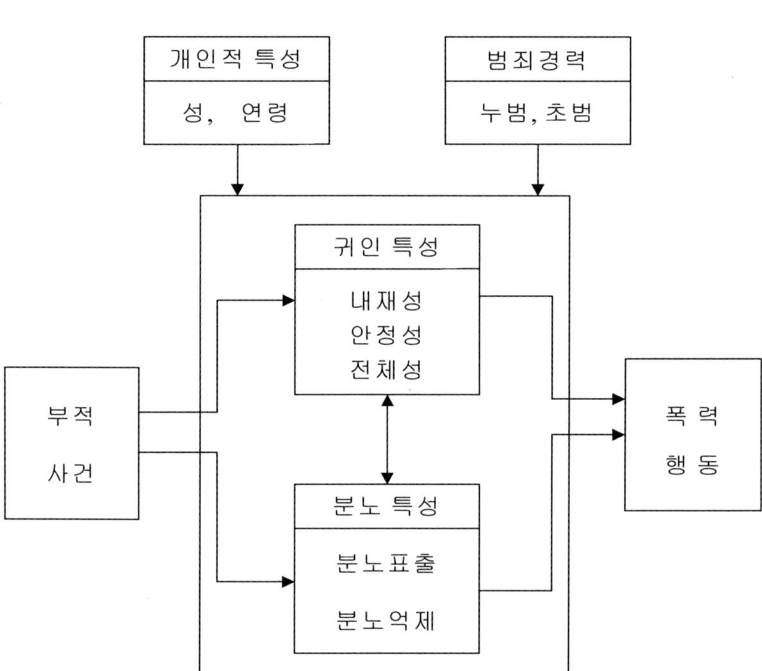

본 책에서 제시한 분석모형을 구체적으로 설명하면 다음과 같다. 그림에서 보는 바와 같이 개인은 부적사건에 대하여 독특하고 지속적인 경향성인 분노와 귀인특성에 따라 자극을 해석하고, 이러한 해석의 결과가 폭력적인 범죄행동에 영향을 미치게 된다. 특히 분노와 귀인이 독립적으로 범죄적 폭력행동에 영향을 미칠 뿐만 아니라 귀인과 분노가 상호작용을 통하여 폭력행동에 영향을 미치기도 한다. 그리고 남·여 성별, 연령과 같은 개인적 특성과 초범, 누범 등 범죄경력은 개인의 귀인과 분노특성에 영향을 미치게 될 것으로 판단되므로 이를 바탕으로 본 책의 분석모형을 구성하였다.

[그림 5-1]의 분석모형을 토대로 본 책의 세부적인 연구가설은 다음과 같이 크게 5가지를 설정하였다.

연구가설 Ⅰ) 연령과 성 차에 따라 분노특성과 귀인특성은 차이가 날 것이다.
Ⅰ-1. 남자 폭력범죄자일수록 분노표출을 많이 할 것이다.
Ⅰ-2. 남자 폭력범죄자일수록 외부 귀인을 많이 할 것이다.
Ⅰ-3. 연령이 낮은 폭력범죄자일수록 분노표출을 많이 할 것이다.
Ⅰ-4. 연령이 높은 폭력범죄자일수록 외부 귀인을 많이 할 것이다.

청소년기를 흔히 '질풍노도의 시기'라고도 한다. 이는 그만큼 청소년기는 정서의 변화가 심하고, 이를 통제할 수 있는 자기 통제력이 부족한 시기라고 할 수 있다. 청소년기의 정서변화의 특징은 내분비선이나 신체구조의 변화 그리고 사회적 요인에 기인한다. 이러한 변화는 그들로 하여금 외부의 자극에 아주 민감하게 반응하고 감상적이면서도 통제 불능의 상태에 직면하는 경우가 많다.167) 청소년기의 정서는 격렬하고 쉽게 흥분하여 동요하는 속성을 가지고 있다. 그러므로 청소년 폭력범죄의 특징은 신체적 공격뿐만 아니라 언어적 학대나 어른에 대한 부정적이거나 가학적인 태도를 보이기 쉽다. 또 불안감으로 인하여 모호한 상황이나 낯선 장면에서 다른 사람의 의도를 더 적대적이고 위협적인 것으로 해석하고 오해로 인한 폭행이 많이 발생한다.

남성폭력범은 여성 폭력범죄자와 비교하여 다른 사람이나 상황에 책임을 돌리는 경우가 많다. 이에 비해서 여성은 자신의 감정을 솔직하게 표현하기

---

167) 한상철, 청소년학 개론(서울: 중앙적성출판사, 1998), pp.107-108.

보다는 속으로 삭이고 참는 것이 미덕인 것처럼 보이는 사회 문화적 환경 속에 성장해 왔다. 그러므로 여성범죄자와 비교하여 남성 폭력범죄자는 행위의 책임을 외부로 돌리는 외부 귀인을 많이 할 것이다. 이와 같은 맥락으로 남자 폭력범죄자들은 분노를 외부로 표출하는 경향성을 많이 가지고 있을 것으로 예상된다.

연구가설 Ⅱ) 폭력범죄 집단은 비폭력범죄 집단과 비교하였을 때 분노표출에서 차이가 날 것이다.

폭력은 상대방에게 상처를 입히는 정도가 대단히 극심한 경우를 말한다. 빌로듀(M. S. Bilodeau)는 분노발생과정에서 어떤 사건이 발생하면 그 사건이 개인의 사고에 영향을 미치고, 이 사고는 신체의 생화학적 반응에 영향을 미치고, 내분비선의 변화는 인간의 감정을 유발시켜 어떤 개인에게 분노적인 행동을 하게 한다고 주장하였다.[168] 이처럼 분노는 외적 사건에 대하여 폭력적 반응을 하는데 영향을 미치는 것 같다. 그러므로 대부분의 폭력범죄는 계획적인 공격, 즉 도구적 폭력보다는 개인의 순간적인 감정에 의해 폭발된 우발적이고 충동적인 증오적 폭력의 가능성이 높을 것이다. 특히 절도, 사기, 횡령 등 재산범죄에 해당하는 비폭력적 범죄는 말 그대로 다른 사람에게 상해를 입히지 않는 범죄이다. 이에 반해서 폭력범죄는 타인에게 심각한 상해를 입히는 범죄인만큼 폭력범죄자는 비폭력범죄자와 비교하였을 때 분노표출을 더 많이 할 것으로 예상된다.

연구가설 Ⅲ) 폭력범죄 집단과 비폭력범죄 집단 간에 귀인특성에서 차이가 날 것이다.
Ⅲ-1. 폭력범죄 집단일수록 외부 귀인을 많이 할 것이다.

---

168) M. S. Bilodeau, ibid. p.142.

Ⅲ-2. 폭력범죄 집단일수록 불안정성에 귀인을 많이 할 것이다.

Ⅲ-3. 폭력범죄 집단일수록 전체성에 귀인을 많이 할 것이다.

귀인이란 어떤 사건의 결과에 대한 평가를 말한다. 환언하면 귀인은 자신의 행동과 타인의 행동에 대한 원인을 어디에 돌리는 것을 일컫는 말이다. 귀인이 이루어지는 과정은 선행사건에 대해서 그 원인을 판단하고 판단한 원인을 근거로 행동, 감정, 기대 등의 결과가 발생하는 경우를 말한다. 귀인의 차원은 크게 3가지로 나눌 수 있다.

첫째, 외부 귀인이란 사건이 발생한 환경이나 타인의 탓으로 돌리는 것을 말한다. Wells에 의하면 폭력범죄자들은 내부 귀인보다는 상황이나 타인 등 외부 귀인하는 경향이 있다고 하였다. Gudjonsson도 마찬가지의 연구결과를 보고하였다. 둘째, 안정성 차원은 지속기간에 관한 것으로 안정성 귀인은 '능력' 등 안정적인 원인을 고려하는 것에 비해서 불안정성 귀인은 '운' 등 불안정한 것에 원인을 돌리는 경우를 말한다. 폭력범죄자들은 주로 자신의 행위에 대한 원인을 '운이 없어서……', '재수가 없어서……' 또는 '피해자가 나의 자존심을 상하게 해서' 등 타인이나 상황에 그 원인을 돌리게 될 것이다. 그러므로 폭력범죄자는 불안정성에 귀인하게 되고 반대로 관찰자에 해당하는 형사사법기관의 직원이나 일반시민들은 범죄자의 안정성에 귀인을 더 많이 하게 될 것이다.

마지막으로 전체성 귀인은 귀인에 포함된 사건의 범위에 관한 것이다. 범죄자들은 주로 학습된 무력감이나 분노 등의 감정을 가지고 있어서 범행의 원인을 '털어서 먼지 안 나는 사람이 있느냐?', '다 사기꾼이다', 또는 '그 사람의 모든 것이 싫어서' 등 전체적이고 포괄적인 것에 원인을 돌리게 된다. 대부분의 연쇄살인범들은 살인의 지각된 이유가 전체적이고 포괄적이기 때문에 지속적으로 범행을 하게 되는 것이다.

연구가설 Ⅳ) 범죄경력에 따라 분노특성과 귀인특성에 차이가 있을 것이다.

Ⅳ-1. 폭력누범일수록 분노표출을 많이 할 것이다.

Ⅳ-2. 폭력누범일수록 외부 귀인을 많이 할 것이다.

Ⅳ-3. 폭력누범일수록 불안정성에 귀인을 많이 할 것이다.

Ⅳ-4. 폭력누범일수록 전체성에 귀인을 많이 할 것이다.

누범이란 한 번 죄를 범하여 처벌을 받은 자가 재차 죄를 범하는 경우를 말한다. 즉 형식적인 의미의 누범에는 습관적인 재범자도 포함된 포괄적인 의미를 가지고 있다. 분노의 감정은 학습에 의해서 조장될 수 있다. **Novaco**의 인지적 구조모델에 의하면 정서의 강도는 자극이나 단서에 대한 인지적 평가, 개인의 성격특성, 개인의 기대 등에 좌우된다. 그러므로 만성적인 분노표출 경향성을 가지고 있는 사람이 타인에 대하여 적대 감정을 조절하지 못하고 표출하게 된다. 홧김에 발생하는 범죄가 대표적인 예이다. 한편 폭력누범은 처벌에 대한 학습능력이 부족하여 처벌의 학습효과가 부족하기 때문에 아무리 형사처벌을 가하더라도 범죄억제 효과는 기대에 미치지 못하는 것은 당연한 결과이다. 또 **Matza**의 중화이론에서 보듯이 책임의 부정과 비난자에 대한 비난 등 자신의 잘 못된 행동을 중화하거나 변명으로 일관하는 경향이 높다. 그리고 누범은 자신이 체포된 것을 '운이 나빠서' 검거되었다거나 다른 사람들도 '나쁜 행동을 한다'고 생각하는 외부 귀인적인 법의식을 가지고 있는 경우가 많이 있다.

연구가설

Ⅴ) 폭력범죄 집단에는 분노특성과 귀인특성 간에 상호작용효과가 있을 것이다.

Ⅴ-1. 폭력범죄 집단일수록 분노표출과 외부 귀인 간에 상호작용효과가 있을 것이다.

Ⅴ-2. 폭력범죄 집단일수록 분노표출과 불안정성 간에 상호작용효과가 있을 것이다.

Ⅴ-3. 폭력범죄 집단일수록 분노표출과 전체성 간에 상호작용효과가 있을
　　　것이다.

A. Ellis가 주장한 바와 같이 인지, 정서 그리고 행동은 상호작용관계에 있
다고 하는 인간의 심리구조를 설명하였다. Krebs와 Miller는 폭력행동은 개
인적 특성과 상황적 특성이 영향을 미치게 된다. 개인적 특성은 개인의 인지
적 반응과 감정적 반응의 상호작용으로 범죄행동에 영향을 미치게 된다고 하
였다.169) 사람들은 실패에 대해 부정적인 평가를 하게 되고, 이것은 부적 정
서와 통제 불가능 귀인에 영향을 미치고 이로 인하여 개인은 분노를 느끼게
된다. 따라서 분노를 표출하는 특성과 외부 귀인을 하는 성향을 가진 사람들
은 이 두 요인이 상호 작용하여 폭력행동에 영향을 미치게 될 것으로 판단된
다. 폭력적 행동에 인지와 정서의 상호작용효과가 있는지에 대한 선행연구는
미흡함으로 본 책에서 두 요인의 상호작용효과에 대한 실증적 조사는 연구의
가치가 충분히 있다고 생각한다.

2. 표본추출의 방법

본 책의 표본표출방법은 할당표출방법을 이용하였다.170) 할당표출은 모집
단을 일정한 범주로 나눈 다음 이들 범주에서 정해진 요소 수(quota)를 작
위적으로 추출하는 방법을 말한다. 본 책에서 요소의 수는 범죄유형 변인(폭
력범죄와 비폭력범죄)과 범죄경력 변인(초범과 누범), 인구사회학적 변인(연
령, 성별)으로 정하여 분류하였다. 설문조사는 수형자의 수감된 지역과 설문

---

169) D. L. Krebs, and D. T, Miller, ibid. p.78.
170) 할당추출의 장점은 같은 크기의 무작위적표출보다 적은 비용으로 표본을
　　　추출 할 수 있으며, 신속한 결과를 얻을 수 있고, 각 집단을 대표하는 층
　　　화의 효과를 거둘 수 있다는 것이다. 단점은 결과의 일반화의 문제, 분류
　　　오차의 개입가능성이 있다.

접수의 편의를 고려하여 우편접수와 직접방문방법을 동시에 이용하였다. 전국의 42개 교정기관을 지역별·유형별로 구분하고, 전국의 각 구치소를 위주171)로 조사대상기관으로 선정을 하되 구치소가 없는 지역은 교도소를 조사대상 시설로 하였다. 이상의 고려요소를 토대로 선정된 교정기관은 구치소 5개소, 교도소 2개소 등 총 8개 기관이다. 이중에서 직접방문 교정기관 3개소와 우편접수 교정기관 5개소로 선정하였다. 직접방문 교정기관은 영남지역의 D구치소, D교도소, K소년교도소등 3개소이며, 우편접수는 경기도의 S구치소, 충남의 C교도소 등 총 5개의 교정기관이다.

한편 자료의 정확한 수집을 위해서 사전에 법무부 교정국에 협조공문을 발송하여 사전에 협조를 구하였다. 직접방문 교정기관은 연구자와 심리학 대학원을 나온 연구보조원 1명이 수용시설을 직접 방문하여 응답자에게 연구의 목적과 응답방법을 충분히 설명을 하고, 설문내용을 문항별로 읽어 주고 답을 하도록 하였다. 또 우편으로 설문을 조사한 교도소에 대하여는 관계공무원에게 설문지 작성요령을 문서로 발송하고 전화로 설명을 하여 충분히 이해할 수 있도록 하였다.

우편발송을 한 교정기관은 관련 공무원이 조사대상자에게 설문지 작성요령을 설명을 하고 문항을 하나하나 읽어 준 다음 문항에 답하도록 하여 설문작성시의 오류와 무응답 및 무성의한 작성을 최소화하였다. 또 설문의 대표성을 높이기 위해 각 교도소에서 보유하고 있는 신분장을 참고하여 정해진 요소 수(quota)에 맞게 할당표출을 하였다. 설문지는 설문대상 시설의 규모에 따라 50부에서 150부까지 총 550부를 배포하였다. 이중 응답내용이 부실한 60부를 제외하고 490부를 최종 분석 자료로 이용하였다.

---

171) 그 이유는 장기간의 수감생활로 인하여 발생할 수 있는 심리적·신체적 변화 등 수감효과와 범죄발생시점과 조사시기의 장기화로 인한 연구타당성 저하의 가능성이 있기 때문이다.

3. 조사의 도구

본 연구의 조사도구는 구조화된 설문지를 이용하였다. 설문지의 사용된 조사도구는 인구사회학적 변인을 알기 위한 기술척도와 분노표현양식 척도, 귀인유형 척도로 구성되어있다. 먼저 인구사회학적 척도는 성별, 학력, 나이, 직업, 결혼관계, 피해자의 책임, 피해자와의 관계, 감정상태, 음주상태, 범죄경력, 전과회수 등 15개 문항이다. 또 분노표현척도는 Spielberger(1985) 등이 개발한 분노표현척도(1985)와 Averill(1982)이 개발한 분노경험질문지, 그리고 Siegel(1985)이 개발한 다차원 분노검사의 문항을 기초로 전겸구(1991)가 우리나라의 실정에 맞게 재구성한 분노표현 척도를 사용하였다.172) 이 척도는 분노억제척도와 분노표출척도가 각각 11문항으로 총 22개 문항으로 구성되어있다. 본 책에서는 요인의 부하량(loading)이 낮은 두 개의 문항을 제외하고 20개의 문항을 척도로 이용하였다. 이 척도는 예비연구를 통해서 신뢰도 계수가 분노척도 중 억제문항은 Cronbach α=.759이고 분노표출문항은 Cronbach α=.882로써 신뢰도에는 문제가 없는 척도였다.

귀인유형에 관한 척도는 Perterson과 그의 동료들(1982)이 개발한 귀인유형질문지를 Perterson과 Villanova(1988)가 수정한 것을 사용하였다.173) 이 척도는 24개 문항으로 일상생활에서의 부적인 사건을 구조화한 질문지이다. 이 문항의 하위척도는 내적 대 외적 귀인, 안정성 대 불안정성 귀인, 전체성 대 특정성 귀인 등 3가지 차원이다. 본 책에 사용한 귀인유형 질문지는 한국적 상황을 고려하고 또 응답자들이 일상생활 과정에서 쉽게 경험할 수 있는 상황을 12개의 가설적인 부적사건으로 연구자가 개작하여 구성하였다. 그 이유는 기존의 척도가 미국의 척도로 한국적 상황에 맞지 않는 부적사건

---

172) 전 겸구, "분노표현양식과 신체병리와의 관계", 1991년도 한국심리학회 연차학술대회 논문집, pp.11-12.

173) C. Peterson & p. Villanova, "An Expanded Attribution Style Questionnaire", *Journal of Abnormal Psychology,* Vol. 97, No.1, 1988, pp.87-88.

이 기술되어 있어 문항을 작성하는데 타당성이 저하될 우려가 있기 때문이다. 또 본 연구의 대상이 교도소에 수감되어있는 죄수들로서 총 96개의 문항에 답하는 것은 응답의 충실성을 고려할 때 무리가 있을 것으로 판단되어 문항의 수를 최대한 적게 하고자 노력하였다.

본 책에 사용한 가설적 사건의 내용은 "귀하는 현재 직장을 구하지 못하고 있다"와 같은 응답자의 생활주변에서 쉽게 경험할 수 있는 부적 사건들이다. 이와 같이 12개의 가설적 사건은 응답자가 각 상황에서 떠오르는 생각에 대해 "그것이 발생하게 된 중요한 원인"과 "그 원인이 내 탓이냐 아니면 상황 또는 타인의 탓이냐" 하는 내재성과 "그러한 원인으로 앞으로도 이러한 일이 또 발생하느냐 아니면 결코 발생하지 않느냐" 하는 안정성 차원, 그리고 그것이 발생한 원인인 "이 상황에 한하는가 아니면 모든 상황에 적용되는가" 하는 전체성 차원 등 3가지 유형의 귀인차원에 대해 응답하도록 되어있다. 이 척도는 원래 리커트 7점 척도로 "매우 그렇다"에서 "매우 그렇지 않다"까지 응답하게 되어있지만 본 책에서는 5점 척도로 수정하여 사용하였다.

이 척도의 내적 타당도를 향상시키기 위하여 재소자 20명에 대한 예비조사(pilot study)를 실시하여 폭력범죄자들이 일상생활에서 쉽게 접할 수 있는 가설적 상황을 반 구조화된 질문을 통해 수집하여 그 중에서 가장 빈도가 높은 12개의 부적 상황을 문항으로 이용하였다. 그리고 이 문항의 신뢰도는 Cronbach α값은 각 차원별로 내재성은 .802, 안정성은 .788, 전체성은 .850으로 만족할 만한 수준이었다.

[표 5-1] 조사도구의 구성요소

연구영역	문항의 구성	문항의 수
인구사회학적 척　　　도	성별, 학력, 나이, 직업, 결혼관계, 종교, 범죄유형, 범죄경력, 전과회수, 사건의 계획성, 공범관계, 피해자와의 관계, 피해자의 책임, 감정상태, 음주관계.	15개 문항
분 노 특 성 척　　　도	분 노 억 제	10개 문항
	분 노 표 출	10개 문항
귀 인 특 성 척　　　도	내재성 차원	12개 문항
	안정성 차원	12개 문항
	전체성 차원	12개 문항

　본 책에 사용된 문항의 조사도구의 내용은 표에서 보는 바와 같이 인구사회학적 요소인 성별, 연령, 학력, 나이, 직업 등 15개 문항, 분노특성 요소인 분노억제와 분노표출에 해당하는 20개 문항, 귀인특성요소인 내재성, 안정성, 전체성에 해당하는 36개 문항 등 총 71개 문항으로 구성되어 있다.

4. 통계적 처리절차

조사대상자로부터 회수한 설문지는 오류검토 작업, 편집, 부호화작업 과정을 거쳐 SPSSWIN 통계패키지를 이용하여 통계처리를 하였다. 각 연구가설에 따라서 가장 적절한 통계분석방법을 선정하여 사용하였다. 첫째, 빈도분석을 이용하여 각 변인의 평균치와 표준편차 등 기초적인 통계자료를 분석하였고, 둘째, 상관관계 분석을 통하여 각 변수 간의 상관의 정도를 파악하였다. 셋째, 회귀분석을 하여 각각의 독립변수가 종속변수에 대한 설명량을 분석하였으며, 넷째, 교차분석의 방법을 이용하여 범주형 자료를 두 개 이상의 변인에 대한 결합빈도를 알아보는 카이스퀘어 검증과 변인의 평균값을 비교하는 T-Test를 통해 변인 간의 구체적인 차이를 검증하였으며 마지막으로 교차분석과 변량분석을 이용하여 상호작용효과와 각 변인의 주 효과를 분석하였다. 본 연구에 사용한 유의도는 일반적으로 사회과학에 많이 적용되는 95%의 신뢰도를 기준으로 분석을 하였다.

5. 조사대상자의 인구사회학적 특성

1) 조사대상자의 개인적 특성

[표 5-2]에 제시한 자료는 본 책의 조사대상자의 성별, 학력 그리고 연령별 특성에 대한 빈도분석을 통해서 조사대상자의 일반적 특성을 알아보았다.

[표 5-2] 성별, 학력, 연령별분포

N=490

구 분	성 별		학 력				연 령				
	남	여	국졸 이하	중졸 이하	고졸 이하	대재 이상	14-20 이하	21-30 이하	31-40 이하	41-50 이하	51세 이상
빈도(인원)	358	132	47	142	223	78	102	141	215	26	6
비 율(%)	73.1	26.9	9.6	29.0	45.5	15.4	20.8	28.8	43.9	5.3	0.8

[표 5-2]는 조사대상자의 인구통계학적인 특성에 대해서 분석한 자료이다. 표를 보는 바와 같이 조사대상자의 수는 490명으로 이중 남자범죄자는 358명이고 여자는 132명으로 각각 73.1%와 26.9%이다. 학력은 고졸과 고퇴자가 223명으로 조사대상표본 중 45.5%로 가장 많이 차지하였고, 중졸과 중퇴는 29%, 대재 이상은 15.4%를 차지하였다. 특히 국졸이하도 9.6%를 차지하여 범죄자 중에 정규교육과정을 이수하지 못한 사람이 많다는 것을 알 수 있다. 또 연령별 분포를 보면, 31-40세 까지가 43.9%로 가장 높은 비율을 차지하였고, 그 다음으로 20대가 28.%, 소년범죄자인 10대는 20.8, 41세 이상의 성인범죄자는 6.1%이었다.

2) 조사대상자의 범죄유형과 경력별 현황

[표 5-3]은 조사대상자의 범죄유형별 분포와 범죄경력에 관한 빈도분석을 한 결과이다.

[표 5-3] 범죄유형과 범죄경력

N=490

구 분	범 죄 유 형							누 범 유 형				
	폭행	상해	폭처법	절도	사기	횡령	기타	폭행 동종	재산 동종	이종 누범	폭행 초범	재산 초범
빈 도	51	52	160	58	84	27	58	91	47	115	120	117
비 율	10.4	10.6	32.7	11.8	17.1	5.5	11.8	18.6	9.6	23.5	24.5	23.9

[표 5-3]은 조사대상자의 현재의 입소동기가 되었던 범죄유형과 지금까지의 전과기록을 기초로 범죄경력을 분석한 자료이다. 표를 보는 바와 같이, 범죄유형을 보면 폭력범 중에서 폭력행위 등 처벌에 관한 법률위반이 32.7%를 차지하였고, 폭행 및 상해는 각각 10.4%와 10.6%를 차지하였다. 비폭력범은 사기가 17.1%, 절도 11.8%, 횡령은 5.5%의 순으로 분포를 나타냈다. 한편 누범의 유형을 보면, 전과기록이 폭력범죄의 범주군에 속하는 범죄를 행한 폭력동종이 18.6%, 재산범죄의 범주군에 속하는 죄를 범한 재산동종은 9.4%, 폭력 및 재산범죄를 가리지 않고 다양하게 죄를 범하는 이종누범은 23.5%이고, 초범 중에 폭행초범은 24.5%이고 재산초범은 23.9%를 차지하였다.

3) 조사대상의 일반적 특성

[표 5-4]는 조사대상자의 결혼상태, 종교, 직업, 공범관계, 피해자와의 관계, 범죄의 계획성, 피해자의 책임정도, 전과회수 등 조사대상자의 개인적 특성과 범행과 관련된 요인들에 대한 특성에 대한 빈도분석의 결과이다.

[표 5-4] 조사대상자의 일반적 특성

구 분		빈 도	비 율	구 분		빈 도	비 율
결 혼	미 혼	212	43.2	종 교	기독교	108	22.0
	기 혼	197	40.2		불 교	193	39.4
	이 혼	39	8.0		천주교	48	9.8
	동 거	26	5.3		무 교	121	24.7
	사 별	16	3.2		기 타	20	4.1
직 업	학 생	31	6.3	피해자와의 관계	부 모	10	2.0
	일용노동	98	20.0		형 제	7	1.4
	서비스직	48	9.8		배우자	42	8.6
	회사원	42	8.6		애 인	35	7.1
	공무원	9	1.8		직장동료	31	6.3
	자영업	113	23.1		친 구	30	6.1
	전문직	31	6.3		면식인	106	21.6
	무 직	107	21.8		타 인	174	35.5
	농·어법	11	2.2		기 타	55	11.2
공범관계	단 독	288	58.8	피해자의 책임	전적으로	74	15.1
	2명	77	15.7		많 이	103	21.0
	3명	36	7.3		반 정도	102	20.8
	4명	33	6.7		약 간	97	19.8
	5명	58	11.2		전혀 없다	17	22.8
술·약물 사용 여부	주취 중	200	40.8	범행 계획	우연히	263	53.7
	약물 중	17	3.5		계획적	59	12.0
	둘 사용	7	1.4		잘 모름	105	21.4
	둘 미사용	266	54.3		기 타	63	12.9
범행 시 기분 상태	화난 상태	102	20.8	전과 회수	1회	265	54.1
	우울 상태	129	26.3		2회	73	14.9
	좋은 상태	81	16.5		3회	53	10.8
	보통 상태	178	36.3		4회 이상	99	20.2

　　표에서 제시된 바와 같이 조사대상자의 특성은 다음과 같다. 먼저 결혼상태를 보면 미혼이 **43.2%**, 기혼이 **40.2%**로 거의 비슷한 비율을 보이고 있

으며 기타 동거, 이혼, 사별 등의 순이었다. 직업별 분포를 보면 자영업, 일용노동자, 무직이 각각 **20%**의 수준으로 비슷한 분포를 보였다. 범행당시의 음주여부를 보면 술을 마신 상태가 **40.8%**, 술을 전혀 마시지 않은 상태는 **54.3%**이었다. 이는 폭행이 음주의 상태에서 많이 이루어진다는 것을 시사하는 통계수치이다.

한편 범행 당시의 기분상태를 보면 우울한 상태가 **26.3%**, 화난 상태가 **20.8%**로 거의 절반이 비정상적인 심리적 상태에서 범죄가 발생하고 있음을 의미한다. 피해자와의 관계는 전혀 모르는 사람과 폭력범죄가 발생하는 경우가 **35.5%**이고 나머지는 배우자나 친구, 애인 등 서로 아는 사이에서 많이 발생하였다. 폭력범죄의 계획성을 보면 우연히 발생하는 경우가 절반이 넘었다. 이는 폭력범죄가 사전에 치밀한 계획에 의한 범죄라기보다는 비계획적이고 우연히 발생하는 경우가 많다는 것을 시사하는 것이다. 마지막으로 조사대상자의 전과회수를 보면 초범이 **54.1%**, 2회 이상의 전과자는 **45.9%**로 표집의 분산이 연구에 적절하였다.

제2절 조사결과 분석 및 논의

1. 조사결과의 분석

1) 주요변수 간 상관관계 분석결과

본 책의 가설을 검증하기 전에 주요 변인들 간에 어느 정도 상관관계를 가지고 있는지를 분석하여 제시한 것이다. 상관관계분석은 변인들 간의 관련성을 분석하는 데 유용하게 이용되는 방법으로 하나의 변인이 다른 변수와 어느 정도 밀접한 관련성을 갖고 변화하는지를 알아보기 위하여 사용된다. 변수들 간의 상관관계의 정도에 대한 해석은 상관관계의 종류에 따라 다소 다르지만 일반적으로 0.2～0.4는 상관관계가 다소 있다. 0.4～0.7은 상관관계가 다소 높은 것으로 해석되며, 0.7이상은 상관관계가 높은 것으로 해석된다.[174] 본 책도 이 기준에 기초하여 상관의 정도를 해석하였다.

---

174) 김은정 · 박양규, SPSS통계분석(서울: 21세기사, 1999), pp.281-282.

[표 5-5] 변수 간 상관관계표

구 분	성 별	학 력	직 업	죄 명	관 계	책 임	기 분	계 획	공 범	전 과	재 범	연 령	분 노	내재성	안정성	전체성
성	1	-.05	.01	.12*	-.17**	-.13**	-.05	.11*	-.24**	-.23**	.23**	.34**	.13**	.03	-.03	-.03
학 력	-.05	1	-.01	.25**	-.001	.006	.18**	.08	-.09*	-.13**	.19**	.14**	.04	-.01	-.05	-.05
직 업	.01	-.01	1	.04	.09*	-.05	.04	-.02	-.07	.09*	.007	.08	-.04	.05	-02	.02
죄 명	.12**	.25**	.04	1	.17**	.09*	.23**	.11*	-.021	-.03	.26**	.10*	.002	-.01	-.09*	-.09*
관 계	-.17**	.01	.09*	.17**	1	-.02	.13**	-.02	.10*	.06	-.005	-.15**	-.11*	.01	.00	.00
책 임	-.13*	.06	-.05	.09*	-.02	1	.06	.12**	.02	.05	-.06	-.06	-.02	.05	-.04	-.04
기 분	-.06	.18**	.02	.23**	.13**	.07	1	.21**	-.01	-.07	.05	.02	.02	-.003	-.09*	-.09*
계 획	.11	.08	-.03	.13*	-.02	.12**	.21**	1	-.07	-.10*	.08	.08	.08	-.07	-.04	-.04
공 범	-.22**	-.09*	-.07	-.02	.14*	.02	-.02	-.08	1	.05	-.12**	-.35**	-.15**	.006	.03	.03
전 과	-.23**	-.13**	.09*	-.03	.07*	.05	-.07	-.10*	.05	1	-.55**	-.04	-.18**	-.05	.09*	.09*
재 범	.23**	.19**	.007	.26**	-.005	-.06	.05	.08	-.12**	-.54**	1	.17**	.17**	-.06	-.09*	-.09*
연 령	.34**	.14**	.08	.18*	-.15**	-.07	.02	.08	-.35**	-.04	.17*	1	.09*	-.05	.003	.003
분 노	.13**	.04	-.04	.002	-.14*	-.02	.02	.08	-.15**	-.18*	.17*	.09*	1	.03	-.04	-.04
내재성	.04	-.02	.05	-.01	.01	.06	-.003	-.07	.006	-.05	-.06	-.05	.03	1	.14**	.13**
안정성	-.04	-.05	.03	-.09*	.00	-.04	-.09	-.05	.09	.09*	-.09*	.003	-.04	.14**	1	.99**
전체성	-.04	-.05	.03	-.09*	.00	-.04	-.09	-.05	.03	.09*	-.09*	.003	-.04	.14**	.99**	1

** P<.01, * P<.05

통제변수인 인구통계학적 변수, 독립변수인 분노특성과 귀인특성, 종속변수인 범죄의 유형과 누범유형 변인 간의 상관관계를 분석한 것이다. 이를 분석해 보면 성별과 죄명은 .12로 P<.05 수준에서 유의한 상관관계를 가지고 있는데 이는 성별에 따라서 범죄의 유형이 다르다는 것을 의미한다. 또 성별과 재범과는 .23으로 P<.01에서 유의한 상관을 가지고 있는 것으로 보아 성별에 따라서 범죄경력에 차이가 난다는 것을 의미한다. 그리고 성별과 분노의 관계도 .12의 상관으로 통계적으로 유의하여 남녀에 따라서 분노를 표출하는 방법에서 다르다는 것을 나타내고 있다. 학력은 죄의 유형과 .248의 상관으로 매우 유의한 상관관계를 가지고 있어 범죄자의 학력에 따라서 죄를 짓는 유형이 다르다는 것을 의미하며, 죄명과 안전성 및 전체성과 유의한 상관관계를 나타내고 있어 죄명에 따라서 귀인의 특성이 달라짐을 시사하고 있다.

한편 전과회수와 재범과는 -.54로 역의 상관을 보였으며, 분노와도 역시 역의 상관관계를 가지고 있다. 이는 전과회수가 많을수록 분노에 의한 우발적인 일과성 범죄의 빈도가 높지 않다는 것을 의미한다. 분노와 귀인의 각 차원 간에 상관은 높지 않은 것으로 나타났다. 이는 분노의 세부차원과 귀인의 각 차원별 하위차원 간의 구체적인 변인끼리의 상관관계에 대한 세부적인 검증이 필요하다는 것을 의미하며, 또 귀인의 각 차원끼리의 상관은 .136 정도로 유의한 상관이 나타났다. 따라서 다음의 통계분석에서는 각 변인의 하위차원에 대한 통계적 유의도를 구체적으로 살펴볼 필요가 있을 것으로 판단된다.

2) 주요변수의 회귀분석결과

다음은 본 책의 중요한 변수에 대한 회귀분석의 결과이다. 회귀분석이란 변수들 간의 함수적 관련성을 규명하기 위하여 수학적 모형을 가정하고, 이 모형을 측정된 변수들 간의 자료로부터 추정하는 통계적 분석방법이다. 본 책에서 회귀분석을 하는 이유는 논문의 가설을 검증하기 위해 선정한 독립변수들이 종속변수에 대한 회귀식의 유용성을 검증해보기 위하여 시행하였다. 즉 각 독립변수의 종속변수에 대한 설명량을 회귀분석의 방법을 이용하여 파악하였다.

(1) 분노특성과 폭력범죄 간의 회귀분석결과

다음은 각 독립변인의 설명량을 알기 위해 분노특성을 독립변수, 폭력범죄의 회수를 종속변인으로 한 단계별 회귀분석(enter method)의 방법을 이용하여 분산분석과 결정 계수값을 구하였다.

(가) 단계별 회귀분석의 분산분석

[표 5-6]에서 제시한 분산분석은 회귀식이 통계적으로 얼마나 의미가 있는지를 알아보기 위해 유의성을 검토한 결과이다.

[표 5-6] 분산분석표

모 델	자 승 합	자 유 도	평균자승	F값	유 의 도
회귀계수	2.29	2	1.14	4.71**	.010
잔　차	62.9	259	.24		
총　합	65.2	261			

** P<.01

[표 5-6]는 분노특성이 폭력범죄에 미치는 영향을 회귀분석을 통해서 알아 본 것이다. 표를 보는 바와 같이 회귀계수는 F값이 4.71이고 유의도는 .010으로 P<.01의 수준에 포함되어 매우 유의한 결과를 보였다. 또 R2 값은 .35로 전체 설명량 중에 분노표출이 약 35%로 많은 설명하고 있는 것으로 밝혀져 분노특성이 폭력범죄에 미치는 영향에 대한 회귀식이 매우 유용한 것을 판단된다.

(나) 분노특성의 결정계수

다음의 결정계수는 분노특성을 독립변수로 하였을 때, 종속변수인 폭력범죄를 고려한 회귀분석의 결과를 보여준다. 비표준화된 회귀계수(B)는 다른 요인들이 통제된 상태에서 독립변수가 1단위 변할 때 종속변수가 어느 정도 변화하는지를 나타내는 계수이다. 비표준화된 회귀계수는 종속변수에 측정단위에 영향을 받기 때문에 변수 간에 영향력의 정도를 비교하는데 사용할 수 없다. 따라서 비표준화된 회귀계수를 표준화된 계수로 변화한 표준화된 회귀계수인 Beta값을 이용하여 종속변수의 변화량을 평가하는 것이 바람직하다.

160

[표 5-7] 분노특성의 결정계수표

모 델	비표준화 계수		표준화 계수	t값	유의도
	B	표준오차	Beta		
상 수	1.87	.234		7.75[***]	.000
분노표출	-.133	.044	-.186	-3.00[**]	.003
분노억제	5.742	.056	.006	.103	.918(NS)

[***] P<.001, [**] P<.01, NS=Not Significance

[표 5-7]에서 보는 바와 같이 상수는 t값이 7.75이고, 유의도는 .000으로 P<.01의 수준에서 유의하였고, 분노표출과 분노억제를 비교해볼 때 분노표출은 t값이 -3.00이고, 유의도가 .003으로 P<.01수준에서 유의하였다. 억제는 유의도가 .918로 유의하지 않아 범죄에 미치는 유의한 영향을 미치지 않는 것으로 밝혀졌다. 이는 분노의 표출이 폭력범죄에 유의한 변수라는 것을 의미하고, 반면에 분노억제는 폭력범죄에 대한 설명량이 많지 않음을 시사하는 결과이다.

(2) 귀인특성과 폭력범죄 간의 회귀분석결과

다음은 귀인특성의 세 가지 차원인 내재성, 안정성. 전체성을 독립변수로 하고 폭력범죄의 전과회수를 종속변수로 하여, 독립변수의 종속변수에 대한 설명량을 알아보기 위해 단계적 회귀분석을 하였다.

(가) 단계별회귀분석의 분산분석

[표 5-8]은 귀인특성이 범죄에 미치는 영향을 단계별 회귀분석을 통하여 알아 본 것이다.

[표 5-8] 분산분석표

모 델	자 승 합	자 유 도	평균자승	F값	유 의 도
회귀계수	1.28	1	1.28	5.22*	.023
잔 차	63.97	260	.24		
총 합	65.25	261			

* P<.05

표를 보는 바와 같이 회귀계수는 F값이 5.22이고, 유의도는 .023으로 P<.05의 수준에서 유의하였다. 이는 귀인특성이라는 독립변수가 종속변수인 폭력범죄에 대하여 유의한 설명량을 가지고 있다는 것을 의미하고 회귀식의 유용성을 입증하는 결과이다.

(나) 귀인특성의 결정계수

다음 [표 5-9]는 비표준화된 회귀계수를 표준화된 계수로 변화한 표준화 회귀계수인 Beta값을 이용하여 종속변수의 변화량을 평가하였다.

[표 5-9] 귀인특성의 결정계수표

모 델	비표준화 계수		표준화 계수	t값	유의도
	B	표준오차	Beta		
상 수	1.76	.142		12.60***	.000
전체성	-9.71	.042	1.40	-2.28*	.023

*** P<.001, * P<.05

[표 5-9]은 귀인양식이 범죄에 미치는 영향에 대한 단계적 회귀분석의 결정계수이다. 표를 보는 바와 같이 모델에 포함되지 않은 변수는 내재성과 안정성차원이다. 이 두 차원의 계수는 각각 .15, .79로 .05의 유의도 수준에서 .44와 .43으로 통계적으로 유의하지 못하였다. 본 회귀식에 포함되는 차원은 전체성 차원이었다. 위의 회귀식에서 상수의 t값은 12.6이고 유의도는 .000으로 P<.001에서 유의하였다. 전체성의 B값은 1.40이고 t값은 -2.28, 유의도는 .023으로 P<.05의 수준에서 유의하였다. 이는 귀인특성이라는 독립변수가 폭력범죄라는 종속변수에 대한 설명량이 전체성 외에는 크지 않음을 시사하는 결과이다. 귀인의 나머지 두 특성인 내재성 및 안정성차원과 다른 변수와의 관계는 세부적으로 검토되어야 할 것으로 생각한다.

(3) 인구사회학적 특성과 폭력범죄 간의 회귀분석결과

(가) 회귀분석의 분산분석결과

다음의 분산분석의 결과는 회귀식이 통계적으로 얼마나 의미가 있느냐를 알 수 있는 유의성을 검토하기 위한 것이다.

[표 5-10] 분산분석표

모 델	자 승 합	자 유 도	평균자승	F값	유 의 도
회귀계수	33.94	4	8.48	9.67***	.000
잔 차	422.98	482	.87		
총 합	456.93	486			

*** P<.001

[표 5-10]를 보는 바와 같이 F값이 9.67이고 유의도는 .000으로 P<.001의 유의확률에서 매우 유의하였다. 본 분산분석의 결과를 볼 때 회귀식은 통계적으로 유의하였다. 이 회귀식의 R2 값은 .074로 크지는 않았지만 전체적으로 이 회귀식은 폭력범죄를 설명하는데 유의하였다. 이는 인구사회학적 특성이라는 독립변수가 종속변수인 폭력범죄에 대한 회귀식이 유의하다는 것을 의미한다.

(나) 인구사회학적 요인의 결정계수

다음 [표 5-11]은 비표준화된 회귀계수를 표준화된 계수로 변화한 표준화 회귀계수인 Beta값을 이용하여 종속변수의 변화량을 평가하였다.

164

[표 5-11] 인구사회학적 요인의 결정계수표

모 델	비표준화 계수		표준화 계수	t값	유의도
	B	표준오차	Beta		
상 수	1.59	.206		7.32***	.000
성 별	-.52	.103	-.24	-5.11***	.000
연 령	3.96	.051	.037	.774	.440
학 력	-.15	.046	-.146	-3.27***	.001
직 업	2.72	.017	.069	1.57	.116

*** P<.001, * P<.05

표에서 제시한 바와 같이 각 독립변인의 결정계수가 나타나있다. 상수의 비표준화 계수는 1.59이고 유의도는 .000으로 P<.001의 유의수준에서 매우 유의하였다. 각 독립변인의 표준화된 계수를 살펴보면, 먼저 성별의 계수는 -.24이고 유의도는 .000으로 P<.001에서 유의하였다. 또 연령은 -.146의 계수값을 가지고 있으며 유의도는 .001로 마찬가지로 매우 유의하였다. 그러나 연령과 직업은 유의한 계수가 되지 못하였다. 즉, 연령과 직업은 폭력범죄의 전과회수에 유의한 변량을 가지고 있지 않았다. 이는 성별과 학력변수가 폭력범죄에 대한 중요한 설명량을 가진 변수라는 것을 시사하는 결과이고, 나머지 연령과 직업은 설명량이 크지 않은 변수이지만 다른 변수와의 관계에 대해서는 구체적인 검증 필요성은 있으므로 다음의 가설검증에서 구체적으로 알아보고자 한다.

3) 성별과 연령에 따른 분노 및 귀인특성의 차이

다음의 분석은 "성별과 연령에 따라 분노와 귀인특성에서 차이가 날것이다"라는 가설 Ⅰ을 검증하기 위하여 독립표본의 T- Test를 이용하여 남녀 폭력범죄자집단 간에 분노와 귀인에 대한 모평균의 차이와 소년과 성인폭력 범죄 집단 간에 분노와 귀인에 대한 모평균의 차이를 알아보았다.

(1) 성별에 따른 분노특성의 차이검증결과

[표 5-12]은 성별에 따른 분노특성인 분노표출과 억제의 평균값과 표준편차, 그리고 T-test를 이용하여 평균 간의 차이를 검증한 자료이다. 이 표는 가설 Ⅰ-1의 "남자폭력범일수록 분노표출을 많이 할 것이다"를 검증하기 위한 통계적 검증결과이다.

[표 5-12] 성별에 따른 분노특성의 차이검증결과

구 분	성 별	평 균	표준편차	T-test
분노표출	남자범죄자	2.77	.68	4.86**
	여자범죄자	2.44	.60	
분노억제	남자범죄자	3.19	.51	-1.87(NS)
	여자범죄자	3.30	.59	

*** P<.001, NS=Not Significance

표에서 제시된 분노특성에서의 남·여 범죄자 간에 차이를 보면, 먼저 분노 표출의 평균치는 남자폭력범죄 집단은 2.77이고 여자폭력범죄 집단은 2.44 로 남자집단이 약 .33만큼 높아 남자폭력범죄 집단은 여자집단과 비교하였을 때 분노를 표출하는 경향이 많음을 시사하는 결과이다. 한편 분노억제의 평균치는 남자폭력범죄 집단은 3.19이고 여자폭력범죄 집단은 3.30으로 여자가 남자보다 .21만큼 높아 여자가 분노를 억제하는 것으로 보이며 분노특성에 대한 두 집단의 표준편차는 .51에서 .68의 분포를 보였다.

표에서 보는 바와 같이 분노억제는 t값이 -1.87이고 유의도는 .062로 P<.05의 수준에서 유의한 차이가 없었다. 그러나 분노표출은 t값이 4.86이고 유의도는 .000으로 P<.001에서 매우 유의한 차이가 있음이 확인되었다. 즉 분노표출에 있어서 남녀 범죄자 간에 뚜렷한 차이가 있다고 할 수 있다. 그러므로 가설 Ⅰ-1은 채택되었다. 즉 폭력범죄자일수록 분노를 더 많이 표출한다는 것이 밝혀졌다.

이 결과는 Agnew의 긴장이론과 Megargee의 과잉통제형에서 주장한 바와 마찬가지로 여성범죄자는 높은 긴장 하에서 범죄가 이루어지는 경우는 드물다는 연구결과와도 일치하였다. 특히 한국사회는 유교적인 전통이 강한 사회로 여성들이 분노감정을 자유롭게 표출하도록 사회화되어 있지 않다. 반대로 남성들은 자신의 감정을 적극적으로 표출하는 것이 허용되는 가부장적 남성우위문화를 특징으로 하고 있다. 그러므로 여성범죄의 특징은 우발적이고 충동적인 폭력범죄보다는 재산범죄를 많이 범하고, 남자들은 홧김에 타인에게 폭력을 행사하는 폭력범죄에 많이 개입하는 특징을 가지고 있는 것으로 판단된다.

(2) 성별에 따른 귀인특성의 차이검증결과

[표 5-13]는 성별에 따른 각각의 귀인차원인 내재성, 안정성, 그리고 전체성에 대한 평균값과 표준편차, 그리고 T-test를 이용한 평균값의 차이를 분석한 것이다. 이 분석은 가설 Ⅰ-2인 "남자폭력범죄자일수록 외부 귀인을 더 많이 할 것이다"라는 것을 검증하기 위한 통계적 절차이다.

[표 5-13] 성별에 따른 귀인특성의 차이검증결과

구 분	성 별	평 균	표준편차	T-test
내재성	남자폭력범	3.46	.66	-.806(NS)
	여자폭력범	3.53	.78	
안정성	남자폭력범	3.21	.71	.760(NS)
	여자폭력범	3.14	.86	
전체성	남자폭력범	3.21	.71	.760(NS)
	여자폭력범	3.14	.86	

NS=Not Significance

[표 5-13]에서 제시된 바와 같이 내재성차원의 남녀 간의 평균값은 남자가 3.46이고 여자가 3.53으로 여자가 약간 내부 귀인경향이 강하였다. 그리고 안정성차원은 남자가 3.21이고 여자가 3.14로 남자가 약간 더 안정적이었다. 한편 전체성은 남자가 3.21, 여자가 3.14로 남자가 약간 높은 것으로 보아 남자는 특정성보다는 전체성 귀인을 하는 경향을 보이고 있음을 알 수 있으며 남녀 폭력범죄 집단의 귀인의 각 차원에 대한 표준편차는 .66에서 .86 어간의 분포를 보였다.

표에서 제시된 바와 같이 성별에 따른 귀인차원의 평균값의 차이에 대한 T-Test의 결과를 보면, 먼저 내재성은 -.872로 유의도는 .383으로 유의한 차이가 발견되지 않았다. 나머지 안정성 차원과 전체성 차원도 남·여 성 차에 따른 차이가 없었다. 이는 남녀 간에 내부 귀인과 외부 귀인, 안정성과 불안정성, 특정성과 전체성에서 차이가 없다는 것을 의미한다. 따라서 "남자폭력범죄자가 외부 귀인을 더 많이 할 것이다"라는 가설 Ⅰ-2는 수용되지 못하였다. 이 결과는 전통적으로 여자들은 내부 귀인을 많이 하고 남자들은 외부 귀인을 많이 한다는 연구결과와 부합하지 않는 결과이다. 이는 Wells(1980)가 주장하였듯이 본 연구의 조사대상자가 교정시설에 구금되어 있는 재소자로서

168

심리적·신체적인 무력감으로 인한 구금의 효과가 발생한 결과일 것으로 판단
된다.175)

(3) 연령에 따른 분노특성의 차이검증결과

[표 5-14]은 연령에 따른 분노특성의 평균 및 표준편차, 그리고 **T-test**를
이용하여 평균값의 차이를 분석한 것이다. 이 분석은 가설 Ⅰ-3인 "연령이
낮은 폭력범죄자일수록 분노표출을 더 많이 할 것이다"를 검증하기 위한 통
계적 절차이다.

[표 5-14] 연령에 따른 분노특성의 차이검증결과

구 분	연 령	평 균	표준편차	T-test
분노표출	소년폭력범	2.80	.72	1.83[*]
	성인폭력범	2.64	.65	
분노억제	소년폭력범	3.11	.57	-2.29[*]
	성인폭력범	3.27	.51	

[*] P<.05

[표 5-14]에서 보는 바와 같이 연령에 따른 분노특성의 평균값을 보면,
먼저 분노표출은 소년폭력범죄자는 2.80이고 성인폭력범죄 집단은 2.64로
소년범죄자가 .16만큼 높았다. 그리고 분노억제는 소년범죄자가 3.11이고 성
인범죄자는 3.27로 성인범죄자가 약 .16만큼 높았다. 이는 나이가 어린 소
년폭력범죄가 분노표출의 경향성이 높고 나이가 많을수록 자신의 분노를 억
제하는 경향을 가지게 된다는 것을 시사하는 결과이다. 한편 두 집단의 분노
특성에 대한 표준편차는 .51에서 .72까지의 분포를 보였다.

---

175) wells, op. cit. p.66.

표에서 제시된 바와 같이 T-test의 결과를 보면, 분노표출의 t값은 1.83이고 유의도는 .047로 P<.05의 수준에서 유의하였다. 그리고 분노억제의 t값은 -2.29이고 유의도는 .023으로 역시 P<.05의 수준에서 유의하였다. 이는 소년 범죄자와 성인범죄자 간에 분노특성에서 유의한 차이가 있음을 의미한다. 따라서 "연령이 낮을수록 분노표출을 더 많이 할 것이다"라는 가설 Ⅰ-3은 채택되었다. 이 결과는 청소년 폭력범죄의 특징이 사전에 충분한 계획을 수립하고 실행에 옮기는 도구적 폭력보다는 우발적이고 충동적인 증오적 폭력범죄가 많다는 것을 시사하는 것으로 청소년 폭력에 대한 공식적 통계상에 나타나는 추세와 일치한다.

그리고 이 조사결과는 Bernard가 주장한 바와 같이 "생물학적으로나 심리적으로 정상적인 사람도 만성적인 분노를 경험하게 되면 부적자극을 제공한 대상이나 제3자에게 폭력을 행사하는 등의 방법으로 분노를 표출한다"고 하는 주장을 뒷받침하는 결과라고 할 수 있다. 특히 청소년기는 분노를 적절히 조절할 수 있는 자기 통제력이 부족한 시기이고 충동적인 행동을 많이 하는 시기이므로 분노가 청소년 폭력을 잘 설명하는 요인이라고 할 수 있으며, 분노의 적절한 조절훈련을 통해서 최근 사회문제가 되고 있는 청소년 폭력을 예방할 수 있는 유망한 대책이 될 수 있을 것으로 생각한다.

(4) 연령에 따른 귀인특성의 차이검증결과

다음은 "연령이 높은 폭력범죄자일수록 외부 귀인을 많이 할 것이다"라는
가설 Ⅰ-4를 검증하기 위해 먼저 각 변인의 평균, 표준편차, 그리고 T-test
의 결과를 제시한 표이다.

[표 5-15] 연령에 따른 귀인특성의 차이검증결과

구 분	연 령	평 균	표준편차	T-test
내재성	소년폭력범	3.57	.66	1.54(NS)
	성인폭력범	3.44	.69	
안정성	소년폭력범	3.12	.65	-.88(NS)
	성인폭력범	3.19	.85	
전체성	소년폭력범	3.12	.65	-.88(NS)
	성인폭력범	3.19	.85	

NS=Not Significance

[표 5-15]에서 제시된 바와 같이 내재성의 평균값은 소년폭력범죄자가
3.57이고 성인폭력범죄자는 3.44로 소년폭력범죄자가 .13만큼 약간 높았다.
이는 소년범죄자보다 성인폭력범죄자가 외부 귀인을 더 많이 한다는 것을
의미한다. 그리고 안정성의 평균값은 소년폭력범이 3.12이고 성인폭력범은
3.19로 성인폭력범이 약간 높은 것으로 나타나 성인폭력범죄자가 소년집단
보다 안정적인 원인에 귀인을 하는 경향이 있음을 시사하는 결과이다. 한편
전체성의 평균값은 소년폭력범이 3.12이고 성인폭력범은 3.19로 성인폭력범
이 약간 높은 것으로 보아 성인범죄자가 전체적인 것에 귀인을 많이 한다는
것을 알 수 있다. 두 집단의 귀인의 각 차원에 대한 표준편차는 .65에서 .85
까지의 분포를 보였다.

한편 연령에 따른 평균값의 차이를 보면, 먼저 내재성은 t값이 1.54이고

유의도는 .124로 P<.05의 수준에서 유의하지 않았다. 나머지 귀인차원인 안정성과 전체성도 마찬가지고 연령에 따른 유의한 차이가 발견되지 않았다. 따라서 가설 Ⅰ-4는 기각되었다. 이 결과는 Wells가 비행 청소년들은 자신의 행동을 외부 귀인을 한다고 하는 연구결과와 다소 차이가 있음이 밝혀졌다. 이는 본 책의 조사대상이 비행청소년이 아니고 폭력으로 구속된 자를 대상으로 한정하였기 때문에 청소년이든 성인이든 연령에 따른 내재성에서의 차이가 발견되지 않은 것으로 보인다. 다른 두 귀인의 특성도 차이가 발견되지 않은 것은 귀인특성이 연령에 따른 차이가 없음을 의미하는 결과이다. 이는 본 책의 조사대상자가 현재 구금이 되어 있는 재소들이므로 구금으로 인하여 무력감이 발생하는 등 구금의 효과 때문에 귀인의 경향성에서 유의미한 차이가 발견되지 않은 것으로 판단된다.

4) 범죄유형에 따른 분노특성의 차이

다음은 범죄유형, 즉 폭력범죄자와 비폭력범죄자 간에 분노표출에서 차이가 있는지에 대한 가설 Ⅱ를 검증하기 위해 T-test와 카이스퀘어 검증을 병행하여 실시하였다. 즉, T-test를 통해서 평균값의 차이를 검증하였고, 카이스퀘어 검증을 통해서는 분노표출의 집단간 차이, 즉 분노표출의 점수를 상·하 집단으로 세분하여 가설을 검증함으로서 연구가설 Ⅱ에 대한 검증력을 강화시키는 효과를 달성할 수 있을 것이다.

(1) 범죄유형에 따른 분노특성의 차이검증결과

[표 5-16]은 범죄유형에 따라서 분노특성의 평균값과 표준편차, 그리고 평균값의 차이에 대한 T-test의 결과를 제시한 것이다.

172

[표 5-16] 범죄유형에 따른 분노특성의 차이검증결과

구　분	유　형	평　균	표준편차	T-test
분노표출	폭력범죄	2.88	.780	3.09[*]
	비폭력범죄	2.61	.660	
분노억제	폭력범죄	3.16	.507	-.625(NS)
	비폭력범죄	3.20	.607	

[*] P<.05

표에서 제시된 바와 같이 분노표출의 평균값은 폭력범죄 집단이 **2.88**이고 비폭력범죄 집단은 **2.61**로 폭력범죄 집단이 .27의 정도로 약간 높게 나타났다. 그리고 분노억제는 폭력범죄 집단이 **3.16**인 것에 비해 비폭력범죄 집단은 **3.20**으로 .04의 근소한 차이로 비폭력범죄 집단이 높았다. 이는 폭력범죄자는 분노를 표출하는 특성을 가지고 있으며 비폭력범죄 집단은 폭력범죄자 집단과 비교하였을 때 분노를 억제하는 특성을 가지고 있음을 시사하는 결과이다. 한편 두 집단의 분노특성에 대한 표준편차는 .507에서 .780의 편차를 가지고 있다.

한편 분노특성의 평균값의 차이를 보면 분노억제는 유의도가 .532로 두 집단 간에 평균값에서 유의한 차이가 발견되지 않았지만, 분노표출은 t값이 **3.09**, 자유도 **259**로 유의도가 .043으로 두 집단 간에 평균값의 차이가 발견되었다. 그러므로 폭력범죄자와 비폭력범죄자의 분노표출에서 차이가 날 것이라는 가설 Ⅱ는 채택되었다.

이는 폭력범죄자가 비폭력범죄자와 비교하였을 때 분노를 외부로 표출하는 특성을 더 많이 가지고 있음을 의미한다. **Holl- and**가 주장한 바와 같이 분노는 폭력행동의 중요한 변인임에는 틀림없는 것 같다. 왜냐하면 분노의 감정은 개인에게 이성적이고 합리적인 판단을 흐리게 하는 인지적 왜곡에 영향을 미치기 때문에 분노를 만성적으로 경험하는 사람들은 자기에게 직면한 부적사건을 폭력적인 행동으로 해결하는 경향을 많이 보이게 된다. 즉, 폭력범죄 집단은 동일한 상황에 대하여 비폭력범죄 집단에 비해 분노를 참지 못하고 화를 잘 내는 특성을 가진 자들이 많음을 시사하는 결과이다.

(2) 폭력범죄와 분노특성의 관계에 관한 카이스퀘어 검증결과

다음은 폭력범죄 집단과 비폭력범죄 집단의 분노표출과 분노억제의 평균점수를 각각 상·하 두 집단을 나눈 뒤에 집단 간에 평균값에서 차이가 있는 지를 카이스퀘어 검증하여 보았다. 카이스퀘어 검증은 집단별로 어떤 특성을 가지고 있는지를 파악하는 경우에 사용되는 통계적 기법이다. 이 방법은 특히 명목척도들 간에 측정된 두 개 이상의 변수들 간에 어떠한 관계가 있는지를 알아보고자 하는데 유리한 기법이다. 이 기법을 이용하여 분노표출과 분노억제점수를 상·하 집단으로 세분하여 가설 Ⅱ에 대한 검증력을 강화시키기 위해 시행한 통계적 절차이다.

(가) 폭력범죄와 분노표출의 관계

[표 5-17]은 폭력범죄와 비폭력범죄의 분노표출과의 관계를 교차분석을 통하여 X^2 검증을 한 것이다. 분노표출의 평균값을 기준으로 상하의 두 집단으로 구분하여 통계처리를 하였다.

[표 5-17] 폭력범죄와 분노표출 간의 카이스퀘어 검증결과

( ) 빈도

구 분	분노표출		계
	평균 이하 집단	평균 이상 집단	
비폭력범죄	188(38.6)	38(7.8)	226(46.4)
폭력범죄	194(39.8)	67(13.8)	261(53.6)
계	382(78.4)	105(21.6)	487(100)

X^2=5.61[*], df=1, Sig.=.018, [*] P<.05

표에서 제시된 바와 같이 전체 487명 중에서 비폭력범죄자는 분노표출 점수가 평균 이하인 집단은 188명으로 전체 38.6%이고 평균 이상인 집단은 38명으로 7.8%를 차지하였다. 폭력범죄자는 분노표출 점수가 평균 이하인 집단이 194명으로 전체 39.4%이고 평균 이상인 집단은 105명으로 21.6%를 차지하였다. 분노억제도 유의도가 .532로 유의한 차이가 나지 않았다. X^2 값은 5.61이고 유의도는 .018로 P<.05 수준에서 유의하였다. 이는 가설 Ⅱ의 채택을 뒷받침하는 결과이다. 분노표출점수를 상하 두 집단으로 나누어 그 차이를 검증하였을 때 폭력범죄 집단과 비폭력범죄 집단 간에 유의한 차이가 있다는 것은 폭력범죄 집단일수록 분노표출을 더 많이 한다는 가설 Ⅱ를 확증하는 결과로서 의미가 있다.

(나) 폭력범죄와 분노억제의 관계

다음은 분노억제에서 두 집단 간에 차이가 있는지를 알아 본 것으로 분노억제의 점수를 평균값을 기준으로 상·집단으로 구분하여 카이스퀘어 검증이라는 통계적 기법을 사용하였다.

[표 5-18] 폭력범죄와 분노억제 간의 카이스퀘어 검증결과

( ) 빈도

구 분	분노억제		계
	평균 이하 집단	평균 이상 집단	
비폭력범죄	39(8.0)	187(38.4)	226(46.4)
폭력범죄	44(9.0)	217(44.6)	261(53.6)
계	83(17)	404(83)	487(100)

X^2=.014, df=1, Sig.=.907(NS)

표에서 제시된 바와 같이 비폭력범죄는 분노억제의 점수가 평균 이하인

집단은 39명으로 8.0%, 평균 이상인 집단은 187명으로 38.4%를 차지하였다. 폭력범죄는 분노억제점수가 평균 이하인 집단은 44명으로 전체 9.0%이고 평균 이상인 집단은 217명으로 44.6%를 차지하였다. 표를 보면 분노의 억제점수가 폭력범죄 집단이나 비폭력범죄 집단이나 높게 나타났다는 것을 알 수 있다. 분노억제와 폭력범죄 집단과의 관계를 보면 X^2 검증 결과에서의 유의도가 .907로 P<.05의 수준에서 역시 유의하지 않았다. 이는 분노를 억제하는 사람은 분노를 표출하는 사람들보다 대인간의 폭력적인 행동을 할 경향이 적다는 것을 의미한다.

하지만 분노억제는 폭력범죄를 설명하는데 유의한 변인이 아니라고 할 수 있으나 Mergagee가 주장하는 바와 같이 부적 대상에 대해 분노를 즉각적으로 표현하지 않고 과도하게 참는 성격인 과잉통제형이 오히려 살인 등 강력 범죄를 범할 가능성이 더 많다는 주장을 간과해서는 안 될 것이며, 특히 본 책의 조사대상이 폭행, 상해 등 폭력범으로 강력 범죄자가 아니기 때문에 분노억제가 유의미한 변인이 아닌 결과가 나타난 것으로 판단된다. 즉 지나치게 자신의 감정을 노출하지 않고 억제하는 사람들은 '욱' 하는 특성을 가지고 있기 때문에 좀처럼 자신의 감정을 행동으로 표출하지 않다가도 한번 표출하게 되면 자기 통제력을 상실하여 자신이 생각한 결과보다 훨씬 극심한 상해의 결과를 야기하는 가능성을 가지고 있어 살인 등 강력 범죄를 범하는 경우가 예상되므로 이러한 특성을 가진 자에 대한 적절한 자기표현능력을 갖출 수 있도록 대인관계기술훈련이 필요할 것으로 생각된다.

5) 범죄유형에 따른 귀인특성의 차이

다음은 범죄유형에 따른 귀인의 세 가지 특성에 대한 가설 Ⅲ-1, Ⅲ-2, 그리고 Ⅲ-3의 가설을 구체적으로 검증하기 위해서 T-Test와 카이스퀘어 검증을 병행하여 실시하였다.

(1) 범죄유형에 따른 귀인특성의 차이검증결과

[표 5-19]은 범죄유형에 따른 귀인특성의 각 차원별 평균값과 표준편차, 그리고 **T-test**를 이용한 귀인특성의 평균값의 차이를 검증한 결과이다.

[표 5-19] 범죄유형에 따른 귀인특성의 차이검증결과

구 분	성 별	평 균	표준편차	T-test
내재성	폭력범죄	3.19	.74	-2.71**
	비폭력범죄	3.40	.60	
안정성	폭력범죄	3.13	.62	1.80(NS)
	비폭력범죄	2.99	.57	
전체성	폭력범죄	3.35	.75	2.30*
	비폭력범죄	3.14	.67	

** P<.01, * P<.05 NS=Not Significance

표를 보는 바와 같이 내재성차원에서 폭력범죄 집단은 3.19이고 비폭력범죄 집단은 3.40으로 .21의 차이로 폭력범죄 집단이 비폭력범죄 집단과 비교하였을 때 외부 귀인 점수가 약간 높게 나타났다. 안정성은 폭력범죄 집단이 3.13이고 비폭력범죄 집단은 2.99로 .14 정도 폭력범죄 집단이 더 안정적인 귀인을 하는 것으로 보이며, 전체성은 폭력범죄 집단이 3.35이고 비폭력범죄 집단은 3.14로 평균 간의 차이는 .21로 폭력범죄 집단이 약간 더 전체적인 원인에 귀인을 더 많이 하는 것으로 나타났으며 표준편차는 .57에서 .75의 분포를 보였다.

한편 폭력범죄와 비폭력범죄의 귀인특성의 평균값의 차이에 대한 검증결과를 보면, 먼저 내재성은 t값이 -2.71, 자유도는 73이고 유의도는 .008로

P<.01의 수준에서 유의하였다. 즉 내재성은 폭력범죄와 비폭력범죄의 평균값의 차이가 있어 가설 Ⅲ-1은 채택되었다. 또 안정성은 t값이 1.80이고 유의도는 .073으로 .05의 수준에서 유의하지 않았다. 따라서 가설 Ⅲ-2인 안정성의 차이에 대한 가설은 기각되었다. 그리고 전체성은 t값이 2.30, 유의도는 .023으로 .05의 수준에서 두 집단 간에 유의한 차이가 발견되어 가설 Ⅲ-3은 채택되었다.

위의 결과를 요약하면, "폭력범죄자는 외부 귀인을 더 많이 할 것이다"라는 가설 Ⅲ-1과 "폭력범죄자는 전체성귀인을 더 많이 할 것이다"라는 가설 Ⅲ-3은 채택되었지만 가설 Ⅲ-2인 "폭력범죄자는 불안정성 귀인을 할 것이다"는 채택되지 못했다. 이는 폭력범죄자들이 비폭력범죄자들과 비교하여 어떤 행위의 원인을 다른 사람이나 상황의 탓으로 돌리는 외부 귀인과 특정한 원인에 귀인하기보다는 그것을 둘러싸고 있는 전체적인 것에 귀인을 하는 전체성 귀인을 더 많이 한다는 것을 의미하지만 두 집단 간에 안정성에서 차이가 없었다.

이 결과는 Henderson, Greenwood, 그리고 Wells 등의 학자들이 연구한 결과와 일치하는 것이다. 또 Matza의 중화이론에서 범죄자들은 주로 자기의 책임을 부정하고 비난자에 대해 비난을 하는 등 중화기술을 이용하는 특징을 가지고 있다는 주장과도 일치하는 연구결과이다. 폭력범죄자들이 외부 귀인을 하는 이유는 자신의 행위에 대한 부정을 통해서 심리적 불안감을 해소하고자 하는 투사(projection)의 방어기제를 주로 이용하는 것으로 판단된다. 한편 폭력범죄자들이 행위의 원인을 특정의 한정된 이유에 돌리는 것이 아니라 '세상의 모든 것이 잘 못되었기 때문이다'라는 등 특정한 원인에 귀인하는 것이 아니라 세상의 다양한 이유에 원인을 돌리는 전체성 귀인을 하고 있는 특징이 발견되었다.

178

(2) 범죄유형과 귀인특성의 관계에 관한 카이스퀘어 검증결과

다음은 범죄유형과 귀인의 세 가지 특성 간에 카이스퀘어 검증의 방법을 이용하여 가설 Ⅲ에 대한 검증결과를 재확인하는 통계적 절차이다.

(가) 폭력범죄와 내재성의 관계

[표 5-20]는 폭력범죄와 내재성 즉 외부 귀인과 내부 귀인 간의 관계를 X^2 검증을 이용하여 분석한 자료이다.

[표 5-20] 폭력범죄와 내재성 간의 카이스퀘어 검증결과

( ) 빈도

구 분	내재성		계
	외부 귀인	내부 귀인	
비폭력범죄	129(26.5)	97(19.9)	226(46.4)
폭력범죄	140(28.4)	121(24.8)	261(53.6)
계	269(55.2)	218(44.8)	487(100)

X^2=.580*, df=1, Sig.=.046, P<.05

[표 5-20]를 보는 바와 같이 비폭력범죄자는 외부 귀인이 129명으로 26.5%이고 내부 귀인이 97명으로 19.9%를 차지하였다. 한편 폭력범죄자는 외부 귀인이 140명으로 전체 28.4%를 차지하였고, 내부 귀인은 121명으로 24.8%를 차지하였다. 표를 보는 바와 같이 폭력범죄자집단이나 비폭력범죄자 집단 모두 내부 귀인보다는 외부 귀인을 많이 한다는 것을 알 수 있다. 역시 X^2값은 .58이고 유의도는 .046으로 p<.05의 유의 확률에서 유의한 차이가 발견되었다.

즉 X^2 검증에서도 **T-Test**의 결과와 마찬가지로 카이스퀘어 검증에서도 유의한 차이가 있었다. 즉 가설 Ⅲ-1의 채택을 뒷받침하는 결과가 발견되었다. 이는 차이검증결과에서 언급한 바와 마찬가지로 폭력범죄자를 내재성의 평균값을 기준으로 두 집단으로 구분하였을 때 폭력범죄자일수록 외부 귀인을 더 많이 한다는 것이 밝혀졌다. 즉 타인이나 상황에 그 원인을 돌리는 사람일수록 폭력적인 행동을 할 가능성이 많다는 것을 시사하는 결과이다. 폭력범죄자는 외부 귀인을 많이 하고, 변명보다는 정당화를 한다는 **S. R. Chritine(1993)**의 연구결과와 일치한다.[176)]

(나) 폭력범죄와 안정성의 관계

[표 5-21]은 폭력범죄와 안정성 차원 즉 귀인의 불안정성과 안정성과의 관계를 X^2 검증을 통하여 분석을 한 것이다.

[표 5-21] 폭력범죄와 안정성 간의 카이스퀘어 검증결과

( ) 빈도

구 분	안전성		계
	불안정성	안정성	
비폭력범죄	124(25.5)	102(20.9)	226(46.4)
폭력범죄	139(28.5)	122(25.1)	261(53.6)
계	263(54)	224(46)	487(100)

X^2=.126, df=1, Sig.=.722, NS

---

176) S. R. Chritine, "Violent recidivism and attributional style", Marquette Unv., Ph. D., 1993, p.63.

180

[표 5-21]에서 제시된 바와 같이 비폭력범죄자는 불안정성에 124명으로 25.5%를 차지하였고, 안정성은 102명으로 20.9%를 차지하였다. 한편 폭력범죄는 불안정성이 139명으로 28.5%를 차지하였고, 안정성은 122명으로 25.1%를 차지한 것으로 분석되었다. 표를 보면 비폭력범죄자 집단이나 폭력범죄 집단이 안정성보다는 불안정성에 약간 더 많이 분포하고 있는 것으로 보이나 X^2 검증에서의 유의도가 .722로 p<.05의 수준에서 유의한 결과가 발견되지 못하였다.

이 결과는 가설 Ⅲ-2의 기각을 뒷받침하는 결과를 보였다. 범죄자들은 주로 불안정한 원인, 예를 들어 운이나 노력 등에 행위의 원인을 더 많이 귀인하고, 관찰자인 일반시민이나 형사사법기관의 직원들은 행위자의 특성 등 안정성에 더 많이 귀인을 한다.[177] 이 연구의 결과는 두 집단의 안정성과 불안정성 간에 유의미한 차이가 발견되지 않았으나 두 집단 모두 주로 불안정성에 귀인을 많이 하는 것으로 보아서 선행연구의 결과와 어느 정도 일치한다고 할 것이다.

(다) 폭력범죄와 전체성의 관계

[표 5-22]은 폭력범죄와 귀인의 전체성 차원 즉 특정성과 전체성과의 관계를 교차분석을 통해서 X^2 검증을 한 결과이다.

---

177) Jones and Nisbets, op. cit., p.69.

[표 5-22] 폭력범죄와 전체성 간의 카이스퀘어 검증결과

( ) 빈도

구 분	전체성		계
	특정성	전체성	
비폭력범죄	147(30.3)	79(16.3)	226(46.6)
폭력범죄	143(29.5)	116(23.9)	261(53.4)
계	290(59.8)	195(40.2)	487(100)

X^2=4.85*, df=1, Sig.=.028 *p<.05

표를 보는 바와 같이 비폭력범죄자는 특정성이 147명으로 30.3%이고 전체성은 79명으로 16.3%를 차지하였다. 한편 폭력범죄자는 특정성이 143명으로 29.5%이고 전체성은 116명으로 23.9%를 차지하는 것으로 분석되었다. 표를 보면 비폭력집단이나 폭력집단 모두 전체성보다는 행위의 원인에 대한 귀인을 특정한 경우에만 돌리는 경우는 많으나 전체성에 대한 비폭력집단과 비폭력집단의 차이가 훨씬 크다는 것을 알 수 있다.

교차분석을 이용한 카이스퀘어 검증의 결과는 X^2값이 4.85이고 유의도가 .028로P<.05의 유의확률에서 유의하였다. 역시T-Test의 결과와 마찬가지로 유의한 차이가 발견되었다. 즉 가설 Ⅲ-3은 카이스퀘어 검증의 결과에서도 수용되었다. 비폭력범죄자와 비교하였을 때 폭력범죄자는 전체성에 귀인을 더 많이 하는 결과가 발견된 것은 Jeffery(1990)가 주장한 바와 마찬가지로 특정한 원인에 귀인하는 자는 일회성 범죄자로 끝날 가능성이 있지만 전체성에 귀인하는 자는 경력범죄자로 발전할 가능성이 많다는 점에 특히 유의해 볼 필요가 있다. 이러한 특성을 가진 폭력초범들은 상습적인 폭력누범이 될 가능성이 그만큼 높다는 것을 의미하기 때문이다.

6) 범죄경력에 따른 분노특성의 차이

다음은 가설 Ⅳ인 "범죄경력에 따라서 분노특성과 귀인특성에서 차이가 날 것이다"라는 것을 검증하기 위해 T-test와 카이스퀘어 검증을 병행하여 실시하였다.

(1) 범죄경력에 따른 분노특성의 차이검증결과

다음 표는 가설 Ⅳ-1의 "폭력누범일수록 분노표출을 더 많이 할 것이다." 를 검증하기 위해서 선행절차로서 먼저 폭력누범과 재산누범에 대한 분노의 표출, 분노억제의 평균과 표준편차, 그리고 평균값의 차이를 T-test를 이용하여 검증한 결과이다.

[표 5-23] 범죄경력에 따른 분노특성의 차이검증결과

구 분	성 별	평 균	표준편차	T-test
분노표출	폭력동종	2.98	.643	.667[*]
	재산동종	2.85	.865	
분노억제	폭력동종	3.13	.567	-.111(NS)
	재산동종	3.15	.597	

[*] P<.05 NS=Not Significance

표에서 제시된 바와 같이 분노표출의 평균값은 폭력누범이 2.98이고 재산누범이 2.85로 .13의 차이로 폭력누범의 분노표출 점수가 약간 높았다. 분노억제의 평균값은 폭력누범이 3.13이고 재산누범이 3.15로 재산누범이 .02의 차이로 분노억제 점수가 높았으며, 두 집단의 분노특성에 대한 표준편차는 .567에서 .865의 분포를 보였다.

한편 범죄경력에 따른 분노표출과 분노억제의 평균값의 차이를 검증한 결과를 보면, 먼저 분노억제는 t값이 -.111, 유의도는 .912로 역시 유의한 차이가 발견되지 않았지만 분노표출은 t값이 .667, 유의도는 .049로 유의한 차이가 발견되었다. 즉 "폭력누범일수록 분노표출을 더 많이 할 것이다"라는 가설 IV-1은 채택되었다. 이는 재산누범과 비교하여 폭력을 지속적으로 범하는 누범이 분노를 표출하는 경향성을 더 많이 가지고 있다는 것을 의미한다. 이 결과는 폭력누범은 어떤 상황에서 분노의 감정을 적절히 조절하지 못하고 표출하며 자기 통제력이 약하기 때문에 자기에게 화를 나게 하는 상황이나 대상에 대해서 충동적이고 우발적으로 폭력을 행사하는 경우가 많이 있음을 알 수 있다.

(2) 범죄경력과 분노특성의 관계에 관한 카이스퀘어 검증결과

다음은 조사대상자의 전과기록을 기초한 범죄경력변인 즉, 누범유형과 분노 및 귀인차원 간의 관계를 교차분석의 통계적 방법을 이용하여 카이스퀘어 검증을 하였다.

(가) 범죄경력과 분노표출의 관계

[표 5-24]는 범죄경력과 분노표출과의 관계를 교차분석을 이용한 X^2 검증을 한 자료이다. 분노의 표출은 평균점수를 기준으로 상·하 두 집단으로 구분하여 분석을 하였다.

[표 5-24] 범죄경력과 분노표출의 카이스퀘어 검증결과

( ) 빈도

구 분		폭력동종	재산동종	이종누범	폭력초범	재산초범	계
분노 표출	평균 이하	56(11.5)	38(7.8)	81(16.6)	105(21.6)	102(20.9)	382(78.4)
	평균 이상	34(7.0)	9(1.8)	34(7.0)	14(2.9)	14(2.9)	105(21.6)
계		90(18.5)	47(9.7)	115(23.6)	119(24.4)	116(23.8)	487(100)

X^2=31.44***, df=4, Sig.=.000 ***P<.001

표에서 제시된 바와 같이 범죄경력에 따른 누범유형과 분노표출과의 관계를 보면, 분노표출 점수가 평균 이하인 경우는 폭력초범이 105명으로 21.6%, 재산초범이 102명으로 20.9%로 약 42% 이상을 차지하고 있다는 것을 알 수 있다. 분노표출 점수가 평균 이상인 경우는 폭력누범과 재산누범이 각각 34명으로 7%씩 차지하였다. X^2값은 31.44로 P<.001의 수준에서 매우 유의하였다. 이는 T-Test를 통해서 가설 IV-1이 채택된 것과 마찬가지로 분노표출점수를 평균을 기준으로 상·하 두 집단으로 구분하여 X^2 검증을 하였을 때에도 범죄의 경력에 따라서 분노표출에서 차이가 있다는 가설이 확증되었다.

(나) 범죄경력과 분노억제의 관계

[표 5-25]는 T-Test의 결과를 다시 확인하기 위하여 추가적으로 누범의 유형과 분노억제와의 관계를 X^2 검증을 이용하여 분석한 것이다. 분노의 억제도 분노표출과 마찬가지로 평균을 기준으로 두 집단으로 구분하였다.

[표 5-25] 범죄경력과 분노억제의 카이스퀘어 검증결과

(   ) 빈도

구 분		폭력동종	재산동종	이종누범	폭력초범	재산초범	계
분노억제	하집단	19(3.9)	7(1.4)	20(4.1)	17(3.5)	20(4.1)	83(17)
	상집단	71(14.6)	40(8.2)	34(19.5)	102(20.9)	96(19.7)	404(83)
	계	90(18.5)	47(9.7)	115(23.6)	119(24.4)	116(23.8)	487(100)

X^2=1.86, df=4, Sig.=.761, NS

표에서 제시된 바와 같이 분노억제점수가 낮은 집단은 누범과 초범사이에 빈도분포가 차이가 나지 않는다는 것을 알 수 있다. 또 분노억제 점수가 높은 집단은 재산동종 누범을 제외하고 차이가 크지 않았다. 재산누범은 분노의 표출보다는 억제를 하는 경우가 많음을 알 수 있다. X^2 검증결과도 1.86으로 유의도 P<.05에서 유의하지 않았다. 이 결과는 분노억제가 범죄경력 변수인 폭력누범, 재산누범, 초범의 차이를 검증하는 결정적인 변수가 아니라는 것을 의미한다. 이는 Megargee의 과통제형의 사람들도 저통제형과 마찬가지로 폭력범죄를 범하는 경우가 많다고 하는 연구결과와는 일치하지 않은 것으로서, 그 이유는 조사대상자가 현재 구금되어 있는 재소자를 대상으로 하였기 때문에 폭력의 경험이 있는 일반인을 대상으로 한 연구결과와는 차이가 날것으로 판단된다.

7) 범죄경력에 따른 귀인특성의 차이

다음은 누범의 유형, 즉 범죄경력에 따라서 귀인의 세 차원인 내재성, 안정성, 그리고 전체성에서 유의한 차이가 있는지에 대한 가설 IV-2, IV-3, 그리고 IV-4를 검증하기 위해 T-test와 카이스퀘어 검증을 한 결과이다.

(1) 범죄경력에 따른 귀인특성의 차이검증결과

다음은 가설 IV-2, IV-3, IV-4를 검증하기 위해서 세 가지 귀인차원의 평균과 표준편차, 그리고 T-test의 결과를 제시한 표이다.

[표 5-26] 범죄경력에 따른 귀인특성의 차이검증결과

구 분	성 별	평 균	표준편차	T-test
내재성	폭력동종	3.37	.685	-.716(NS)
	재산동종	3.45	.666	
안정성	폭력동종	3.24	.714	.697(NS)
	재산동종	3.14	.559	
전체성	폭력동종	3.40	.761	.444(NS)
	재산동종	3.33	.573	

NS=Not Significance

표에서 제시된 바와 같이 내재성차원은 폭력누범이 3.37, 재산누범이 3.45로 폭력누범이 .12 정도 낮은 것으로 보아 폭력누범이 외부 귀인의 경향이 많음을 알 수 있다. 안정성차원은 폭력누범이 3.24, 재산누범이 3.14로 역시 폭력누범이 .10이 높아 폭력누범이 더욱 안정성차원을 많이 하는 경향을 가지고 있음이 밝혀졌다. 그리고 전체성은 폭력누범이 3.40이고 재산누범은 3.33으로 차이는 약 .07로 역시 폭력누범이 약간 높은 것으로 나타나 폭력누범이 전체적인 원인에 귀인을 더 많이 하였다. 한편 표준편차는 .573에서 .714의 분포를 보였다.

한편 범죄경력에 따른 귀인양식의 각 차원별 평균값의 차이를 t검증을 통해서 알아보면, 먼저 내재성차원의 평균값을 차이를 검증하였다. 내재성의 t값은 .716, 유의도는 .477로 P<.05 수준에서 유의한 차이가 발견되지 않았다. 역시 안정성차원과 전체성 차원도 유의한 차이가 없는 것으로 분석되었다. 이는 가설 Ⅳ-2, 가설 Ⅳ-3, 그리고 가설 Ⅳ-4는 채택되지 않았다. 폭력누범과 재산누범 간에 귀인의 세 가지 차원, 즉 내재성, 안정성, 전체성에서 뚜렷한 차이가 없다는 것은 범죄경력이 많아지더라도 귀인의 특성에는 별다른 영향이 없다는 것을 알 수 있다. 이 결과는 귀인에 대한 구금의 효과로 볼 수 있는데, Wells의 주장에 의하면 제도화된 사람은 비 제도화된 사람들보다 내부 귀인을 더 많이 하게 된다고 설명하였다. 본 연구에서 누범 간에 내재성에 별 차이가 없는 이유도 조사대상자가 현재 구금되어 있는 재소자를 대상으로 하였기 때문인 것으로 판단된다.

(2) 범죄경력과 귀인의 관계에 관한 카이스퀘어 검증결과

(가) 범죄경력과 내재성의 관계

[표 5-27]은 범죄경력 즉, 누범유형과 내재성 즉 외부 귀인 및 내부 귀인과의 관계를 교차분석을 통해 카이스퀘어 검증을 한 결과이다.

188

[표 5-27] 범죄경력과 내재성의 카이스퀘어 검증결과

( ) 빈도

구 분		폭력동종	재산동종	이종누범	폭력초범	재산초범	계
내재성	외부귀인	46(9.4)	25(5.1)	65(13.3)	71(5.3)	62(12.7)	269(55.2)
	내부귀인	44(9.0)	22(4.5)	50(10.3)	48(9.9)	54(11.1)	218(44.8)
	계	90(18.5)	47(9.7)	115(23.6)	119(24.4)	116(23.8)	487(100)

X^2=1.869, df=4, Sig.=.760, NS

표를 보면 전체적으로 외부 귀인이 55.2%로 내부 귀인보다는 외부 귀인의 경향성이 높다는 것을 알 수 있다. 세부적인 분포를 보면 이종누범이 13.3%, 재산초범이 12.7%이고 폭력동종누범은 9.4%로 높지 않았다. 내부 귀인의 빈도분포도 외부 귀인과 비슷한 결과를 보였다. X^2 검증 결과를 보면 X^2값이 1.869이고 유의도는 .760으로 P<.05의 수준에서 유의하지 않았다. 카이스퀘어 검증결과도 가설 Ⅳ-2는 채택되지 못하였다. 이는 위의 차이 검증에서 언급한 바와 마찬가지로 조사대상이 재소자라는 구금의 효과일 것으로 판단된다.

(나) 범죄경력과 안정성의 관계

[표 5-28]은 범죄경력과 안전성 즉, 불안정성과 안정성과의 관계를 카이스퀘어 검증을 통해서 분석한 자료이다.

[표 5-28] 범죄경력과 안정성의 카이스퀘어 검증결과

( ) 빈도

구 분		폭력동종	재산동종	이종누범	폭력초범	재산초범	계
안정성	불안정성	46(9.4)	24(4.9)	67(13.8)	64(13.1)	62(12.7)	263(54)
	안 정 성	44(9.0)	23(4.7)	48(9.9)	55(11.3)	54(11.1)	224(46)
	계	90(18.5)	47(9.7)	115(23.6)	119(24.4)	116(23.8)	487(100)

X^2=1.32, df=4, Sig.=.858, NS

표를 보면 전체적으로 누범은 불안정이 **54%**로 안정성 **46%**보다 약간 높게 나타났다. 구체적으로 불안정성은 재산누범이 **4.9%**로 가장 낮고 이종누범이 **13.8%**로 가장 높게 나타났다. 안정성은 폭력초범과 재산초범은 각각 **11.3%**와 **11.1%**로 서로 비슷하였다. X^2 검증의 결과 값이 **1.32**이고 유의도는 **.858**로 P<.05에서 유의하지 않았다. 역시 가설 Ⅳ-3은 카이스퀘어 검증결과에서도 유의한 결과가 발견되지 않았다. 폭력누범은 불안정성에 더 많이 귀인할 것이라는 가설은 채택되지 못하였으나, 전체적인 분포를 보면 폭력누범은 불안정성에 더 많이 분포하고 있음을 알 수 있으므로 불안정성에 귀인하는 특성을 가지고 있다는 것이 확인되었다.

(다) 범죄경력과 전체성의 관계

[표 5-29]은 범죄경력에 따른 전체성 귀인, 즉 특정성과 전체성에 대한 카이스퀘어 검증결과를 제시한 것이다.

190

[표 5-29] 범죄경력과 전체성의 카이스퀘어 검증결과

( ) 빈도

구 분		폭력동종	재산동종	이종누범	폭력초범	재산초범	계
전체성	특정성	49(10.1)	28(5.8)	62(12.8)	70(14.4)	81(16.7)	290(59.8)
	전체성	41(8.5)	19(3.9)	52(10.7)	48(9.9)	35(7.2)	195(40.2)
	계	90(18.6)	47(9.7)	114(23.5)	118(24.3)	116(23.6)	487(100)

X^2=7.32, df=4, Sig.=.120, NS

[표 5-29]을 보면 전체적으로 특정성이 **59.8%**로 전체성 **40.2%**보다 높은 빈도를 나타냈다. 특정성을 세부적으로 분석해보면 폭력초범과 재산초범이 각각 **14.4%**와 **16.7%**로 다른 누범보다 높았다. 한편 전체성은 이종누범이 **10.7%**, 폭력초범과 폭력동종누범이 각각 **9.9%**와 **8.5%**로 다른 비폭력범죄 집단보다 높은 빈도를 보였다. 그러나 카이스퀘어 검증 결과 X^2값이 7.32이고 유의도는 .120으로 **P<.05** 수준에서 유의하지 못하였다. 가설 IV-4는 카이스퀘어 검증에서도 채택되지 못하였다.

폭력집단과 비폭력집단과의 전체성의 차이에 대한 가설이 검증된 것과는 달리 누범사이에 차이가 발견되지 않았다. 이는 범죄경력이 많아질수록 비폭력범죄자도 주로 전체적인 것에 원인을 돌리는 전체성경향이 더 많아지기 때문인 것을 판단된다. **Jeffery(1990)**가 주장한 바와 같이 범죄자는 주로 전체적인 것에 원인을 많이 돌리면서 범죄경력자가 되어간다고 하는 설명과 일치하는 결과이다.

8) 분노와 귀인특성의 상호작용관계

다음은 폭력범죄에서 인지와 정서가 상호작용효과가 있는지를 교차분석과 변량분석을 통하여 분석하였다. 인지이론가들은 인간을 자극에 단순히 반응하는 수동적인 인간이 아니라 자극에 대한 해석을 하여 반응을 결정하는 정보처리적 인간으로 보고 있다. 즉 인간은 어떤 행동을 결정하고 실행에 옮기기 전에 주어진 자극에 대해서 정보처리의 과정을 거친 후에 행동을 하게 된다는 입장을 가지고 있다. 인간의 이러한 정보처리과정에 인지적인 요인과 정서적인 요인이 중요한 영향을 미치게 된다. 본 절에서는 인간의 특질적인 측면에서 분노와 귀인이 범죄적 폭력행동에 상호작용효과가 있는지에 대한 가설 Ⅴ에 대한 것을 알아보기 위해 카이스퀘어 검증과 변량분석을 병행하여 시행하였다.

(1) 분노특성과 내재성의 상호작용관계

다음은 "폭력범죄 집단에는 분노표출과 외부 귀인 간에 상호작용효과가 있을 것이다"라는 가설 Ⅴ-1을 검증하기 위해서 교차분석과 변량분석을 동시에 실시하였다.

(가) 분노특성과 내재성에 대한 교차분석결과

[표 5-30]는 가설 Ⅴ-1인 분노유형과 귀인의 내재성차원 간에 상호작용관계를 알아본 것이다. 분노의 두 가지 유형과 귀인의 두 가지 요인을 2×2로 묶어 4개의 집단으로 분할하여 분석하였다.

[표 5-30] 분노특성과 내재성의 교차분석결과

( ) 빈도

구 분	상호작용관계				계
	억제×내부	억제×외부	표출×내부	표출×외부	
비폭력범죄	78(16)	110(22.6)	19(3.9)	19(3.9)	226(46.4)
폭력범죄	100(20.5)	94(19.3)	21(4.3)	46(11.2)	261(53.6)
계	178(36.6)	204(41.9)	40(8.2)	65(13.3)	487(100)

X^2=12.840**, df=3, Sig.=.005, ** p<.01

[표 5-30]을 보는 바와 같이 분노억제와 내부 귀인의 집단간차이는 약 3.5% 정도이고 억제와 외부는 3.3%, 표출과 내부는 .4%의 차이로 근소한 차이라고 할 수 있다. 그러나 분노표출과 외부 귀인은 집단 간에 7.2%로 비교적 차이가 크다고 할 수 있다. 분노의 특성과 귀인의 내재성 간에 상호 작용관계는 X^2값이 12.84이고 유의도가 .005로 P<.01의 수준에서 유의한 효과가 있었다. 이는 분노의 특성요인과 귀인의 내재성요인 간에 상호작용관계가 있다는 것을 의미한다. 특히 분노의 표출과 외부 귀인 간에는 상호작용 효과가 많은 것으로 분석되었다. 따라서 변량분석을 통해서 가설 V-1을 구체적으로 검증할 필요성이 있다고 할 것이다.

(나) 분노표출과 내재성의 변량분석결과

다음은 [표 5-31]의 교차분석을 토대로 가설 V-1을 구체적으로 검증하기 위해서 변량분석을 통해서 상호작용효과를 분석한 것이다.

[표 5-31] 분노표출과 내재성의 변량분석결과

변 량 원	자 승 합	자 유 도	평균자승	F값	유 의 도
분노표출	11.58	35	.331	1.71[*]	.034
내 재 성	10.58	38	.276	1.44[*]	.012
표출×내재성	30.89	129	.237	1.24[*]	.048

[*] P<.05

[표 5-31]은 분노표출과 귀인의 내재성차원의 폭력범죄에 대한 상호작용 효과를 분석한 것이다. 표에서 분노표출과 내재성의 주효과(main effects)를 분석해보면 F값이 각각 1.71과 1.44이고 유의도는 .034와 .012로 두 변인 이 모두 P<.05의 수준에서 유의한 주 효과가 있었다. 한편 분노표출과 귀인 의 내재성차원의 폭력범죄에 대한 상호작용효과를 분석하여 보면, F값이 1.24이고 유의도는 .048로 P<.05의 수준에서 유의하였다. 즉 폭력범죄에 대한 분노의 표출과 귀인의 내재성 간의 상호작용효과가 있다는 것을 알 수 있다. 따라서 가설 V-1은 채택되었다.

이는 분노를 표출하고 외부 귀인을 할수록 폭력범죄를 할 가능성이 높다 는 것을 의미한다. A. Ellis가 주장한바와 마찬가지로 인지와 정서, 그리고 행동은 상호작용관계에 있는 것 같다. 이렇게 일반적인 경우에서의 3요소의 상호작용관계가 범죄적 폭력행동에서도 상호작용관계에 있다는 것이 본 연구 의 결과에서 밝혀졌다. 특히 지금까지의 연구들이 대부분 귀인과 폭력행동, 분노와 폭력행동에 대한 연구는 있었지만 폭력행동과 인지와 정서를 대표하 는 귀인 및 분노와의 상호작용에 대한 연구는 미흡하였던 바, 이 연구결과는 폭력범죄자의 심리적 특성을 파악하는데 귀중한 기초 자료로 활용될 수 있 을 것으로 판단된다.

(2) 분노특성과 안정성의 상호작용관계

(가) 분노특성과 안정성의 교차분석결과

[표 5-32]은 분노특성과 귀인의 안정성 차원 간에 상호작용관계에 관한 가설 Ⅴ-2를 검증하기 위한 교차분석결과이다. 내재성차원과 마찬가지로 분노특성과 안정성을 2×2로 묶어 네 가지로 집단화하여 분석을 하였다.

[표 5-32] 분노특성과 안정성의 교차분석결과

( ) 빈도

구 분	상호작용관계				계
	억제×불안	억제×안정	표출×불안	표출×안정	
비폭력범죄	82(16.8)	106(21.8)	20(4.1)	18(3.7)	226(46.4)
폭력범죄	86(17.7)	108(22.2)	36(7.4)	31(6.4)	261(53.6)
계	168(34.5)	214(43.9)	56(11.5)	49(10.1)	487(100)

X^2=5.648 , df=3, Sig.=.130, NS

[표 5-32]을 보는 바와 같이 카이스퀘어 값은 유의한 결과가 나오지 않았다. 두 집단 간의 분노억제와 불안정성, 분노억제와 안정성, 분노표출과 불안정성, 분노표출과 안정성 등 네 가지 상호작용관계가 모두 유의미한 차이를 보이지 않았다. 이는 분노표출유형과 행위의 원인을 "안정적인 것에 돌리느냐 불안정성에 귀인하느냐" 하는 안정성 차원 간에는 상호작용관계가 없다고 할 것이다.

(나) 분노표출과 안정성에 대한 변량분석결과

다음은 [표 5-33]의 교차분석을 토대로 가설 V-1을 구체적으로 검증하기 위해서 변량분석을 통해서 상호작용효과를 분석한 것이다.

[표 5-33] 분노표출과 안정성의 변량분석결과

변 량 원	자 승 합	자 유 도	평균자승	F값	유 의 도
분노표출	11.58	36	.322	1.304	.180
안 정 성	8.741	38	.230	.933	.589
표출×안정성	29.36	128	.229	.930	.638

NS=Not Significance

표에서 제시된 바와 같이 분노표출과 귀인의 안정성차원이 범죄에 미치는 영향에 대한 상호작용효과를 알아보기 위한 변량분석표이다. 표를 보는 바와 같이 분노표출과 귀인안정성차원의 주 효과(main effects)는 F값이 각각 1.30과 .933이고, 유의도는 .180과 .598로 P<.05의 수준에서 유의한 주 효과가 발견되지 않았다. 한편 분노표출과 귀인안정성의 상호작용효과를 보면 F값이 .930이고 유의도는 .638로 P<.05 수준에서 유의한 상호작용효과가 없었다.

따라서 변량분석의 결과도 위의 교차분석의 결과와 마찬가지로 가설 V-2는 채택되지 못했다. 이는 안정성 차원이 행위의 원인이 노력, 운 등 자신이 통제 불가능한 것에 돌리는 불안정에 돌릴 경우 상호작용효과가 기대되었으나 귀인의 특성에 대한 가설검증에서 귀인의 안정성 과 불안정성 차원 간에 유의미한 차이가 발견되지 못하였기 상호작용효과가 발견되지 않은 것으로 판단된다.

196

(3) 분노특성과 전체성의 상호작용효과

(가) 분노특성과 전체성에 대한 교차분석결과

[표 5-34]은 가설 Ⅴ-3인 분노특성과 전체성 귀인과의 상호작용관계를 교차분석을 한 것이다.

[표 5-34] 분노특성과 전체성의 교차분석결과

( ) 빈도

구 분	상호작용관계				계
	억제×특정성	억제×전체성	표출×특정성	표출×전체성	
비폭력 범죄	63(13.0)	125(25.8)	16(3.3)	22(4.5)	226(46.6)
폭력 범죄	83(17.1)	110(22.7)	33(6.8)	33(6.8)	261(53.4)
계	146(30.1)	235(48.5)	49(10.1)	55(11.3)	487(100)

$X^2=9.59^{**}$, df=3, Sig.=.022, ** p<.01

[표 5-35]를 보면 분노억제와 특정성의 두 집단간 차이가 3.9%, 억제와 전체성은 3.1%, 분노표출과 특정성은 3.5%이고 분노표출과 전체성은 2.3%의 차이를 보이고 있다. 카이스퀘어 검증 결과를 보면 X^2값이 9.59이고 유의도는 .002로 P<.01의 수준에서 유의하였다. 이것은 분노의 유형과 전체성 간에 상호작용효과가 매우 높다는 것을 의미한다. 따라서 가설 Ⅴ-3을 변량분석을 통해서 상호작용효과가 존재하는지를 구체적으로 검증하여 보았다.

(나) 분노표출과 전체성에 대한 변량분석결과

[표 5-35]은 가설 V-3인 분노표출과 전체성이 폭력범죄에 대한 상호작용효과를 알아보기 위해서 변량분석을 한 결과이다.

[표 5-35] 분노표출과 전체성의 변량분석표

변 량 원	자 승 합	자 유 도	평균자승	F값	유 의 도
분노표출	13.42	36	.373	1.34	.180
전 체 성	9.519	41	.232	.831	.725
표출×전체성	30.83	140	.229	2.78[*]	.045

[*] P<.05

표에서 보는 바와 같이 분노표출과 전체성의 주 효과(main effects)는 F값이 각각 1.34와 .831로 P<.05의 수준에서 유의하지 않았다. 또 분노표출과 전체성의 상호작용효과는 F값이 2.78이고, 유의도가 .045로 P<.05의 수준에서 유의한 상호작용효과가 있었다. 따라서 "폭력범죄 집단에서의 분노표출과 전체성 간에 상호작용관계가 있을 것이다"라는 가설 V-3은 채택되었다. 이 결과는 분노표출과 전체성 귀인의 폭력에 대한 상호작용효과가 있음을 시사한다. 즉 분노를 억제하지 못하고 표출을 잘하며 동시에 어떤 행위의 원인을 전체적인 것에 돌리는 전체성 귀인의 경향을 가진 사람은 폭력적인 행동을 할 가능성이 많다고 할 수 있다.

2. 논 의

본 책의 연구목적은 서론에서 제시한 바와 같이 폭력범죄의 심리적 특성에 관한 연구를 통해서 그것의 효과적인 예측과 통제를 위한 연구이다. 구체적으로 설명하면 폭력범죄에 대한 효과적인 예측과 이를 기초로 하여 폭력범죄의 통제방안을 모색해보는 것이다. 따라서 기존의 사회학적 연구의 주요 연구주제가 되어온 정태적 변인들에 대한 연구가 아니라, 인간의 사회적 관계에서 발견되는 동태적 변인에 대한 연구에 주안을 두고 있으며, 인간행동의 인지적 요인과 정서적 요인 간의 상호작용관계에 기초하여 연구를 진행하였다. 본 연구에서 도출된 폭력범죄자의 귀인 및 분노특성을 연구가설의 검증결과에 대한 논의는 다음과 같다.

1) 인구사회학적 변수에 따른 분노 및 귀인특성의 차이

"연령과 성별에 따라서 분노특성과 귀인특성에서 차이가 날 것이다"라는 연구가설 Ⅰ의 3개의 하위가설에 대한 검증결과를 보면 다음과 같다.

첫째, 먼저 성별에 따른 분노와 귀인특성의 차이에 대한 가설 Ⅰ-1의 결과는 유의도가 P<.001로 매우 유의한 결과가 발견되었다. 즉 "남자폭력범죄자일수록 분노표출을 많이 할 것이다"라는 가설 Ⅰ-1은 채택되었다. 이 결과는 여성범죄자와 비교하였을 때 남자폭력범들은 자신의 감정을 절제하지 못하고 "욱" 하는 심정으로 우발적이고, 충동적으로 상대방에게 폭력을 행사하는 경우가 많다는 것을 의미한다. 그러므로 화가 날 때 적절히 조절할 수 있는 능력을 배양시킬 수 있는 사회적 기술훈련을 통해서 자기 통제력을 강화시켜야 대인간의 폭력행동을 감소시킬 수 있을 것이다.

둘째, "성 차에 따라서 외부 귀인에서 차이가 날 것이다"라는 가설 Ⅰ-2는 수용되지 않았다. 여성폭력범이든 남성폭력범이든 내재성귀인의 평균점수를 보면 남자가 3.46이고, 여자가 3.53으로 외부 귀인보다는 내부 귀인의 경향이 더 높음을 알 수 있다. 이는 폭력범죄자들은 행위의 결과에 대한 이유를 상황이나 타인의 탓으로 돌리기보다는 자신의 탓으로 돌리는 내부 귀인의 특성을 가지고 있다고 할 수 있다. 이 결과는 외국의 선행연구결과와는 일치하지 않는 것으로서 그 이유는 첫째, 조사대상자들이 현재 구금되어 있는 재소자들로서 재판의 결과와 자신의 미래에 대한 불안으로 인한 심리적 무력감 때문일 것으로 생각하며, 둘째, 설문의 방법이 자신의 행위에 대한 이유를 묻지 않고 일상적인 가설적인 부적 사건에 대한 질문으로 귀인에 대한 관찰자 편향이 발생하였기 때문인 것으로 판단된다.

셋째, 연령에 따른 분노특성의 차이에 관한 가설 Ⅰ-3의 검증결과는 P<.05의 수준에서 유의하였다. 이는 성인범죄자보다 소년폭력범들의 폭력의 원인이 도구적 폭력보다는 분노적 폭력이 더 많다는 것을 의미한다. 청소년기는 주로 급격한 신체적·정서적 미성숙으로 감정의 변화가 심하고 사소한 외부자극에 대해서 민감하게 반응하는 시기라고 할 수 있다. 특히 청소년기는 심리적 스트레스를 심하게 겪는 시기로서 스트레스에 대한 적절한 대처 능력이 부족하여 정서 지향적으로 대처하는 경우가 많다. 예를 들어 타인에게 분풀이를 하거나 타인에 대한 욕설 등 비합리적으로 대처하는 대처기술의 미숙하다. 따라서 청소년들에 대한 분노감정을 적절히 조절할 수 있는 능력을 향상시켜 적절히 대처할 수 있도록 하는 것이 무엇보다 필요하다. 이를 위해서 학교의 교과과정에 대인관계기술이나 자기성장프로그램의 적용, 그리고 심리학 전공자를 전문상담교사로 활용하는 방법도 있을 수 있으며, 지역 사회의 사회복지전문가 또는 학부모를 상담자원봉사자로 양성하여 활용하는 방법도 한 가지 방법이다.

넷째, 연령에 따른 귀인특성에서의 차이에 관한 Ⅰ-4는 통계적 유의성이 발견되지 않았다. 이는 성인범죄자와 소년범죄자의 인지적 특성에 관한 차이는 없는 것으로 나타났다. 차이가 없다고 하여 인지적 능력 면에서 문제가 없다는 것이 아니라 두 집단 모두 인지적 능력에 문제를 가지고 있어 그 차이가 없다는 것이다. 폭력범죄자의 일반적인 인지적 특성은 외적 자극에 대

200

하여 합리적으로 판단하여 처리하는 인지적 능력에 문제를 가지고 있는 사람들이며 범죄자의 연령이 높다고 하여 자연적으로 인지적 능력이 향상되는 것은 아니라고 볼 수 있다. 따라서 외적 자극에 대한 합리적 판단능력을 배양시키기 위해서는 특별한 인지적 치료라는 개입이 필요할 것으로 판단된다.

2) 범죄유형에 따른 분노특성의 차이

가설 Ⅱ는 "폭력범죄 집단과 비폭력집단을 비교하였을 때 분노특성에서 차이가 날것이다"라는 것이었다. 검증의 결과를 보면 분노억제는 유의한 차이가 발견되지 않았지만 분노표출은 P<.05에서 유의한 차이가 발견되어 가설 Ⅱ는 채택되었다. 즉 분노표출에서 폭력범죄 집단과 비폭력범죄 집단 간에 차이가 발견되었다. 이는 분노를 유발한 대상에 대하여 화를 적절히 조절하거나 억제하는 사람보다는 화를 즉각적으로 표출하는 특성을 가진 사람들이 폭력범죄를 범할 가능성이 많다는 것을 시사하는 결과이다. 분노특성이 폭력행동에 유의한 설명력을 가진 변수라고 할 수 있다.

이처럼 대부분의 폭력범죄자는 자신의 분노를 억제하거나 조절하지 않고 표출하는 저통제형이며 충동성을 제한 없이 표출하게 되는 경우가 많다. Bernard(1993)의 연구결과에 의하면 생물학적으로나 심리적으로 문제가 없는 정상적인 사람도 만성적인 분노를 경험하게 되면 눈에 보이는 나약한 대상에 대하여 직접적으로 폭력을 행사하게 된다고 하였다. 또 Zamble과 Quinsey (1996)은 폭력행위 직전에 어떠한 감정상태이었는지에 대한 질문을 통한 폭행범의 감정상태를 조사한 결과에 의하면 공통적으로 가지고 있는 정서는 분노이었다. 이와 같은 결과를 볼 때 분노가 폭력행동에 직접적인 영향을 미치는 변인이라는 것을 알 수 있다.

한편 분노를 적절히 표출하지 않고 억지고 참는 억제형도 범죄와 관련이 높다는 연구결과가 있음을 볼 때 분노를 적절히 조절할 수 있는 자지통제력을 향상시키는 훈련이 상당히 중요하다. 예컨대 Megargee(1993)는 지나치게 자기를 통제하는 과잉통제형의 성격을 가진 사람들 중에 폭력을 행사하는 경우도 있다고 보고하였다. 이런 사람들은 주로 인지적 재해석, 철수를 포함하여 다양한 방어기제를 활용하기 때문에 폭력적인 행동의 빈도는 낮으나 자신의 분노억제가 한계를 넘어서면 살인과 같은 극단적인 폭력행동을 표출하는 경우가 있다. 이상의 결과를 볼 때 자신의 감정을 조절하지 못하고 분노를 표출하는 형이나 지나치게 자신의 감정을 억누르는 분노억제형도 폭력행동을 할 가능성이 많으므로 분노를 적절히 조절할 수 있는 능력을 향상시키는 것이 폭력범죄를 감소시키는데 중요하다고 할 것이다.

3) 범죄유형에 따른 귀인특성의 차이

가설 Ⅲ은 "폭력범죄 집단을 비폭력범죄 집단과 비교하였을 때 귀인양식에서 유의한 차이가 있을 것이다"라는 가설이다. 가설 Ⅲ의 하위가설은 "귀인의 세 가지 차원에서 폭력범죄자일수록 외부 귀인, 안정성, 전체성의 점수가 높을 것이다"로 가설 Ⅲ-1은 내재성의 차이를, 가설 Ⅲ-2는 안정성의 차이를, 그리고 가설 Ⅲ-3은 전체성의 차이에 관한 가설이다. 통계적 분석결과를 보면 ,두 집단 간에 내재성과 전체성에서 유의한 차이가 발견되었지만 안정성에는 유의한 차이가 발견되지 않았다. 즉, 결과적으로 가설 Ⅲ-1과 Ⅲ-3은 채택되었지만 가설 Ⅲ-2는 채택되지 않았다.

이는 비폭력범죄 집단과 비교하였을 때 폭력범죄 집단의 귀인특성은 외부 귀인을 많이 하고, 전체성에 귀인을 하는 경향을 가지고 있다는 것이 밝혀졌다. 즉 폭력범죄자는 어떤 행위의 부적 결과에 대한 이유를 자신의 탓으로 돌리는 것이 아니라 타인이나 상황의 탓으로 돌려 자신의 책임을 회피하고 변명을 잘하는 사람들이라고 할 수 있다. 또 이 들은 부적인 결과에 대한 이유를 특정한 하나에 돌리는 것이 아니라 일반적이 모든 것에 돌리는 경향을 가지고 있어, 유사한 상황에서 다시 폭력행위를 할 가능성이 그 만큼 많다고 할 수 있다. 마지막으로 폭력범죄자와 비폭력범죄자 집단 간에 안정성에 차이가 발견되지 않는 것은 일반적으로 범죄자들은 부적인 결과에 대한 이유를 "재수가 없어서……" 등 불안정한 것에 귀인하는 경향이 많기 때문인 것으로 판단된다. 이 결과는 Jones and Nisbett(1971)의 연구결과인 재소자들의 귀인특성이 외부 귀인과 불안정에 귀인 한다는 주장과도 일치하였다.

그러므로 폭력범죄의 예측도구로서 외부 귀인과 전체성 귀인은 중요한 척도로 활용될 수 있을 것으로 생각되며, 또 이 변인은 폭력범죄자의 가석방 심사와 재범가능성 예측에 적용해볼 가치가 있다고 생각한다. 한편, 폭력범죄자가 독특한 귀인의 특성을 가지고 있으며, 이러한 귀인특성은 폭력범죄자에게 비합리적 신념을 강화시키고, 합리적 판단에 장애가 되는 인지적 왜곡현상의 원인이 되므로 폭력범죄에 대한 적절한 통제를 위해서는 인지적 특성을 교정하는 치료적 개입을 통해서 사회복귀를 지원해야 폭력재범을 획기적으로 감소시킬 수 있을 것으로 생각한다.

4) 범죄경력에 따른 분노 및 귀인특성의 차이

가설 Ⅳ는 "범죄경력에 따라서 분노특성과 귀인특성에서 차이가 있을 것이다"라는 내용이다. 가설 Ⅳ의 하위가설에 대한 검증결과를 보면, 첫째, 범죄경력에 따른 분노표출의 차이에 관한 가설 Ⅳ-1은 유의한 차이가 발견되었다.

이는 폭력누범이 재산누범보다 분노를 조절하지 못하고 표출하는 특성을 가지고 있다는 의미한다. 폭력은 자존심을 상하게 하거나 화를 나게 만드는 피해자와의 상호작용과정을 통해서 발생하는 대인간에 일어나는 범죄이다. 그러므로 폭력의 상습성을 가지고 있는 사람들이 범죄의 경력이 많을 가능성이 높은 범죄라고 할 수 있다. 즉 분노를 적절히 조절하지 못하는 분노표출형의 폭력범들은 폭력상습범으로 발전될 수밖에 없을 것이며, 따라서 폭력의 재범을 방지하기 위해서는 다른 재산누범과는 달리 인지적·정서적 치료, 분노조절훈련 등 형사정책적 차원에서 적절한 치료적 개입이 반드시 필요할 것으로 판단된다.

　귀인의 세 가지 차원인 내재성, 안정성, 전체성에 관한 가설 Ⅳ-2와 Ⅳ-3, Ⅳ-4는 채택되지 못하였다. 이는 폭력누범이든 재산누범이든 범죄의 경력이 쌓여질수록 귀인특성에는 차이가 나지 않음을 의미하는 결과이다. 즉 누범은 내부 귀인의 경향성이 있으며, 불안정한 원인에 귀인을 하고, 전체성 귀인의 특성을 가지고 있다. 즉 전과자들은 사회적 환경이나 자신에 대해서 인지적 판단능력이 비합리적이고 부족하여 단순히 가석방 등의 조치를 취한다하여 사회에 복귀될 수 없다. 따라서 이들의 인지적 왜곡을 변화시킬 수 있는 적절한 치료적 개입이 반드시 필요하다. 이를 위해서 사회내처우의 방법을 활용하여 구금의 과정을 거치지 않고, 또는 일정한 기간의 구금 이후 출소 전까지 중간교도소 성격의 시설이나 사회복지시설을 이용하여 심리치료 전문가에 의한 치료적 개입과정을 법제화와 재정적 지원이 동시에 이루어져야 할 것으로 생각한다.

5) 폭력범죄와 분노 및 귀인특성의 상호작용관계

　가설 Ⅴ는 "폭력범죄에 대한 분노특성과 귀인특성 간의 상호작용효과에 관한 것이다"이다. 가설 Ⅴ의 하위가설은 분노표출과 내재성 간의 상호작용인 가설 Ⅴ-1, 분노표출과 안정성 간의 상호작용관계인 가설 Ⅴ-2, 그리고 분노표출과 전체성 간의 상호작용관계인 가설 Ⅴ-3이다. 이 가설을 검증하기 위해 교차분석과 변량분석을 한 결과, 분노표출과 외부 귀인 간의 상호작용 관계에 대한 가설 Ⅴ-1과 분노특성과 전체성 간의 상호작용효과에 대한 가설 Ⅴ-3은 수용되었지만 분노표출과 안정성귀인 간의 상호작용효과에 대한 가설 Ⅴ-2는 채택되지 않았다.

　이는 분노를 표출하고 외부 귀인을 하는 특성은 폭력에 상호작용효과가 있으며, 또 분노를 표출하고 전체성에 귀인을 하는 특성을 가진 사람도 마찬가지로 폭력에 상호작용효과가 있음을 의미한다. 이 결과는 분노특성과 귀인특성이 상호작용효과가 발견되었다는 것은 폭력범죄의 연구에 중요한 발견이라고 할 수 있다. 지금까지 인지와 정서, 그리고 행동이라는 3요소가 상호작용관계에 있다는 A. Ellis(1984)의 인지주의자의 주장과 Krebs와 Miller(1985)의 폭력행동에의 인지와 감정의 상호작용관계에 대한 이론적 모형이 있었지만 경험적 연구가 부족한 실정에서 귀인과 분노의 폭력행동에의 상호작용관계는 폭력범죄에 대한 심리학적 연구에 상당한 기여를 할 것으로 생각된다. 귀인과 분노라는 두 요인이 폭력행동에 상호작용관계가 있다는 것은 폭력행동의 잔인성을 배가시키는 결정적 요인임을 의미하는 바, 두 요인의 상호작용을 적절히 감소시킬 수 있는 전략이 폭력범죄의 잔인성을 예방하고, 나아가 폭력누범의 방지를 위한 효과적인 범죄예방 전략이 될 것이다.

본 책의 연구결과에서 보았듯이 폭력누범을 포함하여 일반적으로 폭력범죄자의 인지·정서적 특성은 외부 귀인과 전체성귀인, 그리고 분노표출의 경향이 있음이 밝혀졌다. 따라서 폭력범죄자의 인지적·정서적 특성을 감안한 치료적인 방법이 보다 실질적으로 강구되어야 할 것으로 생각된다. 사실 지금까지의 폭력범죄자에 대한 대책은 형의 가중이라는 형벌위주의 정책을 사용하여 왔다고 해도 과언이 아니다. 그러나 형의 가중이라는 처벌중심의 범죄대책만으로 폭력범죄의 증가를 억제하지 못할 뿐만 아니라 형식적인 중형주의는 오히려 형벌의 위화효과에 대한 불감증만 증가시키는 결과를 초래할 것이다. 그러므로 폭력범죄를 예방하기 위한 근원적인 대책은 폭력범죄자의 사회복귀를 지원을 통한 치료적 관점의 사회 내 처우와 형사처벌이 적절히 병행되어야 비로소 효과적일 것으로 기대된다.

제3절 결과요약

본 책은 인간을 사회적 정보처리자라는 관점에 근거하여 폭력범죄자의 사회심리학적 요인인 귀인과 분노특성에 중점을 두고 연구를 하였다. 폭력범죄에 대한 미시적인 심리적 특성을 이해함으로써 형사정책적인 대책수립과 치료중심의 범죄자 처우를 위한 방안의 강구에 기여할 수 있는 자료를 제공할 수 있기 때문이다. 본 책의 목적은 폭력범죄의 예측과 통제를 위해서 개인의 귀인 및 분노특성과 폭력의 관계를 파악하는 데 있다. 조사대상자는 현재 폭력범죄로 구속되어 있는 재소자를 대상으로 하였으며, 실증적 조사연구를 통해서 분노 및 귀인특성을 파악한 결과, 폭력누범을 포함하여 일반적으로 폭력범죄자의 인지·정서적 특징은 외부 귀인과 전체귀인을 많이 하며, 또 분노감정을 적절히 조절하지 않고 표출하는 경향이 있음이 밝혀졌다. 본 책의 조사결과 발견된 폭력범죄자의 분노와 귀인특성을 구체적으로 요약하면 다음과 같다.

첫째, 남·여 폭력범죄자 간에 분노특성 면에서 유의한 차이가 있었다. 즉, 남자폭력범을 여자폭력범과 비교하였을 때 분노표출을 하는 경향성이 더 많으며, 연령에 따른 분노표출의 차이도 역시 유의미하였다. 하지만 귀인특성의 면에서 차이를 보면 남·여 폭력범죄자 간에 외부 귀인에서 유의한 차이가 없었다. 이는 남녀 범죄자의 귀인경향성에서 큰 차이가 없이 외부 귀인의 경향이 많다는 것을 의미한다. 한편, 연령에 따른 분노특성의 차이도 발견되었다. 이는 폭력범죄자가 주로 2, 30대에서 많이 발생하고 연령이 증가할수록 폭력범죄는 줄어든다는 점을 감안할 때 귀인과 분노의 특성이 폭력범죄의 연령차를 설명하는 중요한 요인임을 시사하는 것이다.

둘째, 폭력범죄자들은 비폭력집단과 비교하였을 때 분노특성에 유의한 차이가 발견되었다. 이는 폭력범죄자들은 주로 분노를 적절히 조절하는 능력이 부족하여 우발적이고 충동적인 폭력범죄를 많이 범한다는 것을 의미한다. 따라서 폭력범죄를 예방하기 위한 하나의 방안은 분노를 적절히 조절할 수 있도록 훈련이 필요하다는 것이다.

셋째, 폭력범죄자들은 비폭력범죄자와 비교하였을 때 귀인양식에서 유의한 차이가 있었다. 각 차원별로 보면 내재성, 전체성 차원은 유의한 차이가 발견되었으나 안정성에서는 차이가 발견되지 않았다. 즉 폭력범죄자들은 성향보다는 상황이나 타인에 대하여 원인을 돌리는 외부 귀인을 많이 하고, 행위의 원인을 특수성에서 찾는 것이 아니라 전체적인 상황에 귀인을 하는 특성을 가지고 있음을 의미한다.

넷째, 범죄경력에 따른 귀인과 분노특성에 차이를 보면 분노표출에서 유의한 차이가 있었고, 나머지 귀인특성에서는 유의한 차이가 발견되지 않았다. 이는 범죄경력이 많아질수록 폭력누범과 재산누범 공히 구금의 효과, 범죄경력의 발달로 귀인의 경향성이 유사하게 변한다는 것을 의미한다.

다섯째, 범죄적 폭력행동에 대한 귀인과 분노의 상호작용효과가 발견되었다. 구체적으로 보면 분노표출과 귀인의 내재성, 분노표출과 전체성차원 간에는 유의한 상호작용효과가 있었다. 이는 어떤 대상이나 부적 사건에 대해 분노를 표출하는 경향이 있고, 타인이나 상황에 행위의 원인을 돌리는 외부 귀인과 세상의 모든 것에 원인을 돌리는 경향이 강한 사람일수록 폭력범죄를 범할 가능성을 많이 가지고 있다고 할 것이다.

본 책의 조사결과에서 폭력범죄자의 분노 및 귀인특성이 비폭력범죄자와 비교하여 차이점이 발견된 것은 다음과 같은 공헌점이 있다.

첫째, 폭력범죄의 예측에 분노 및 귀인의 특성이 중요한 예측도구로 고려될 수 있다는 점이다. 지금까지 대부분의 예측도구는 범죄 조발 연령, 학력, 가정환경, 경제적 지위 등 정태적 요인에 한정되어 왔던 것이 사실이다. 폭력행동은 특히 대인간의 상호작용과정을 통해서 발생하는 범죄이므로 개인의 심리적 특성요인을 배제할 수 없는 것이다. 따라서 가석방의 심사, 개별처우의 기초 자료로서 폭력범죄자의 분노 및 귀인특성을 적극적으로 활용할 수 있을 것으로 기대된다.

 둘째, 폭력범죄의 통제를 위한 교정치료적 대안을 제공하였다는 점이다. 범죄억제를 위해 강력한 처벌을 위주로 하는 형사정책이 효과적이지 못하다는 것은 여러 연구결과나 오늘날의 공식적인 범죄통계수치가 입증하고 있다. 즉 처벌과 병행하여 범죄자에 대한 개인 또는 집단치료가 필요한 것이다. 본 연구의 결과에서 도출된 폭력범죄자의 분노 및 귀인특성은 치료적 방법을 통한 범죄예방의 효과를 기대해 볼 수 있다는 점을 의미한다. 즉 현행의 처벌위주의 형사정책에 사회 내 처우 등 치료중심의 형사정책을 조화롭게 운영하는 것이 폭력범죄의 통제가능성을 증가시킬 수 있을 것으로 기대된다.

 따라서 폭력범죄자의 인지적·정서적 특성을 감안한 치료적인 방법이 보다 실질적으로 강구되어야 할 것이다. 사실 지금까지의 폭력범죄에 대한 대책은 형의 가중 처벌이라는 형벌위주의 정책을 사용하여 왔다고 해도 과언이 아니다. 그러나 처벌중심의 범죄대책만으로 폭력범죄의 증가를 억제하지 못할 뿐만 아니라 형식적인 중형주의는 오히려 형벌의 위화효과에 대한 불감증만 증가시키는 결과를 초래하고 있다. 개인과 사회를 폭력범죄로부터 보호하고 범죄자의 사회복귀를 지원하여 근원적으로 폭력재범을 방지할 수 있는 사회복지적인 측면을 고려한 대안들이 강구되어야 할 것으로 생각한다. 특히 상습적으로 폭행을 하는 상습폭력범에 대해서는 보다 특별한 대책이 필요하다.

 상습폭력범은 자신의 인지적·정서적 특성을 극복하지 못하여 사회복귀에 실패하는 경우가 대부분이기 때문이다. 그러므로 이들에 대한 치료중심의 다양한 사회 내 처우 방안의 실시를 고려해보아야 할 것이다. 이들을 사회치료 시설에 수용하여 사회생활에서 타인과의 관계를 통해서 자신의 문제점을 스스로 자각하여 자기 통제력을 길러주어 사회생활 극복기술을 습득시켜 건전한 친 사회적 생활을 유지할 수 있도록 도와주며 인도하는 방법이다. 사회치료의 방법은 정신분석치료, 정신치료, 행동치료, 접촉치료, 작업치료, 약물치료, 음악치료 등 다양한 치료적 기법들이 고려되어야 할 것이다.

 이상에서 언급한 바와 마찬가지로 폭력누범에 대한 효과적인 통제대책으로 사회 내 처우를 통한 예방대책을 제안하였다. 폭력누범은 교도시설에의 구금을 피하면서 가능한 한 짧은 기간 동안에 개방적인 분위기 속에서 지역사회의 협력을 받아 일반사회의 각종 시설이나 기관을 활용하여 사회복귀를 시키는 것이 무엇보다 중요하다. 현재의 교정시설의 교정교화정책이 재정의 부족, 보안위주의 교정정책, 치료에 필요한 전문 인력의 부족 등으로 인해 사회 내 처우라는 치료적인 교정이념을 구현하지 못하고 있는 것이 우리의 현실이다. 특히 치료적 처분이 필요한 폭력누범에 대한 치료감호시설의 절대 부족은 시급히 해결되어야 할 문제라고 생각한다.

본 책의 연구결과가 폭력범죄의 예측과 통제를 위해 여러 가지 시사점을 제공하지만 연구의 한계점도 가지고 있다.

첫째, 표본의 대표성문제이다. 본 연구의 조사대상자는 현재 교도소에 수감 중인 폭력범죄자와 비폭력범죄자들이다. 범죄자는 현재 수감 중인 자 외에도 석방되어 사회생활을 하는 자와 형법상 폭력에 해당하는 죄를 범하였지만 경찰에 인지가 되지 않아 형사처벌을 받지 않은 사람도 많다는 점을 고려할 때 대표성에 한계를 가지고 있다고 할 것이다.

둘째, 연구결과의 일반화의 한계이다. 첫 번째 한계로 인하여 다른 폭력범죄자에게 이러한 연구결과를 동일하게 적용하는데 무리가 있을 수 있다는 점이다.

셋째, 비교집단의 선정문제이다. 본 연구에서는 비교집단으로 비폭력범죄로 한정을 하였다. 따라서 일반인과 비교를 하지 못함으로써 폭력범죄자와 비폭력범죄자의 귀인과 분노특성이 일반인과는 얼마나 차이가 나는지 확인이 불가능하였다는 점이다.

넷째, 측정시기의 문제이다. 가장 효과적인 측정 시기는 폭력범죄를 범한 당시에 하는 것이 과외변수의 개입을 차단하고, 행위 당시의 심리적 특성을 가장 잘 예측할 수 있을 것으로 판단된다. 그러므로 폭력범죄자가 구속되기 전에 측정하는 것이 효과적일 것이다.

이상과 같은 본 책의 공헌과 한계점을 토대로 폭력범죄에 관한 앞으로의 연구방향을 제시하면 다음과 같다.

첫째, 본 연구의 대상을 단순 폭력범죄뿐만 아니라 살인, 강도, 강간 등의 범죄유형까지 연구의 범위를 확대하여 범죄유형 간에 귀인과 분노특성의 차이를 비교해 볼 필요성이 있다는 점이다. 본 연구는 단순히 폭력범죄(폭행, 상해, 폭력행위 등)에 한정되었기 때문에 범죄유형별 차이는 확인하지 못하여 강력 범죄 전체에 대한 예측과 통제 방안을 제시하지 못하였다는 한계가 있기 때문이다.

둘째, 귀인특성에 대한 구체적인 차이를 검증하는 것이다. 본 연구에서는 귀인의 세 가지 차원으로 한정을 하였는데, 앞으로의 연구에서는 나머지 두 차원인 통제가능성과 의도성 차원도 포함한 보다 포괄적인 귀인 차원의 연구가 필요하다는 점이다.

셋째, 폭력범죄자를 대상으로 한 인지·정서적 치료방법을 이용한 교정치료의 효과성에 대하여 실증적 연구를 통한 검증이 필요할 것이다. 이런 검증절차를 통하여 보다 효과적인 교정치료방안이 도출될 수 있기 때문이다.

마지막으로 폭력범죄는 하나의 이론으로 설명할 수 없는 복잡한 원인이 작용하므로 통합이론적 관점에서의 연구가 필요하다는 점이다. 다른 범죄와 마찬가지로 폭력범죄도 환경적 요인, 예컨대 그 당시의 상황, 피해자와의 관계, 폭력하위문화, 경제적 능력, 나이, 직업 등 다양한 요인에 의해 영향을 많이 받기 때문이다. 즉 다면적이고 복합적인 상호작용 과정을 통해서 폭력범죄가 발생하므로 앞으로의 연구방향도 사회학적 이론, 생물학적 이론, 심리학적 이론을 포괄하는 간 학문적 관점에서 연구가 이루어 져야 폭력범죄의 예측과 통제력을 높일 수 있고, 또 보다 효과적인 통제방안을 강구 할 수 있을 것으로 생각한다. 본 책은 폭력범죄자의 심리적 특성을 파악하고자 하는 일 연구에 지나지 않는다. 폭력범죄의 원인을 파악하려는 심리학적 연구는 앞으로 지속적으로 이루어져야 하며 이에 대한 효과적인 치료중심의 효과적인 대책도 적극적으로 강구되어야 할 것이다. 앞으로 폭력범죄의 예측과 통제를 위한 활발한 연구를 기대한다.

제6장 폭력범죄에 대한 대응전략

제1절 범죄예방의 개관

1. 서론

전통적으로 범죄대책이라고 할 때는 대부분이 범행 이후 범죄자에 대한 사후 처리절차와 과정을 중심으로 논의 되어 왔다. 물론 지금까지의 형사정책은 가해자중심의 것이었기 때문에 범죄행위자의 처벌(punishment)이나 처우(treatment)가 범죄대책의 전부를 차지했다고 해도 과언이 아니었다. 범죄자를 처벌할 것인가 아니면 처우할 것인가는 범죄의 원인을 어떻게 규명하며, 또는 범죄자를 어떻게 인식하는가, 즉 보수적이냐 아니면 자유주의 적이냐라는 정치적 성향에 따라 달라질 수 있다.[178]

당연히 범죄와 범죄자에 대해서 자유주의적 관점을 견지할수록 범죄자에 대한 처우를 강조할 것이지만 반대로 보수적인 시각을 가진 사람은 범죄자에 대한 처벌에 무게를 실을 것이다. 또한 범죄의 원인을 사회적 또는 생물학적 환경에 의해 결정되는 결정론(determinism)적 입장에서 설명하는 사람들은 범죄자를 처벌의 대상이 아니라 치료와 처우의 대상으로 간주하며, 범죄행위가 범죄자의 이성적·합리적 계산의 결과라고 보는 자유의사론(free will)적 입장에서는 범죄자에 대한 처벌이 당연시 되고 있다.

이를 종합하면, 대체로 자유주의자일수록 범죄의 원인을 결정론적 입장에서 설명하고 있으며 따라서 범죄자에 대해서도 처벌보다는 처우를 중시하는 반

---

178) A. J. Reiss, and J. A. Roth, Understanding and Preventing Violence (Washington, D. C. National Academiy Press, 1993), pp.383.

면, 보수주의자들은 범죄행위를 범죄자의 자유로운 의사결정의 결과로 보아 자신이 선택한 범죄행위의 책임을 물어 범죄자에 대한 처벌을 주장하고 있다. 더불어 자유주의론자와 결정론자는 범죄의 원인을 개인보다는 사회구조와 환경 등에서 찾고자 하기 때문에 범죄의 예방은 이러한 범죄유발 또는 조장적 환경의 개선을 중시하는 반면, 보수주의자와 자유의사론자들은 범죄행위의 원인과 책임을 자유의사를 소유한 범죄자 개인에게서 찾고 있어서 범죄의 예방도 범죄자에 대한 책임의 추궁, 즉 처벌을 통해서 이루고자 한다.

그러나 보수적이든 자유주의적이든 또는 결정론자든 자유의사론자든 이들의 대책은 모두가 범죄행위의 결과로서 범죄자를 검거하고 검거된 범죄자를 처벌하거나 처우하는 단순히 범죄행위에 대한 사후 대응적(reactive) 형사정책임에는 이론의 여지가 없다. 이러한 가해자중심의 사후 대응적 형사정책은 범죄현상의 악화와 특히 재범률의 증가로 대표되는 형사정책의 실패를 경험하게 하였다. 즉, 일단 범죄행위가 발생한 후에는 범죄행위자를 검거하여 처벌하거나 처우하는 것으로는 범죄를 감소시킨다는 것이 대단히 어려운 일이면 설사 가능하더라도 상당한 시간과 노력과 경비를 요한다는 사실을 깨닫기 시작하였다.

그래서 많은 사람들이 이제는 범죄에 대한 사전대응(proactive)과 범죄의 예방에 관심을 기울이게 되었다. 결국 오늘날의 범죄대책은 범죄에 대한 사후 대응적 전략으로서 범죄자의 처벌과 처우, 그리고 범죄의 사전 예방이라는 사전 대응적 전략이 동시에 추구되고 있는 편이다.

그런데 범죄의 예방은 가해자중심의 전통적 형사정책에 영향을 받은 결과 지금까지는 주로 잠재적인 가해자의 범행 동기의 억제, 감시감독의 강화 등에 치중해 왔다. 그러나 범죄라는 것이 물론 가해자와 피해자거 동일인인 소위 피해자 없는 범죄(victimless crime)도 있지만 대부분의 범지는 가해자와 피해자가 있는 상대적 현상이기 때문에 가해자 한 쪽만의 문제라기보다는 가해자와 피해자의 공동의 상호작용의 산물일 수 있고, 범죄의 예방도 가해자와 피해자를 동시에 고려할 필요가 있는 것이다. 이와 같은 관점에서의 범죄의 예방을 우리는 범행기회를 축소와 범죄 피해의 축소라고 할 수 있다. 이러한 범행기회의 축소나 피해의 축소노력을 우리는 흔히 범죄에 대한 상황적 전략이라고 하며 범죄자의 처벌과 처우를 범죄자에 대한 개별적 전략이라고 하며 상황적 전략은 주로 예방적 차원의 것인 반면 범죄자에 대한 개인적 전략은 대부분 사후 대응적인 것으로 볼 수 있다.

2. 범죄예방의 정의

범죄예방은 학자에 따라 개념규정이 상이한 포괄적인 개념으로서 범죄가 발생하기 전의 시점에 관심을 기울이고, 잠재적 범죄자의 범행욕구에 초점을 맞추기보다는 범죄기회를 감소시키는 것에 중점을 두고 있다. 호우와 클라크(Hough & Clarke) 등은 범죄예방이 매우 신축적인 개념이어서 "형법에 의해 범죄로서 규정된 사건의 발생을 줄이려는 모든 활동을 포함하는 매우 포괄적인 개념"이라고 정의하였다. 또 에이커스와 사가린(Akers & Sagarin)은 범죄예방을 법적 처벌의 위협이나 적용 이전에 혹은 그 대신에 범죄를 예측하여 취하는 행동으로 정의하였다. 미국의 국립범죄예방연구소는 범죄예방의 개념을 "범죄의 위험을 예측, 인식, 평가하여 이를 근절시키거나 감소시키기 위한 사전활동"으로서 정의하고 있다. 또 더 나아가서 그린버거와 윌리엄스(Greenberg, Rohe & Williams)는 범죄예방을 범죄와 범죄에 대한 두려움을 감소시키기 위하여 고안된 행위를 수반하게 되는 것으로 보는 견해도 있다.

이렇듯 범죄예방은 오랫동안 범죄정책목표의 하나로 간주되어 왔음에도 불구하고 다소 모호한 개념을 가지고 있다. 그렇다고 해서 명확한 개념 설정이 반드시 필요한 것은 아니다. 그것은 범죄예방이 무엇이건 간에 대한 인식에는 별 문제가 없기 때문이며, 또한 범죄예방의 구체적 활동 및 내용이 시대에 따라 변화하는 데에도 기인한다. 그런데 형사사법기관의 전통적인 목표인 일반예방과 특별예방은 기본적으로 억압적인 것이며 범죄가 이미 발생한 이후의 범죄예방에 주된 관심을 기울이고 있다.

범죄예방개념은 범죄발생 이전에 행위를 예방하기 위한 노력에 관심을 갖고 있으나, 일반예방과 특별예방의 개념은 범죄가 이미 발생한 이후의 범죄예방을 중심으로 다루고 있다. 또 일부 학자들(Hastings & Melchers)은 범죄예방의 개념을 범죄예방이 지향하는 바에 따라 잠재적 범죄자에 대한 범죄예방과 잠재적 피해자에 대한 범죄예방으로 구분하기도 한다. 잠재적 범죄자에 대한 활동은 체포의 위험을 증가시키는 것이다. 최근에 제기된 상황적 범죄예방이론에서는 잠재적 피해자를 대상으로 한 범죄예방활동을 제시하고 있다. 이는 범죄예방교육과 환경설계 등을 통하여 범죄기회를 감소시킴으로써 이루어진다. 랩(Lab)은 범죄예방을 '실제의 범죄발생과 범죄에 대한 공중의 두려움을 줄이는 사전활동으로 규정하고 있다. 이는 실질적으로 범죄발생을 줄이려는 사전노력이기도 하고 심리적인 측면에서 안전성의 확보, 범죄에 대한 두려움으로부터의 해방이기도 하다.

범죄예방은 '범죄적 기회를 감소시키려는 사전활동이며, 범죄에 관련된 환경적 기회를 제거하는 직접적 통제활동'이라고 정의할 수 있을 것이다. 범죄가 저질러지는 요소를 범죄욕구, 범죄기술, 범죄기회로 구분할 경우, 범죄예방은 범죄욕구나 범죄기술에 대한 예방이 아니라 범죄기회를 감소시키려는 활동이라고 할 수 있다.

3. 범죄예방의 분류

범죄예방을 사회적 접근, 상황적 접근, 지역사회에 근거한 접근의 3가지의 접근방식으로 구분하여 설명할 수 있다.

첫째, 사회적 범죄예방은 범죄의 근본원인과 개인들이 범죄를 저지르는 성향 등을 직접 다루려는 대책들로서 일반대중이나 위험에 처한 특정집단 등을 대상으로 할 수 있다. 사회적 범죄예방정책은 주택, 고용, 교육, 청소년 보건 등의 광범위한 사회정책에 흡수되어 범죄에도 영향을 끼치게 된다. 이는 기본적으로 장기적인 프로그램적 접근이라는 특징을 갖는 반면, 범죄에 끼치는 직접적인 영향을 평가하는 데에는 어려움이 존재한다.

둘째, 상황적 범죄예방은 주로 범죄를 저지르게 되는 기회를 감소시키려는 데에 주된 관심을 갖는다. 이러한 접근방법은 특정유형의 범죄가 비교적 체계적이며 영구적으로 일어나게 되는 환경을 관리하고 디자인하거나 조정하는 것들을 포함하는 대책들로 구성되며, 범죄기회를 감소시키고 잠재적 범죄자들에 의해 인식되는 검거의 위험성을 증대시키기 위한 것이다.

셋째, 지역사회에 근거한 범죄예방은 위의 두 가지 접근방식들에 근거하고 또 그들을 결합하여 지역사회적인 맥락에 위치시킴으로써 그 이상의 것을 만들어 내려는 접근이다. 지역사회에 기반을 둔 범죄예방에는 다양한 방법이 시도되어 왔는데 그 중에서도 두 가지의 광범위한 접근방법이 있다. 하나는 도시계획의 측면, 즉 주택정책을 통한 범죄예방이고 다른 하나는 지역개발을 통한 것이다. 이 두 방식 모두 지역사회의 쇠퇴를 역전시키고 지역사회의 환경 및 생활에 대한 지역사회의 통제력을 증대시키는 데에 관심을 지니고 있다. 단적으로, 지역사회에 바탕을 둔 범죄예방은 사회적 대책과 상황적 대책을 포용하여 결합함으로써 이 두 가지 대책의 합 이상의 것을 만들어 내려는 것이다.

그리고 블랭팅햄과 파우스트(Brantingham & Faust, 1976)는 범죄예방의 개념을 질병예방의 공중보건모델과 유사하게 1차, 2차, 3차 예방의 세 가지로 구분하였다.[179)

첫째, 1차 범죄예방의 궁극적인 목표는 범죄행위를 촉진시키거나 기회를

---

179) 경찰대학, 범죄예방론(경찰대학, 2004), pp. 22-24.

제공하는 사회·물리적 환경조건들을 변화시키는 것이다. 일차예방에 해당되는 방법으로는 시민들에 대한 범죄예방교육활동, 범행기회 감소를 위한 위험요소조사, 경계, 범죄와 사고예방을 위한 취약요소에 대한 환경설계, 이웃상호감시 등이 그 방법이다. 이웃상호감시는 해당 지역의 전 구성원 모두가 스스로 조직에 대해 통제할 수 있는 능력을 향상시키고, 잠재적 범죄자에게 범죄실행의 의도를 억제하고 실행자에 대한 검거의 위험을 높이기 위한 방법이다.

둘째, 2차 범죄예방은 범죄유발환경에 있는 잠재적 범죄자를 조기에 발견하고 비합법적 행위가 발생하기 이전에 예방하려는 것이다. 이차범죄예방활동은 범죄유발의 가능성이 높은 환경과 범죄실행의 가능성이 높은 개인을 대상으로 하므로, 이들 환경 및 개인과 많이 접촉하는 잠재적 범죄자와 잠재적 피해자에게 주로 의존하는 방법이다. 이차예방은 범죄율이 높거나 높을 것으로 예상되는 사고취약지역과 대상에 초점을 맞춘다.

셋째, 3차 범죄예방은 "실제 범죄자를 대상으로 하는 것이며 범죄자들이 더 이상 범죄를 저지르지 않도록 하기 위한 활동을 의미한다."고 정의하였다. 즉 교정기관에서 실행하고 있는 처벌이나 치료를 통한 교정활동을 삼차예방의 중요한 목표로 보았다. 따라서 3차 예방활동의 대부분은 형사사법기관이 담당하는 것이라고 볼 수 있다.

제2절 범죄예방의 기초이론

범죄예방에 관한 이론은 아직 체계화되어 있다고 할 수는 없다. 그러나 범죄학의 궁극적인 관심이 범죄의 감소와 예방이라는 측면에서 볼 때 모든 범죄학이론은 그 자체에 범죄예방에 관한 이론을 내포하고 있다. 특히 범죄원인에 관한 이론에서는 더욱 그러한 특성이 부각된다. 즉, 범죄의 원인을 밝히려는 시도는 범죄원인을 제거함으로써 범죄를 감소시키고 예방하여 나아가 범죄가 없는 사회를 지향하려는 의도가 있는 것이다. 이러한 범죄예방에 대한 이론적 논의는 범죄학이나 형법학의 기초이론에 근거를 두고 있다. 이는 범죄의 원인을 무엇으로 보며, 범죄자를 어떻게 볼 것 인가하는 기본적 물음에 근거하고 있는 것이다. 즉 범죄자는 자유의지를 갖고 있는가? 그렇지 아니한가? 범죄를 인간에 내재한 성향에 의한 것으로 보는가? 또는 인간 외부의 환경에 의한 것으로 보는가? 범죄는 합리적으로 계산된 행위인가? 아니면 충동적 행동의 산물인가의 논쟁 역시 범죄예방에 관한 논의에서 기초적인 문제로 남아 있다. 이러한 맥락을 바탕으로 범죄예방에 관한 이론을 형사법적 이론인 억제이론, 심리학적 이론에 바탕을 둔 치료 및 갱생이론, 사회학적 범죄이론에 바탕을 둔 상황적 범죄예방이론, 피해자학적 범죄예방이론, 사회발전을 통한 범죄예방이론을 중심으로 살펴보고자 한다.

1. 제지이론

이 이론의 관점은 18세기에 전개된 고전학파의 범죄이론을 바탕으로 하며, 처벌의 억제효과를 강조하여 범죄예방을 시도하려는 논의이다. 즉 범죄행위에 대한 국가의 강력한 처벌을 통하여 범죄를 억제하려는 것이다. 제지이론에서는 인간의 자유의지와 도덕적 책임감을 강조하며, 범죄자는 자신의 행동을 실행에 옮기기 이전에 합리적으로 결정하고 행동하는 존재로 파악하

218

고 있다.[180] 즉 즐거움을 극대화하고, 고통을 극소화하려는 속성을 갖고 있는 인간을 전제한다. 개인은 자유의지에 의하여 범죄를 저지른다.

즉 범죄를 할 것인가/하지 말 것인가를 스스로 선택하고 행동한다. 따라서 범죄를 저지를 것인가의 여부는 전적으로 개인 스스로의 책임이지 결코 사회의 책임이 아니다. 그러므로 국가는 범죄를 저지른 사람을 처벌함으로써 그 대가를 받게 하고, 이러한 처벌을 통하여 미래의 범죄를 예방하려는 것이다. 범죄자와 일반인들로 하여금 국가의 처벌을 두려워하게 만들어 범죄를 저지르지 못하게 하려는 것이다.

제지이론에서는 범죄자보다는 범죄행위 그 자체에 관심을 갖고 있다. 즉 범죄자가 범죄를 저지르게 되는 동기나 원인, 사회적 환경 등에는 관심이 없고, 범죄에 대한 적절한 처벌에 초점을 두고 있다. 따라서 제지이론에서는 범죄행위에 대한 제재가 주요 관심이다. 이는 응보주의적 입장에서 범죄에 대한 사후의 처벌과 범죄억제를 위한 적절한 처벌이 문제시된다. 즉 처벌에는 다시 범죄를 저지르지 못하게 하도록 범죄억제효과가 고려되어야 한다.

[그림6-1] 제지이론의 인과구조

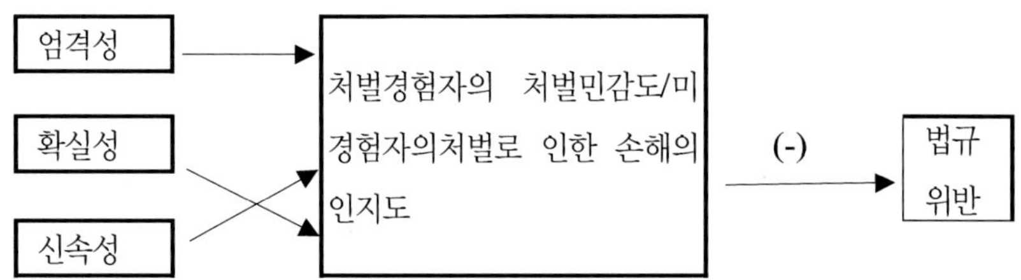

그림에서 보는바와 같이 처벌을 통한 범죄억제를 효과적으로 하기 위해서는 처벌의 엄격성, 확실성, 신속성이 요구된다.

---

180) 김상균, 범죄학원론(양서원, 2004), pp. 318-325.

첫째, 처벌의 엄격성은 수감기간이나 벌금액의 정도와 같은 처벌의 가혹성 내지 강도에 관한 것이다. 제지이론은 처벌이 엄하면 엄할수록 법규위반율은 낮아질 것으로 가정한다. 일부연구에서 처벌의 수준이 높아질수록 범죄행동의 통제가능성은 높아진다고 하였다. 제지이론은 체포와 기소, 제재를 받을 가능성이 높을수록 법규위반율이 낮아 질 것으로 가정한다.

둘째, 처벌의 신속성은 즉각적인 처벌, 즉 법규를 위반하는 것과 처벌을 받는 시점사이의 시간적 관계에 관한 것을 말한다. 제지이론은 처벌이 신속하면 할수록 법규위반율이 낮아 질 것으로 가정한다. 이 가정에서 내포하고 있는 이론적 논리는 명확한 것은 아니나 즉각적인 처벌이 시민들로 하여금 처벌에 대한 주관적 인식을 높여줄 것이라고 보는 것이다. 그러나 신속성의 범죄억제효과를 지지하는 경험적 연구는 거의 없고, 단지 위에서 설명한 두 가지 요인(엄격성, 확실성)과 상호작용할 때 그 효과가 있는 것으로 보인다.

셋째, 처벌의 확실성이란 국가기관은 범죄에 대하여 범죄자를 확실하게 처벌하며, 죄질에 상당한 엄격한 처벌을 말한다. 처벌에 의한 범죄 억제는 두 유형으로 구분된다. 즉 일반예방효과와 특별예방효과이다. 범죄에 대한 처벌의 확실성에 의하여 일반예방효과(general deterrence effect)가 나타난다. 이는 범죄행위에 대한 국가의 확실한 처벌이 잠재적 범죄자로 하여금 범죄를 저지르지 못하게 하는 효과이다. 즉 법을 위반하면 어김없이 처벌된다는 것을 일반시민에게 보여줌으로써 그들의 범죄를 예방하려는 것이다.

처벌의 범죄억제효과에는 몇몇 연구에서 그 효과가 검증되기도 하였지만 제지이론은 다음과 같은 점에서 비판을 받고 있다. 경험적 연구를 통하여 처벌의 확실성은 범죄억제에 긍정적 영향을 주는 것으로 밝혀지고 있으나 처벌의 엄격성에 의한 범죄예방효과는 확실하지 않은 것으로 나타났다. 처벌의 엄격성의 범죄억제효과는 특히 사형제도에 대한 논의를 통하여 첨예하게 나타났다.

처벌의 엄벌성의 범죄억제효과를 인정하는 이들은 사형제도의 존속에 찬성하고 반대론자는 사형제도의 폐지를 주장하고 있다. 제지이론에 대한 많은 비판이 제기되고 있지만 강력범죄의 증가. 재범현상의 증가 등의 범죄현상에 대하여 처벌을 강화함으로써 범죄에 대응하려는 경향은 여전히 효과적인 예방전략이라고 할 수 있다. 특히 최근 미국을 비롯한 선진국에서 형사사법에 있어서 신보수주의화 경향으로 인하여 처벌의 강화를 통한 범죄예방이 새로운 주목을 받고 있다.

2. 치료 및 갱생이론

이 관점은 19세기에 전개된 것으로서 베이컨의 경험론, 다윈의 생물학적 진화론, 콩트의 실증주의, 롬브로조 등의 결정론적 인간관에 바탕을 두고 있다. 이 이론에서는 기본적으로 범죄자를 생물학적, 심리학적 결함이 있는 인간으로 보고 있다. 이러한 결함이 정상인과 다른 속성을 갖게 하고 결국 범죄자가 되게 한다는 것이다. 따라서 이 관점은 범죄자가 정상인과 다른 생물학적 내지 심리적 특성을 갖고 있는가가 관심이 대상이며 이러한 특성을 찾아내고 치료하고 교정하는 것이 주목적이다. 의사가 환자의 질병부위를 진단하고 치료하듯이 범죄자의 개인 내적 특성을 발견하고 치료하는 것이다.

심리치료(psychological therapy)란 단순히 증상을 제거하는 의료치료(medical treatment)와는 달리 개인의 성장이나 사회적 대처기술을 돕는 것을 말한다. 이러한 맥락에서 갱생(rehabilitation)의 의미는 장애를 가진 사람에게 사회적 재통합을 위해 장애기능의 회복과 보충을 돕는 것을 말하며 범죄적 측면에서 갱생은 재범을 하지 않도록 도와주는 것이 포함된 의미를 가진다. 그러므로 치료 및 갱생의 일차적 목적은 재범을 방지하는 데 있다. 치료 및 갱생이론은 실증주의적 관점의 전통을 이어받고 있는 범죄에 관한 생물학적 이론과 심리학적 이론에 바탕을 두고 있다.

이 관점을 따르는 학자들은 범죄행위보다는 범죄자에 초점을 두고 범죄자의 속성에 대한 연구를 통한 치료에 중점을 두고 있다. 이 이론은 범죄를 개인의 책임이 아니라 사회의 책임으로 인식하였으며, 사회가 범죄문제를 적극적으로 해결하여야 한다고 파악하였다. 즉 범죄현상을 사회의 책임으로 봄으로써, 범죄예방에서 사회의 역할을 강조하였다. 처벌에 의한 범죄억제효과를 아주 미약한 것으로 평가하고, 범죄자의 치료와 갱생활동을 통한 범죄예방을 강조하였다.

3. 사회발달이론

범죄예방에 관한 새로운 전략의 일환으로 호킨스와 웨이스(Hawkins and Weis)의 사회적 발전모델은 미국에서 청소년범죄에 대처하기 위한 장기적 전략으로서 통합적 접근방법으로 제시되었다. 이 이론은 통제이론과 문화학습이론의 통합에 기초하고 있다. 즉 통제이론이 사회적 통제가 약화되면 범죄율이 높아지고 사회적 유대감이나 통제가 강화될 때 범죄는 감소한다는 이론이다. 또 문화학습이론은 또래와 지역사회의 역할을 강조하는 이론이다. 사회의 해체가 범죄의 위험을 높이는 역할을 한다는 점을 강조한다. 사회적 발전이론은 부모에 대한 애착의 발달이 학교에 대한 애착을 증가시키고, 나아가서 학업에 몰두하게되고, 이를 통해서 법규준수와 같은 관습적 행동에 몰입하게 된다는 점을 제안하였다. 즉, 사회적 발전모델은 범죄의 원인을 인간의 내재적 속성으로 파악하는 생물학적·심리학적 관점과는 달리 사회학적 범죄이론에서는 범죄의 원인을 개인과 환경과의 상호작용에서 찾고 있다. 인간은 자신의 주어진 환경에 의하여 개인의 태도 및 행동양식, 성격이 결정된다는 입장을 취하고 있다. 따라서 범죄원인으로서 범죄자의 내재적 성향보다는 범죄자의 사회적 환경을 강조한다. 그림에서 보는바와 같이 적절한 개입과 사회적 유대강화가 건전한 또래와의 교제를 강화시키고 이것이 준법행동을 이끌게 된다.

[그림6-2] 사회적 발달모델

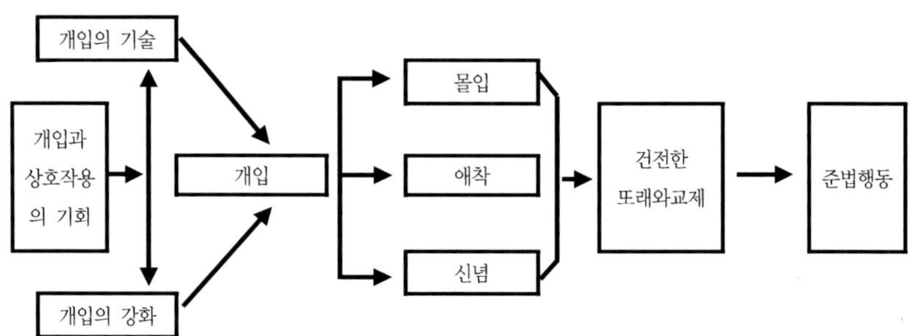

자료 : David Hawkin and Denise Lishner, "Etiology and Prevention of Antisocial Behavior in Chidren and Adolescents," p. 268.

이러한 견해에서 범죄를 유발하는 사회적 환경으로서 주로 빈곤과 불평등, 사회적 차별 등을 주목한다. 빈곤, 사회구조의 해체, 공동체의 약화, 사회통제의 약화, 사회적·경제적 상황의 약화, 심리적 박탈감 등의 환경은 그와 같은 환경 속에서 생활하는 개인으로 하여금 범죄를 유발케 할 가능성이 높다는 것이다. 따라서 범죄를 유발할 수 있는 사회적 환경을 개선해야 범죄예방이 근본적으로 가능하다고 보고있다.

사회발전을 통한 범죄예방은 전반적인 사회발전, 즉 경제력, 사회적, 문화적 환경의 발전과 연결되어야 하고, 막대한 인적·물적 자원이 필요하다. 따라서 개인이나 소규모의 조직체에 의하여 수행될 수는 없으며 국가가 사회전체에 의하여 시도될 수 있을 것이다. 위와 같은 이유로 사회발전을 통한 범죄예방정책은 범죄문제를 근본적으로 해결할 것 같으면서도 현실적으로 실천에 옮기기에는 많은 어려움을 갖고 있다고 할 수 있다. 그러나 이웃 간의 유대감을 통한 범죄예방은 인위적인 사회환경의 변화 없이도 범죄예방을 할 수 있다는 점에서 지역사회의 유대강화를 위한 여러 가지 사회적 활동이 필요할 것이다.

4. 상황적 범죄예방론

이 관점은 범죄의 기회를 감소함으로써 범죄를 예방하자는 논의로서 합리적 선택이론, 생태학적 이론, 일상활동이론, 피해자학 등에 기초하고 있다. 이 이론에서는 억제이론과 같이 인간의 자유의지, 공리주의적 인간관, 합리적 선택 등에 근거한 범죄관을 전제로 한다.

상황적 범죄예방이론에서는 범죄의 자기책임성이 강조되며, 인간은 주어진 조건에서 손해를 줄이고 이익을 최대한 추구하려는 합리적 선택을 통하여 행동한다는 공리주의적 이론의 바탕 위에서 범죄행위를 분석한다. 범죄결정 과정이 완전한 합리성이라고 할 수 없지만, 제한된 영역 내에서 자기 나름대로의 합리적 선택을 한다. 따라서 상황적 범죄예방전략은 범죄에 취약한 특정목표를 회피시키기 위하여 잠재적 범죄자에게 접근가능성이 없음을 확신시키는 전략이다. 이 이론은 만약 범죄자의 동기가 적절한 목표물에 접근하기 불가능하다면 범죄피해는 피할 수 있음을 강조한다. 그래서 사람들이 자신의 집에 보안장비를 설치하거나 경비원을 고용하였을 때 잠재적 범죄자들에게 이익보다는 비용을 훨씬 높다는 메시지를 강력하게 전할 수 있기 때문이다.

생태이론에서 뉴만(Newman)은 '방어공간'(defensible space)개념을 제시하면서 주택건축에 범죄예방을 고려할 것을 주장하였는데, 그는 공공주택의 건축에서 공동체의 익명성을 줄이고 범죄자의 침입 및 도주로를 차단하며, 순찰 및 감시를 용이하게 하는 주택설계를 통하여 범죄를 예방할 것을 제시하였다. 또한 제퍼리(Jeffery, 1971)도 '환경설계를 통한 범죄예방'(Crime Prevention Through Environment Design)개념을 제시하였는데, 그는 물리적 환경, 주택설계, 주민참여, 경찰활동 등의 요소를 종합적으로 고려하여 주택 및 도시설계를 함으로써, 지역사회, 우범지역, 주택지역, 교육기관 등을 범죄로부터 예방하고 범죄에 대한 두려움을 제거시키려는 관점이다. 즉 이 관점에 따르면 보안체계, 잠금장치, 조명이 밝은 가로등설치, 이웃감시순찰 등과 같은 메카니즘은 범죄기회를 감소시킬 수 있다고 본다.

즉 범죄발생을 용이하게 하는 환경을 파악하고 개선하여 범죄발생을 줄이려는 것이다.

상황적 범죄예방이론은 치료 및 갱생이론이나 사회발전을 통한 범죄예방이론에서 보는 것과 같이 범죄자를 고정된 성향을 가진 존재라고 보지 않고, 오히려 가변적인 상황적 요인, 즉 범죄환경과 기회조건에 따라 행동하는 역동적인 존재로 본다. 상황적 범죄예방이론에서는 구체적 범죄 발생양상의 분석(상세한 범죄조건, 범죄수법 등), 범죄자의 의사결정과정, 범죄예방프로그램 및 예방장치의 제시 등이 주요연구대상이다. 상황적 예방이론은 먼저 정밀한 범죄분석을 바탕으로 한다. 범죄의 동기, 범죄조건, 범죄기회, 범죄의 결과 등의 범죄에 대한 구체적인 정보를 확보하는 것이다. 이러한 분석을 바탕으로 구체적 상황에서 구체적인 범죄예방활동을 할 수 있는 것이다.

상황적 범죄예방활동은 근본적인 범죄원인을 제거하지는 못하지만, 어느 정도의 범죄예방은 가능하다. 그러나 이러한 낙관적 견해에 대한 비판이 시도되었는데, 그것이 바로 '전이효과'(displacement effect)이다. 즉 범죄목표물을 막는 행위는 결코 범죄를 예방하지 못하고, 다른 유형이나, 다른 시간, 다른 장소에서의 범죄행위로 전이된다는 것이다. 개인적인 측면에서 범죄는 예방된다고 하더라도, 사회 전체적인 측면에서는 범죄는 줄어드는 것이 아니다. 그러나 전이의 효과와 반대로 클라크과 와이스버그(Clarke and Weisberg)의 주장대로 이른바 '이익의 확산효과'(diffusion of benefit)도 기대해 볼 수 있다. 이는 전이효과와 반대로 상황적 범죄예방의 효과가 지역적으로 확산된다는 것이다. 즉 한 지역의 범죄예방활동이 다른 지역의 범죄예방에도 긍정적 영향을 미치며, 다른 지역의 범죄감소에도 영향이 확산되는 이점이 있다는 견해이다. 결국은 범죄자에게 체포의 두려움을 증가시키고 이러한 두려움의 지속이 범죄행동에 의지를 약화시켜 범행을 포기하게 하는 확산효과를 기대해 볼 수 있다.

제3절 상황적 범죄예방

1. 개 관

건강은 건강할 때 지켜야 한다거나 치료보다는 예방이 좋다는 등의 말을 우리는 흔히들 하는 것처럼, 외국에서도 1온스의 예방이 1파운드의 치료만큼이나 가치 있는 것이라는 말들을 한다. 치료보다는 예방을 중시하는 이와 같은 말들이 범죄학에서는 더욱더 가치 있는 명언이지 않을 수 없다. 만약 우리가 범죄가 파괴적인 영향을 미칠 기회조차 갖기 전에 효과적으로 제어할 수 있는 방법을 찾을 수 있다면 더 이상 바랄 수 있는 묘안은 있을 수 없는 것이다.

이것은 범죄는 일단 발생하게 되면 개인적으로 사회적으로 많은 비용을 유발시키기 때문이다. 피해자의 경제적 신체적 손상은 물론이고 가해자에게 주어지는 처벌이라는 비용, 형사절차를 진행시키는데 필요한 형사사법 경비, 그리고 가해자와 피해자 간의 갈등과 사회적 불안과 공포 등의 비용을 수반한다. 이러한 면에서도 범죄예방은 가치 있는 형사정책적 대책이지 않을 수 없다.

2. 범죄유발유인의 개선

(1) 가 정

범죄의 원인과 관련변수를 설명하기 위해서 가장 빈번하게 그리고 가장 강력하게 제기되는 것이 범죄와 가정의 관련성일 것이다. 즉, 가정과 부모요

226

인이 차후의 범죄행위에 의미 있는 관련성을 가진다는 이러한 사실을 고려할 때, 부모의 역할 , 양육방법과 전략 등을 변화시키고 가족의 상호작용유형을 바꿈으로서 가족구성원의 미래 범죄행위를 예방할 수 있고 또 실제로 효과적이라는 것이 증명되고 있다.

그런데 대부분의 범죄예방을 위한 또는 범죄방지를 위한 가족개입(family intervention)은 범죄가 발생하기 전에 가족에 개입하여 범죄를 사전에 방지하는 일차적 예방보다는 범죄자나 범죄자의 가족에 개입하여 제2, 제3의 범죄를 방지하는 이차적 예방을 목표로 하고 있다.[181] 그런데 가정적 요인은 주로 청소년비행의 원인으로 다루어지고 있으며 청소년비행의 예방을 위한 가정을 중심으로 한 노력들을 소개하고자 한다.

실제로 솔레크시(Salt Lake)와 오르겐주의 사회학습센터(Oregon Social Learning Center)에서는 문제 및 비행청소년의 거정을 위한 행동관리프로그램을 개발하였는데, 이 프로그램의 주요 내용은 부모와 가족들에게 분명한 규칙을 정하고, 행동을 관찰하며, 용인된 행동에 대해서는 재강화하고, 허용되지 않는 행위에 대해서는 처벌을 가하는 방법을 가르치는 것이었다. 그 결과, Oregon의 경우 실험집단에서는 60%의 공격적 행위의 감소를 초래하였으나 통제집단에서는 15%만 감소하였고, 무작위로 실험집단과 통제집단에 배정하여 추적 조사한 결과도 통제집단에 비해 구금기간이 훨씬 짧은, 즉 범행의 심각성이 훨씬 약한 것으로 나타났다.

솔레이크시에서도 초범자는 물론이고 핵심적인 재비행자에게까지도 그들의 행동을 수정하는 데 효과가 있었다는 결과가 제시되고 있다. 이러한 결과는 보호관찰을 받고 있는 비행소년에게도 마찬가지로 통제집단의 비행소년에 비해 약 6배에 가까운 효과를 본 것으로 나타났다.

이처럼 비행소년과 비비행소년의 가정에 대한 개입은 이들 비행소년의 비행행위를 어느 정도 예방할 수 있는 것으로 확인되고 있다. 그러나 부모훈련

---

181) 이화여자대학교 사회복지연구회편, 가족폭력(양서원, 2003), pp.111-113.

프로그램이 비행아동은 물론이고 대상으로 삼지 않은 형제까지도 긍정적인 반응을 나타냈음에도 불구하고, 가족이나 부모들을 기본으로 한 개입이 과연 일차적 예방 전략으로서도 확실한 효과가 있는지에 대해서는 그리 많이 알려지지 않고 있다. 물론 가정이 아동의 사회화를 위한 제일차적 사회화기관이라는 사실을 고려한다면, 적정한 가족개입전략이 있다면 비행이나 범죄의 일차적 예방으로서도 얼마든지 효과적일 수 있을 것이다.

(2) 학 교

가정 다음으로 중요한 사회화기관이 학교란 사실이 의문의 여지가 없다. 그러나 학교는 대부분의 경우 청소년들을 위한 교육기관이고, 따라서 학교에서의 범죄예방능력은 어쩔 수 없이 청소년 범죄와 비행의 예방에 치중될 수밖에 없다. 특히 교육열의 증대로 청소년의 의무 교육기간이 길어지고 따라서 청소년들이 가정보다는 학교에서 보내는 시간이 더 많은 점을 고려한다면 학교가 청소년들에게 미치는 영향은 적지 않을 것이다.

더욱 안타까운 것은 가정이 전통적인 가정의 역할을 제대로 하지 못하는 현대 가정에 있어서는 가정교육마저도 학교에서 떠맡아야 하는 실정이고 보면 청소년에 있어서 학교의 중요성은 더할 나위 없는 것이다. 더구나 청소년 비행에 관한 연구 중에서 가장 분명한 사실 중의 하나는 학교와의 관계일 것이다. 학업에 대한 열의가 적거나, 학교에 대한 애착이 적고, 또는 학업성적이 좋지 않은 청소년이 비행을 할 확률이 더 많다는 것이다.

따라서 학교를 기반으로 하는 적절한 개입을 통해서도 비행의 예방은 가능하다는 것을 알 수 있다.[182] 즉, 대안적 교육을 통해서 가능한 많은 학생들에게 성공의 기회를 주고 그래서 학교에 대한 열의를 높이며, 교육에 대한 열성을 갖게 하고, 더불어 동료나 선생님과의 상호작용을 통해서 대인관계나

---

182) 청소년폭력예방재단, 학교폭력막을 수 있다(시청각자료교육원, 1997), p.181.

문제해결 및 사회적 협상 등의 기술과 능력을 가르침으로써 비행을 예방할 수 있을 것이다.

그런데 대부분의 학교 개입 프로그램은 아직 비행소년이 되지는 않았지만 위험성이 있거나 아니면 지금까지의 연구결과 비행위험성이 높은 것으로 알려지고 있는 학교실패자나 문제학생 등을 주 대상으로 하게 된다.

영국에서 사회사업가가 초등학교 수준의 학생들에 개입한 결과 사회사업가의 개입을 받지 않은 학생에 비해 법률적 문제를 안게 되는 비율이 낮았다. 그리고 이보다 더 발전된 프로그램으로서 잘 알려진 **Head Start** 프로그램에 무작위로 배정된 3-4세의 어린이들이 19세가 되었을 때 그들의 통제집단에 비행 체포된 비율이 훨씬 낮았다. 결국 이들 연구결과는 입학 전 아동에 대한 상당히 엄격한 프로그램은 그 후의 사회적 적응에 상당한 영향을 미치는 것으로 확인시켜주고 있다.

한편 청소년 마약복용자들에 대한 처우프로그램에서 대인적 의사소통이론과 기초하여 동료와 더 좋은 관계를 유지하고 보다 긍정적인 자아상을 형성할 수 있으리라는 기대를 가지고 학생들에게 타인과의 의사소통방법 등을 가르친 결과, 알코올과 마약복용률이나 기물파손보상비 등이 훨씬 감소되었으며, 통제집단과의 비교에서도 5배 이상 범행률이 낮았다.

(3) 지역사회

범죄가 다양한 사회적 요인에 기인한다는 범죄사회학파들의 주장을 빌릴 필요도 없이 범죄는 사회적 현상이라는 사실 하나만 가지고도 범죄문제의 해결을 위해서는 어떠한 방법으로든 사회적 개입이 필요하다는 것을 알 수 있다. 일찍이 시카고학파의 사회해체이론을 필두로 한 사회구조이론들은 대부분이 범죄의 원인도 그 해결도 사회의 구조적 문제에서 찾아야 한다고 주장하고 있다. 그래서 시카고학파에서는 '시카고지역계획'이라는 범죄예방프로그램을 시도하게 되었다. 즉, 해체된 사회를 재조직화해야만이 그 지역의 범죄율을 낮출 수 있다는 것이다. 물론 이러한 사회해체가 범죄의 원인인지 아니면 범죄활동의 결과인지 분명치는 않지만, 그래도 시카고지역 프로젝트와 같은 지역사회에 기초한 개입일 일차적 예방과 이차적 예방활동에 기여할 수 있는 것으로 보이는 것은 틀림없다.

예를 들어, **South BRONX**의 **Argus Community Program**이나 **Philadelphia**의 **House of Umoja**에서는 위험성이 높거나 이미 유죄가 확정된 청소년들에 대한 개입을 통하여 상당한 재범률의 감소를 가져올 수 있었다. 영구에서도 슬럼가에 거주하는 비행 전 또는 비행소년들과의 지역사회 모임과 개별적 케이스워크를 통하여 비교집단에 비행 더 좋은 결과를 얻을 수 있었다.

(4) 대중매체

대중매체의 역할 중에서 중요한 하나가 바로 사회교육적 기능일 것이다. 물론 이러한 언론의 사회교육적 기능을 논하기 전에 언론과 범죄의 관련성이 논의되고 언론의 폭력성이 특히 청소년들의 폭력성에 영향을 미친다는 주장들이 설득력을 가지고 있음을 볼 때 언론을 통한 범죄의 예방은 상당한 가치가 있을 것이다.

대중매체를 통한 범죄의 예방은 따라서 언론의 폭력성을 개선하는 등 언론의 정화를 통하여 청소년들을 적게 노출시킴으로써 범죄를 학습하거나 폭력성을 견지하지 못하게 하는 수동적 소극적인 것에서부터, 범죄예방이나 방범 등에 관한 공익광고나 프로그램을 편성하여 보도함으로써 시민들로 하여금 범죄에 대한 경각심을 갖게 하고 잠재적인 범죄자에 대해서는 경고를 보내는 등의 적극적 능동적인 것에 이르기까지 다양한 형태로 이루어질 수 있다.

실제로 '마약 없는 미국을 위한 협력'이라는 언론캠페인의 결과 언론홍보캠페인이 가장 활발하였던 지역에서 마리화나나 코카인의 복용이 가장 낮게 나타났다. 그러나 이처럼 언론매체가 범죄유발요인의 개선을 통한 일차적 범죄예방에 기여할 수도 있으나 언론캠페인 자체로서 만은 그 효과가 크지 않으며, 더군다나 반대로 범죄를 조장하거나 두려움을 조장하는 역기능을 할 수도 있다. 따라서 언론이 범죄유발요인의 개선을 통한 범죄예방 전략으로서 잠재적 유용성이 확인되기 위해서는 보다 치밀한 계획과 연구가 필요한 것으로 보인다.

3. 범행기회의 차단

범죄를 사전에 계획하고 자신의 범행대상을 선택하는 경우, 대부분 가장 먼저 고려되는 것이 범죄의 용이성일 것이고, 범해의 용이성은 바로 접근의 편이성이나 용이성이며, 접근의 용이성은 곧 감시감독의 부재에 의해 크게 영향을 받는다고 할 수 있을 것이다.

따라서 범죄는 공공의 감시감독이 적을수록 용이해지는 것이며, 반면에 청소년을 감독하고, 낯선 사람을 주시하며 증인으로서 증언하는 등의 의지가 강할수록 범죄는 어려워질 수밖에 없다. 실제로 우리 사회에도 범죄다발지역이 있으며, 범죄피해자가 되는 가능성이나 확률이 사람에 따라 다르다는 사실이 바로 범행의 기회를 줄인다면 범죄도 그만큼 예방될 수 있을 것이라는 가정을 가능케 하는 것이다. 이러한 범행기회의 축소는 잠재적인 범행의 대상자라고 할 수 있는 사람들이 스스로 자신의 행동을 조심하거나, 범행의 대상이 될 수 있는 물품 등에 대한 접근을 어렵게 하고, 또는 주거환경에 대한 개선을 통하여 잠재적인 범죄자에 대한 감시를 강화함으로서 범행의 기회를 줄이는, 소위 시민 각자가 범죄에의 노출(exposure to crime)을 최소화하거나 경찰 등 공식적인 범죄통제기관의 범죄예방활동을 통하여 범죄를 예방하는 방법이 있다. 즉 감시를 강화하고, 행동을 조심하며, 접근을 어렵게 하여 범죄의 위험성에 적게 노출됨으로써 범죄2자에게 그만큼의 범죄가 예방될 수 있다는 것이다.

(1) 개인차원의 조심

사람들이 자신이 범죄의 피해자가 될 확률을 줄이고 범죄의 피해자가 되었을 때 피해의 정도를 최소화하기 위한 다양한 전략 가운데서도 가장 보편적으로 그리고 쉽게 활용되고 있는 것이 개인의 주의 또는 조심(personal precaution)이다.[183] 그런데 범죄피해의 확률과 피해의 정도를 줄이기 위한 이러한 개인의 사전조치에는 두 가지 전략이 있다. 첫째는 범죄피해의 확률을 줄이기 위해서는 우선 범죄의 위험성에 적게 노출되어야 한다.

범죄의 위험성에 적게 노출되기 위해서 사람들이 보편적으로 취할 수 있는 전략을 우리는 행동유형의 변경(changes of behavioral pattern)이라고 한다. 두 번째는 위험성에 적게 노출되는 것이 바람직할지라도 위험성에 전혀 노출되지 않을 수는 없기 때문에 노출시 피해자확률이나 정도를 줄이기 위해서 사람들은 자신을 방어할 자기방어(self defense)능력을 키우는 것이다.

먼저, 범죄위험성에의 노출을 줄이기 위한 행동유형의 변경은 주로 위험한 지역에 가지 않고, 야간과 같은 위험한 시간대의 외출을 안 하거나, 외출 시 다른 사람과 동행하거나, 걸어서 외출하지 않고 승용차를 운전하거나, 아니면 아예 전혀 외출하지 않고 집에만 있는 등의 경우가 해당된다고 할 수 있다. 즉, 범죄의 위험성에 자신을 적게 노출시키기 위해서 스스로를 가급적 움직이지 않는 것이다. 그렇다고 사람들이 자신의 집을 안전히 요새화하고 스스로를 그 속에 가둔 채 완전히 고정시킬 수는 없다.

우선 자신을 속박함으로서 사회경제활동의 기회를 잃어버리거나 제한받게 되고 그로 인한 경제적 비용 또한 적지 않다. 더불어 사람에 따라서는 범죄의 위험성에 노출되고 싶지 않지만 직업상 또는 다른 이유로 어쩔 수 없이 야간에 외출을 해야 하는 등 위험성에 노출시킬 수밖에 없는 사람도 있다.

결국 정도의 차이는 있을 수 있지만 누구나 완전하게 범죄의 위험성에 노

---

183) 김형만, 이동원 공역, 범죄학개론(청목출판사, 2001), pp. 274-278.

232

출되지 않을 수는 없으며, 이 경우 많은 사람들이 위험성에 노출되더라도 자신을 방어할 수 있는 능력을 극대화하고자 할 수밖에 없다. 여기서 자신의 방어능력을 극대화하는 것도 사실은 호신술을 배우는 등 자신의 취약성을 스스로 극복하여 자신을 방어하는 방법도 있는 반면, 한편으로는 인도견 또는 보호견을 데리고 다니거나 호루라기와 같은 경고음을 낼 수 있는 장비를 지니고 다니거나, 심지어 총기 등의 무기를 소지하는 등의 방법으로 자신이 위험에 처했을 때 다른 사람의 도움을 청하여 위험에서 벗어나는 방법이 있다.

(2) 표적물의 견고화

표적물의 견고화란 범죄의 대상이 될 수 있는 것에 대한 방비를 강하하는 것으로 이는 범죄자의 억제할 수 있으며, 범행했을 때에도 수사기관이 단서를 탐지할 수 있게 해주며, 범행 종료 전에 범인을 검거할 수 있도록 범행시간을 지연시킬 수 있고, 범죄표적물에 접근한지 못하도록 차단하는 효과를 거둘 수 있어서 피해가능성을 낮출 수 있기 때문이다.

그런데 표적물에 대한 방비를 강화하는 방법으로는 주로 물리적 또는 심리적 장애물을 설치하거나 자동경보장치를 설치하고 또는 표적에 대하여 표식을 하는(marking possessions) 등이 있다. 우선 물리적 장애물을 설치함으로써 잠재적인 범죄자의 범행의지를 위축시키고 설사 범행 시에도 범행을 지연시키고 목표물에 대한 접근을 차단할 수 있다. 심리적 장애물을 통한 범행의 억제나 예방은 외출 시 집에 불을 켜두거나 휴가 시 우유나 산문 등의 배달을 중단시키거나 개조심, 이웃감시 등의 팻말을 붙이는 등의 방법을 통하여 빈집이 아니라 사람이 있다는 신호(signs of occupancy)를 보냄으로써 잠재적인 범죄자의 범행의지를 위축시키는 데 주목적이 있다.

따라서 물리적 장애물은 범행의지의 위축, 범행시간의 지연, 그리고 목표물에의 접근차단 등의 효과를 노릴 수 있으나, 심리적 장애물은 단순히 잠재적 범죄자의 범행의지를 위축시키는 데 그치고 범죄자가 범행을 결행하면 범행의 지연이나 목표물에의 접근차단 등의 효과는 얻을 수 없는 한계가 있다.

실제 경험적인 연구결과, 침입절도를 당한 집일수록 이러한 물리적, 심리적 장애물이 적었다는 사실이 밝혀지고 있다. 즉, 자물쇠를 새로 가설하거나, 침입경보장치를 가설하고, 거리의 조명을 밝게 함으로써 범죄피해의 정도를 줄일 수 있었다는 것이다. 더구나 이러한 물리적 장애물뿐만 아니라 심리적 장애물은 침입절도와 같은 재산범죄에 대해서는 물리적 장애물 이상의 범죄 억제효과가 있는 것으로 알려지고 있다.

표적물의 방비를 강하하는 또 다른 방법으로 자신이 소유물에 대하여 자신의 이름이나 주민등록번호나 기타 비밀번호 등의 표식을 하는 것이다. 값나가는 물품에 이러한 표식을 새김으로써 잠재적인 범죄자로 하여금 장물처리를 어렵게 하고 따라서 그 물품을 범행의 대상으로 삼지 않게 하자는 것인데, 외국에서는 이 방법이 가장 보편적으로 이용되고 있는 범행기회의 최소화를 통한 범죄예방법이라고 한다.

한편, 전자경보장치를 이용하여 범행의 기회를 줄이는 것은 범행을 지연시키거나 표적물에의 접근을 차단하는 대신 범죄자의 침입을 탐지케 함으로써 잠재적인 범죄자로 하여금 범해의 결심을 위축시키거나 범행 시 침입사실이 탐지되어 경찰이나 본인 또는 경비 회사에 신고 됨으로써 범행할 수 없게 하는 효과를 거둘 수 있는 방안이다.

끝으로, 표적물에 대한 방비를 강화하는 또 하나의 방법은 접근통제(access control)를 통한 방비로서 이를 흔히 절차적 보안(procedural security)이라고 한다. 즉, 특정한 시설이나 건물 또는 사무실이나 물품 등에 대해 접근할 수 있는 자격을 엄격히 제한하고, 표적물에 대한 접근 시 통과절차를 다양화하는 등의 방법이 그것이다. 이러한 보안장치는 주로 현대적 건물이 건축 시 이용되고 있는 개념인 정보건축, 즉 지능형건물(intelligent building)에서 흔히 볼 수 있는 장치이다.

(3) 방어공간의 확보

방어공간이란 미국의 뉴욕대학교 교수였던 Newman이 [도시거주지역 방범설계] (security design of urban residential areas)에 대한 연구프로젝트를 수행하면서 공동주거환경과 범죄와의 관계를 구명하고 그 대안을 제시하는 과정에서 처음 사용된 용어로서, 거주주민을 범죄로부터 보호할 수 있도록 주거환경을 조성해 놓은 주거공간을 지칭하는 것이다.184)

그런데 방어 공간이 앞에서 설명한 표적물에 대한 방비의 강화와 구별되어 기술되는 것은 표적물의 방비강화가 개인의 거주 공간을 주 대상으로 하는 반면, 방어 공간은 거주 공간 외부의 공적 공간(public areas)을 대상으로 한다는 점이다. 즉, 방어 공간의 개념은 공적 공간을 보다 생산적으로 이용함으로써 거주지역의 범죄의 기회를 줄일 수 있다는 것이다. 따라서 대부분의 경우 방어 공간이란 물리적 환경의 설계를 통하여 이루어진다는 사실을 알 수 있다. 그래서 혹자는 이와 같은 범죄예방 전략을 환경설계를 통한 범죄예방(crime prevention through environmental design)이라고도 한다.

그런데 물리적 환경의 설계에 의한 방어 공간의 확보는 영역성(territoriality)과 감시성(surveillability)이라는 두 가지 원리에 기초하고 있다. 즉, 공간적 영역에 대한 영향력과 통제력을 행사하고(영역성), 다양한 건축적 설계변경을 통하여 감시기회를 극대화함으로써(감시성) 범죄를 상당히 줄일 수 있다는 것이다.185)

실제로 Newman은 New York시의 주택프로젝트에서 물리적 공간과 범죄와의 관계를 증명한 바 있다. 물론 이러한 그의 연구 결과가 연구대상지역에 거주하는 거주민의 특성이나 가옥밀고 등을 고려하지 않았다는 지적을 받고 있으나, 방어 공간에 대한 비교적 퇴근의 연구결과도 방어 공간의 가정

---

184) 이상원, 범죄예방론(서울:대명출판사), 2005. pp. 327-330.
185) 김형만, 이동원 공역, 범죄학개론(청목출판사, 2001), pp. 287-292.

을 뒷받침해주고 있다. 이처럼 방어 공간에 대한 물리적 환경설계를 개선함으로써 범죄를 줄일 수 있다는 주장이 어느 정도 증명되고 있는 것은 다음과 같은 근거에 연유하고 있다. 즉, 상식적으로 범죄자라면 당연히 개방되고 (open), 공적인(public) 장소를 선호하고 반면, 사적(private)이고, 폐쇄된 (closed) 지역을 피하기 때문이다. 이것은 바로 사적이고 폐쇄된 지역일수록 영역성, 즉 영역에 대한 통제와 영향력의 행사와 감시성이 강한 반면에, 공적이고 개방된 공간일수록 영역에 대한 영향력과 통제 및 감시성이 약하기 때문이다.

그런데 우리가 통상적으로 환경이라고 함은 인간의 물리적 환경은 물론이고 사회적 환경까지도 고려하는 개념으로 받아들이고 있다. 따라서 여기서도 지역의 물리적 환경뿐만 아니라 사회적 환경도 중요한 변수로 작용하고 있다. 방어 공간의 영역성 기능에 의하면 지역사회의 사회적 융화(cohesion)와 상호작용(interaction)이 줄어들수록 그 지역의 범죄가 증가하는 것으로 알려지고 있다. 이것은 지역사회의 융화와 상호작용이 원활할수록 그 지역의 사회적, 비공식적 통제기능 또한 원활해질 수 있기 때문에 그만큼 영역성과 감시성도 강화되기 때문일 것이다.

그러나 상당수의 연구결과는 영역성을 강화하기 위한 건축적 개선보다 감시성을 확대하기 위한 노력이 범죄의 감소에 더 많은 영향을 미치는 것으로 지적하고 있다. 실제로 MacDonald와 Gilford가 일단의 침입절도범들에게 50장의 단독주택사진을 보여주고 실험한 결과 방어 공간의 두 개념 중 영역성의 기능은 발견하지 못하였으나, 감시성의 기능에 대한 방어 공간의 주장은 증명할 수 있었다.

이처럼 방어 공간 개념 중에서도 감시성의 극대화가 영역성의 강화보다 범죄감소에 효과적이라는 주장에도 불구하고 통제집단의 부재 등 이러한 연구의 방법론적 결함으로 인하여 아직도 의문의 여지를 많이 남기고 있다. 그래서 지금까지 밝혀진 연구결과들, 예를 들어 Seven-Eleven가게에서의 감시기능강화, 가로등의 조도향상, 폐쇄회로 카메라의 설치 등도 비판의 대상

236

이 되고 있다.

　이러한 방어 공간의 개념은 물론 몇 가지 흥미로운 사실을 일깨워 주었지만 그에 못지않은 한계와 문제점도 동시에 지니고 있다는 사실도 부인할 수 없다. 우선, 방어 공간의 조성은 범죄방지를 위한 영역성이나 감시성의 확대를 통하여 이루어져야 하는데 이것은 그러나 엄연히 건축에 있어서 즉, 쾌적한 주거기능을 우선할 수는 없는 것이어서 제한적일 수밖에 없다. 즉, 범죄방지를 위한 공간의 조성을 위하여 모든 건축적 설계를 무시할 수는 없기 때문이다 그리고 비록 방어 공간이 조성되더라도 그것이 효과적이기 위해서는 주민의 자발적 참여와 경찰과의 연계가 뒷받침되어야 한다. 잠재적인 범죄자에 대한 감시와 경계는 주민의 신고와 경찰의 신속한 대응이 따라야만 효과가 있기 때문이다.

　결론적으로 방어 공간의 조성은 감시기능과 영역설정을 강화하여 범해의 기회를 감소시키고, 그 결과 범죄피해를 방지하여 범죄를 줄여보자는 전략으로서, 지금까지의 연구결과는 영역성 기능에 대해서는 미미한 정도이나 감시성에 대해서는 어느 정도의 범죄방지효과가 있음이 밝혀지고 있다. 그런데 이러한 건축적, 물리적 환경에 비해 그 지역에 거주하는 거주자의 특성 등 사회적 환경과 특성이 범죄의 예측과 예방에 더 많은 관련성을 가진다는 것은 의심의 여지가 없다. 따라서 물리적 설계가 시민이 사회적 통제를 행사할 수 있는 전제조건, 즉 방어할 수 있는 공간(defensible space)을 만들어 줄 수는 있어도 그것이 곧 방어된 공간(defended space)을 반드시 제공한다고 확언할 수는 없는 것이다.

　(4) 범죄통제활동

　범죄의 예방을 위한 범죄통제란 사실 범죄자에 대한 감시력(surveillance)을 확대함으로써 잠재적인 범죄자의 범행을 기회를 제거하거나 축소시키거나 억제시킴으로써 범죄를 예방하는 것이다.[186] 이러한 범죄통제는 바로 경찰에 의한 공식적인 활동(public policing)과 주민 스스로의 자율방범과 민간경비(private security)에 의한 사적 통제(private policing)로 대별할 수 있다. 이 중에서도 특히 지역사회에서의 자율방범활동은 앞에서 언급한 환경설계에 의한 범죄의 예방에서 지적된 것처럼 방어될 수 있는 공간(defensible space)은 마련 될 수 있을지언정 방어된 공간(defended space)은 아닐 수도 있었으나 자신의 지역사회에서 사회 통제력의 행사를 행동으로 보여줄 수 있기 때문에 실제로 어느 정도의 방어된 공간의 확보에 기여할 수 있다고 한다.

1) 경찰의 순찰활동

범죄의 예방과 관련한 전통적이고 전형적인 경찰활동은 순찰 차량에 의한 기동순찰과 시민의 신고에 의한 긴급출동 및 범죄사건의 사후 수사 활동으로 그려지고 있다. 이러한 전략은 그 효과와 효율성의 측면에서 적지 않은 비판을 받고 있다.

미국의 Kansas시 경찰국에 의해서 실험적으로 실시되었던 한 예방순찰(preventive patrol)프로그램에 대한 실증적 연구보고서에 의하면, 경찰의 차량순찰의 정도를 강화한다고 해도 강력 범죄의 발생률에는 그다지 중요한 영향을 미치지 못하는 것으로 나타났다. 결국 단순한 순찰화동의 강화로는 범죄의 억제와 예방이 어렵다는 것을 암시하는 것임을 알 수 있다.

그런데 경찰의 통제활동에 의한 범죄예방이 기대 이하로 평가되고 있는 것은 대체로 경찰이 범죄예방활동에 있어서 지역사회의 자원을 활용하지 않거나 활용할 수 없거나 또는 활용하지 못하기 때문인 것으로 지적되고 있다. 다수의 연구결과도 지역사회의 지원이 없이는 경찰의 법집행활동은 범죄에 거의 아무런 영향도 미치지 못한다는 사실을 증명해 주고 있다.

---

186) 경찰대학, 범죄예방론, 2004, pp. 124-127.

따라서 순찰활동이 범죄를 억제하고 예방할 수 있기 위해서는 긍정적인 민경관계(police-community relations)하에서 지역사회의 지원을 받아 이루어져야 한다는 것이다. 이처럼 경찰이 지역사회와의 긍정적인 관계를 통한 지역사회의 참여와 협조 없이는 효과적인 범죄예방활동을 할 수 없는 이유를 Sherman은 다음과 같이 설명하고 있다. 차량을 이용한 순찰활동에 주력하는 경찰은 자신의 순찰구역에 대한 지리와 지형지물 등은 잘 알 수 없을지 모르나 주민과의 접촉이 없어서 주민과 친숙해질 수 없기 때문에 유대관계를 형성할 수 없다.

따라서 경찰관은 범죄를 예방하기 위해서 관찰하는 순찰활동(watching to prevent crime)이라기보다는 단순히 이미 발생한 사건에 대응하기 위하여 기다리는 순찰(waiting to respond to crime)을 하게 되는 것이다.

가. 새로운 범죄통제방안의 모색

(가) 과거에의 반성 — 범죄통제기회의 상실

경찰자원의 한계, 권한의 축소, 그리고 관리운영능력의 한계 등으로 인하여 경찰의 혁신적인 창의성 개발과 노력 및 자원의 증대 없이는 현재의 심각한 범죄문제를 해결하기란 매우 어려운 것이다. 그런데 범죄문제와 관련한 경찰의 한계와 문제의 해결에 있어서 절실히 요망되는 몇 가지 중요한 사항들이 그 동안 경찰 내부의 무관심으로 범죄통제를 위한 상당한 기회를 경찰이 상실하고 있다는 것이다.

이 문제에 대한 대표적인 지적으로서 첫째는 경찰뿐만 아니라 우리 모두가 범죄통제에 대한 지역사회의 참여와 투입(input)의 중요성을 인식하지 못했다는 것이다. 즉, 경찰이 일상적인 업무를 수행하거나 범죄를 통제하기 위해서는 지역사회로부터 가능한 한 많은 협조와 제보 없이는 경찰의 기본적인 작용과 기능은 물론이고 특히 범죄통제활동은 벽에 부딪힐 수밖에 없음에도 불구하고 경찰은 지금까지 시민과 지역사회로부터 분리된 채 봉사하기보다는 법을 집행하는 입장에 서 왔기 때문에 시민의 참여는 거의 무시되어 왔다고 볼 수 있다.

더군다나 이러한 상황에서 시민의 경찰에 대한 불신과 부정적인 인식은 시민으로 하여금 가능한 한 경찰을 멀리하는 것이 현재의 경찰의 범죄통제 활동상 시민의 신고와 제보에 거의 전적으로 의존 할 수밖에 없는 현실을 감안할 때 지역사회의 협조와 참여는 반드시 확보되어야 할 과제이다.

둘째로, 어쩔 수 없이 그 이유야 어떻든 경찰의 범죄통제활동의 주된 내용은 범죄의 사후 처리에 급급한 나머지 범행을 유발시켰던 근본적인 원인의 치유에는 아무런 손을 쓸 수도 없었지만 쓸려고 노력도 하지 않았다는 지적이다. 따라서 지금까지의 수많은 연구결과, 범행 후의 범죄자의 처우를 통한 교화개선과 재범의 예방보다는 범행의 사전 예방이 가장 바람직한 범죄통제라는 것이 분명해졌음에도 불구하고 경찰은 여러 가지 나쁜 여건도 있지만 범행의 사전 예방을 위한 범죄의 근본원인의 해소나 치유에 적어도 소극적이거나 무관심해 온 것도 사실이다.

그런데 이처럼 경찰이 법집행위주의 협의경찰을 지향하는 이유는 첫째가 경찰이 법집행만을 고집함으로써 범죄통제의 실패에 대한 책임을 다른 형사사법기관에 돌릴 수 있기 때문이다. 또한 경찰교육이 전통적으로 법집행을 강조하는 내용이 주류를 이루는 데다 경찰관의 근무행태와 직업적인 사회화 내지는 전문화 또한 법집행관으로서의 경찰을 지향하는 풍토를 낳고 있다. 하여튼 그 정확한 이유야 무엇이든 지금까지의 경찰은 범죄의 근본적인 유발원인에 대한 보다 체계적인 노력은 전혀 하지 않은 채 단순히 법의 집행을 통한 사후 대응적인 범죄통제만 해 왔을 뿐이다.

셋째, 지금까지 경찰이 사회의 자기방어능력(self-defense abili- ty)을 범죄통제에 활용하지 못했다는 지적이다. 실제로 우리 경찰은 시민 스스로가 어떻게 하면 자신을 범죄로부터 보호할 수 있는가에 대한 시민교육이나 지도에 거의 아무런 노력도 하지 않았다. 또한 지역사회주민이 참여하는 자율방범조직

240

등도 제대로 활용하지 못하고 있는 실정이다. 경찰은 범죄통제와 기타 경찰활동과 기능의 전문성과 능력을 주장하며 경찰 외의 다른 기관이나 조직 또는 일반시민의 참여를 거부하거나 부정적으로 보아 왔고, 그 한 예로 최근 급성장하고 있는 사경비 분야까지도 달갑게 여기지 않고 있는 실정이다. 따라서 경찰은 지역사회의 다양한 자기방어기제와 능력을 충분히 개발·활용치 못하고 그 결과 범죄통제의 기회를 상당히 상실할 수밖에 없다는 결론이다.

(나) 새로운 접근의 방향

① 예방적 전략순찰의 강조

Wilson과 **Mclaren**에 의하면, 경찰순찰활동의 주요 목적 중의 하나가 경찰의 가시성(visibility)에 의한 범죄의 제재이다. 이는 경찰이 순찰을 통하여 잠재적인 범행의 장소와 시간에 나타내 보임으로써 잠재적인 범법자의 성공적 범행의 기회를 제거한다는 것이다. 즉, 경찰이 순찰을 통하여 잠재적인 범행의 장소와 시간에 나타내 보임으로써 잠재적인 범법자의 성공적 범행의 기회를 제거한다는 것이다. 즉, 경찰이 범죄발생이 가장 우려되는 특정 지역·시간 그리고 위험인물에 대한 전략적인 예방순찰을 통하여 잠재적인 범죄자의 범행기회를 사전에 제거함으로써 범죄발생을 가장 효율적으로 제재하게 되어 범죄발생을 사전에 예방할 수 있다는 것이다.

그런데 이러한 경찰의 전략순찰(directed patrol)은 증가일로에 있는 강력사건에 대한 보다 효율적인 대응전략으로 인식되고 있다. 여기서 말하는 전력순찰이란 범죄발생이 빈번한 특정 장소와 시간을 중심으로 전략적으로 집중순찰활동을 전개하거나 때로는 범죄가능성이 높은 특정의 위험인물을 중심으로 전략적인 순찰활동을 벌이는 것을 말한다. 즉, 특별한 우범지역·시간 및 사람을 대상으로 특별한 전략적인 순찰을 시행한다는 것이다.

이러한 전략순찰의 목적은 기존의 순찰자원의 효율적인 활용이라는 측면에서 이루어지는 것으로서, 전력순찰에 임하는 경찰관으로 하여금 자신의 순찰지역과 그 사회를 보다 깊이 알 수 있게 해 주며, 그 결과 얻어지는 바람직한 지역사회관계와 그에 따른 지역사회의 참여와 협조를 토대로 얻어지는 지역사회 내의 중요범죄에 관한 정보와 자료를 심층 분석하고, 그에 상응한 특정의 순찰활동을 전개한다는 내용이다. 즉, 특정 장소에서 특정 기간에 걸쳐서 특정 인물에 의한 특정의 범행에 가장 적합한 순찰활동을 시행할 필요가 있다는 주장이다.

② 경찰가시성의 증가

처음부터 경찰의 순찰활동은 경찰의 순찰활동은 경찰의 존재 자체가 범죄발생을 제재하고 예방할 수 있다는 가정에서 출발한다. 순찰활동을 통하여 경찰이 잠재적인 범죄자는 물론이고 다수 시민의 눈에 띄게 자신을 가시화함으로써 이들의 잠재적인 범행을 제지할 수 있다는 가정이다. 그런데 전통적인 경찰의 순찰활동인 차량에 의한 순찰보다는 지역사회에 기초한 문제 지향적 순찰(community-based, problem-oriented policing)이라는 새로운 개념이 경찰의 가시성 제고에 긍정적인 역할을 하는 것으로 알려지고 있다. 지역사회와 주민과의 보다 친숙하고 빈번한 접촉을 통하여 보다 많은 사람이 보다 빈번하게 그리고 보다 가까운 거리에서 보다 개인적으로 경찰을 대할 수 있도록 하여 잠재적인 범행을 사전에 제재하고 현행범의 인지기회를 증대시키자는 주장이다.

③ 범죄관련정보의 활용

어떠한 유형의 지역사회 경찰활동이라도 경찰과 지역주민의 접촉과 관계의 유지발전을 통해서 경찰의 범죄통제에 유용하고 다양한 정보의 확보를 용이하게 해준다. 즉, 지역사회에 기초한 경찰활동을 통하여 경찰은 지역사회의 사회적·물리적 특성에 보다 익숙해지고 지역주민과도 보다 친근해지면 경찰활동에 필요한 다양한 정보의 수집과 그 활용이 보다 쉬워지고 따라서 미국에서는 이러한 사실이 많은 경합적 연구 결과에 의해 긍정적으로 평가되고 있다.

특히 **Pate** 일행의 연구, **Greenwood** 일행의 연구, 그리고 **Skogan**과 **Antunes**의 연구에 의하면 순찰활동중이 경찰관이 수집한 정보의 이용이 범인의 체포라는 경찰의 사건해결능력을 증대시켜 주는 가장 중요한 요소 중의 하나라는 것이다. 한 예로 미국의 **Baltimore County**에서는 **1982**년에 경찰관들로 하여금 관내 지역주민과 보다 밀접한 관계를 유지하도록 함으로써 지역주민의 범죄에 대한 공포를 해소시킬 목적으로 소위 시민지향적 경찰집행반 **(Citizen-Oriented Police Enforcement Unit)**을 설치·운영하였는데, 이에 대한 **1985**년의 한 연구에 의하면 실제로 시민의 범죄에 대한 공포가 현격히 적어졌을 뿐만 아니라 경찰에 인지된 범죄율 또한 **12%**나 감소한 것으로 밝혀졌다.

④ 범죄문제에 대한 시민의 참여의식 고취

경찰활동의 성패가 시민의 참여와 협조의 과정에 달렸다고 할 정도로 범죄통제에 있어서의 시민의 역할이 중시되고 있다. 이는 범죄문제에 대한 일차적인 책임이 경찰이 아니라 사회에 있으며 따라서 경찰의 존재와 마찬가지로 시민의 존재도 범죄억제력으로 작용할 수 있다는 가정에 기초한다. 이러한 주장의 근거는 대부분의 경우 경찰은 범죄문제의 해결에 있어서 시민의 신고에 의존하지 않을 수 없다는데 기인하는데, 이는 다수의 범죄사건의 경우 시민이 경찰보다는 더 빨리 그리고 더 정확하게 사건을 인지하기 때문이다.

따라서 시민의 관심과 참여도를 고취시키는 것이 경찰이 범죄문제를 해결하기 위한 최상의 노력일 수밖에 없다. 이를 위하여 범죄문제에 대한 시민의 의식과 책임을 인식시키고 경찰의 한정된 자원과 능력을 이해시켜서 시민의 적극적인 참여와 협조를 유도해야 한다. 이에 대한 한 가지 예로서, 시민에 대한 범죄예방 및 안전에 관한 교육을 실시하는 것이다. 시민각자로 하여금 자신의 생명과 재산을 스스로 지킬 수 있는 방어능력을 배양시키고, 이와 더불어 경찰이 지역사회의 안전을 점검하고 평가하여 그 개선책을 제시하는 등의 방범홍보 및 교육활동을 펼치는 것이다. 실제로 1973년에 미국의 Seattle 시에서 이와 유사한 지역사회 범죄예방활동(Community Crime Prevention Program)을 실시한 결과 강도사건이 현저히 감소한 것으로 밝혀지기도 했다.

⑤ 범죄유형별 대응

상식적으로는 모든 범죄행위가 법률의 위반이라는 점에서 일률적으로 이해되고 처리될 수도 있다. 즉, 범죄행위가 법률에 위배되는 위법적인 행위라는 법률적인 해석을 따른다면 모든 유형의 범죄행위가 서로 다를 수 없다. 그러나 실제에 있어서는 범행의 형태·수법·피해·피해자·가해자, 기타 정황에 따라 범죄의 유형이 다양하며, 그래서 범죄학의 일부는 범죄유형론에 할애되고 또 한편에서는 과학수사의 일환으로 수법수사가 강조되며 최근에는 피해자학이 새로운 범죄학의 영역으로 자리잡아가고 있다. 일견 동일하게 보일지도 모르지만 각종 범죄는 이처럼 다양한 유형별로 그에 상응한 대응책을 강구함이 마땅하다고 여겨진다. 다시 말해서 강도사건과 소매치기사건에 대한 경찰의 대응이 분명히 같을 수가 없다. 따라서 각종 범죄행위에 대해서 그 특성별·유형별로 그에 상응한 전략적 경찰활동이 이루어져야 한다는 주장이다.

나. 새로운 범죄통제의 방안

범죄통제전략으로서의 경찰의 전통적인 순찰활동에 대한 많은 문제점과 비판이 제기되었는데, 이는 최근 양적으로 증가하고 질적으로 악화일로에 있는 강력 범죄의 추세를 보더라도 지금까지의 전통적인 경찰의 범죄통제활동에 대한 의문을 제기하지 않을 수 없게 한다. 이러한 측면에서 미국에서는 전통적인 경찰의 범죄통제활동에 대한 새로운 대안들이 다양하게 소개되었는데, 그 중에서도 차등적 경찰대응, 지역사회 및 문제 지향적 경찰활동, 그리고 정보 분석과 의사결정이 전산화를 대표적인 것으로 소개하고자 한다.

(가) 차등적 경찰대응 체제

차등적 경찰대응이란 제한된 경찰자원의 보다 효율적으로 활용하고 나아가 범죄문제에 보다 효율적으로 대처하기 위한 방안의 하나이다. 즉, 시민의 신고에 응하는 경찰기능을 보다 효율적으로 관리하여, 경찰의 순찰활동의 효율성과 생산성을 향상시키려는 노력이다.

그런데 지금까지 시도된 차등적 대응제도는 시민의 신고를 보다 철저하고 세분되게 분류하고 이들 시민의 신고에 대한 경찰의 서비스를 다양화하며 이의 원활한 집행을 위하여 지역사회에 기초한 경찰활동(community-based policing)과 긴급출동반(Rapid Response Unit) 등의 특수 부서를 설치·운영하는 형태를 취하고 있다.

시민의 신고에 경찰이 차등적으로 대응하는 근본적인 목적은 경찰관으로 하여금 순찰 이외의 경찰활동에 보다 많은 시간과 노력을 할애할 수 있도록 하기 위한 것이다. 다시 말해서 시민의 신고에 일률적으로 대응치 않고 선별적으로 대응하거나 상이한 방법으로 대응하는 등 시민의 신고에 대응하는 경찰력을 보다 효율적으로 관리·운영하여 제한된 경찰자원과 시간을 합리적으로 활용하자는 시도이다.

그러나 이러한 차등적 대응이란 주로 경찰활동의 효율성을 중시하는 데 그치고 시민 신고의 근원적인 문제의 해결에는 미치지 못하고 있다. 이는 대부분의 시민 신고를 상호 아무런 관련이 없는 별개의 독립된 사안으로 처리하는 경찰의 전통적인 시각에 기인하는데, 사실은 경찰에 신고 된 다수의 사안은 상호 관련성이 있는 만성적이고 반복적인 것이어서 문제의 근원을 해결함으로써 시민의 신고 건수를 죽이며 그 대응에 필요한 경찰력 또한 아낄 수 있게 된다. 그런데 이러한 측면에서 출발한 새로운 경찰활동이 바로 문제 지향적(problem-oriented) 경찰 활동이라는 개념이다.

(나) 문제 지향적 또는 지역사회 지향적 경찰 활동

위에서 소개한 차등적 경찰대응 전략은 경찰활동의 효율성만을 강조한 나머지 시민이 경찰에 신고를 하게 된 근원적인 문제의 해결에는 미흡한 점이 있었다.

예를 들어서, 학교 주변의 상가에서의 절도나 좀도둑 등이 성행하고 있는데 대부분의 경우 이 지역에 위치한 학교의 문제학생들에 의한 소행이라면 이 지역의 절도나 좀도둑문제의 해결은 이들 문제 학생들의 선도 없이는 불가능한 것이다.

이처럼 범죄문제를 지엽적이고 개별적이며 일시적인 독립사건으로 다루지 않고 그 표면의 근원적인 문제를 해결함으로써 범죄를 통제하려는 시도를 우리는 문제 지향적 또는 지역사회 지향적 경찰활동이라고 일컫는다.[187] 실제로 1985년 미국의 Newport News 경찰서에서 이와 같은 문제지향의 경찰활동을 실시한 결과, 다양한 종류의 범죄문제를 통제하는 데 매우 효과적이라는 것이 증명되었는데, 이는 단순히 범죄자의 체포에 의한 범죄사건의 해결보다는 그와 같은 범행을 유발시켰던 직접적인 원인을 문제 지향적 경찰활동을 통해 해결함으로써 가능해졌다고 판단되고 있다.

① 도보순찰

미국의 Wilson과 Kelling은 '깨어진 창'(Broken Windows)이라는 그들

---

187) K. J. Peak, Community Policing and Problem Solving, 1996, pp.81-84.

의 논문에서 지역사회 지향적인 형태의 도보순찰을 제안한 바 있다. 그들은 지역사회 도보순찰이 그 지역사회의 범죄에 대한 공포를 감소시켜 앞으로 보다 심각한 지역 사회문제로 비화될 수도 있는 지역사회의 무질서와 혼란을 해결하는 데 유효한 순찰방법이라고 주장한다.

이들의 주장에 따르면 범죄에 대한 시민의 공포심을 줄이고 공공질서를 유지 확립함으로써 도보순찰이 그 지역사회의 신뢰를 회복하고 그에 따른 범죄유발원인의 근본적인 해결에 큰 도움이 된다는 것이다. 그런데 도보순찰은 차량통행이 어려운 지역이나 인구밀집주거지역 및 상가지역 등에서 특히 유용한 순찰방법이다. 도보순찰의 주요 활동으로서는 시민접촉순찰, 지역사회의 조직화(organizing community), 민경센터(Police-Citizen Center)의 설치·운영, 지역사회정화운동의 실시, 그리고 경찰홍보지의 제작·배포 등을 들 수 있다.

② 지역사회 집단순찰

문제 지향적·지역사회 지향적 경찰활동의 또 다른 형태는 우리말로 '집단순찰'이라고 할 수 있는 이웃팀경찰활동(neighborhood team policing)의 개념이다. 집단순찰이란 충분한 자원을 가진 소규모집단의 경찰관에게 특정 지역 내의 모든 경찰기능에 관한 전반적인 책임과 권한을 위임하는 것이다. 집단순찰은 시민과의 밀접한 상호작용, 의사결정의 분권화, 다목적 경찰기능, 그리고 경찰관이 지역사회숙지 등을 그 특징과 장점으로 갖고 있다. 이러한 팀경찰활동의 주된 목적은 따라서 경찰의 서비스를 향상시켜서 경찰에 대한 시민의 만족도를 증진시키며 나아가서는 민경관계를 개선·발전시키고 궁극적으로는 시민의 안전을 보다 효율적으로 도모하자는데 있다. 그런데 team policing이 실시되는 형태나 유형 및 조직상 어느 정도의 차이는 있으나 대체로 다음과 같은 주된 요소로 이루어지고 있다.

◇ 한 team을 비교적 작은 지역에 비교적 장기간 배치한다.

◇ Team 내에서도 가급적 소속경찰관을 동일지역에 배치한다.

◇ Team 내의 소속경찰관 상호간 밀접한 대화를 강조한다.

◇ 혁신적인 민경상호작용을 극대화한다.

◇ Team장이 명령통제를 통일한다.

◇ Team과 그 장에 의한 정책결정군의 최대한의 융통성을 보장한다.

◇ 지역사회의 경찰관계문제에 대한 지역주민과의 공식적인 모임을 유치
한다.

◇ Team 내 수사와 순찰의 책임과 권한을 통합한다.

◇ 관할지역 내의 모든 경찰문제에 대한 경찰권한을 명문화한다.

◇ 관련기관과의 업무 고객위탁체제를 확립한다.

물론 이와 같은 사항들은 team policing의 주요한 요소가 되고 있는데, 미법무성의 법집행지원행정처(Law Enforcement Assistance Administration: LEAA)의 지역사회 집단순찰에 대한 평가보고서는 기본적인 예방순찰 등을 위한 기본 순찰(Basic Patol Team), 사후 수사 위주의 활동을 하는 수사순찰(Patrol-Investigation Team), 대지역 사회관계와 대민봉사활동을 위주로 하는 지역사회 순찰봉사(Patrol-Community Service Team) 그리고 위의 세 기능을 통합한 통합봉사(Full Service Team)와 같은 네 가지 유형의 지역사회 집단순찰을 소개한 바 있다.

(다) 컴퓨터 정보분석과 의사결정의 지원

시민이 신고하는 경찰사건의 상당수가 지역사회 내의 범죄문제에 직접적으로 관련되지 않는 것으로 알려지고 있다. 그런데 이들 사건을 유발시켰던 근원적인 문제를 해결함으로써 그에 기인한 문제의 재발을 방지하고 따라서 이에 관련된 시민의 반복적인 신고를 예방함으로써 경찰자원의 낭비를 절감하

여 경찰을 보다 효율적으로 운영하려는 노력이 지금까지 소개한 지역사회 지향적이거나 문제 지향적인 경찰활동의 주요 특징이었다.

그러나 이들 새로운 접근이 성공하기 위해서는 시민신고를 유발했던 근본원인과 기타 사건 관련 정보의 수집과 활용이 매우 중요한 것임에도 불구하고 지금까지는 C-3체제와 같은 각종 전산보조 지원체제 등을 통하여 필요한 정보를 수집·활용하였으나, 수집된 정보의 질량 면에서 만족스럽지 못했을 뿐만 아니라 그 정보의 활용 또한 충분치 못했다. 따라서 지역사회와 그 문제에 관련된 정보를 보다 효율적이고 포괄적으로 수집·분석·활용할 수 있는 체제가 갖추어져야 한다.

다시 말해서 경찰의 정보수집과 분석능력을 향상시키고 이를 이용한 의사결정능력을 향상시켜서 지역사회의 문제와 요구에 보다 효율적으로 대응할 수 있도록 경찰의 정보관리기술을 개발할 필요성이 있다. 지역사회의 만성적이고 반복적인 문제의 파악과 그 특성의 분석에 기초하여 문제의 재발가능성과 장기적 지속가능성 등을 예측하여 그 문제의 재발가능성과 장기적 지속가능성 등을 예측하여 그 문제의 발생을 미연에 예방할 수 있는 경찰의 전략을 수립하고 이행하기 위한 전산화된 정보 분석과 의사결정체제의 구축이 절실히 요망된다.

2) 시민참여에 의한 범죄예방

(1) 경찰의 범죄통제력의 한계

사실 경찰의 범죄통제능력의 한계는 어쩌면 당연한 것인지 모른다. 가장 바람직한 범죄통제는 사후 대응이 아니라 사전 예방이나 범죄의 사전 예방을 위한 경찰활동에는 분명한 한계가 있기 마련이다. 범죄의 사전 예방을 위해서는 범죄를 유발하는 근본적인 원인이 제거되거나 해소되어야 하나, 경찰이 전혀 개입하거나 해결할 수 없는 사회적·국가적 차원의 문제가 대부분이다.

그럼에도 불구하고 경찰은 범죄통제에 대한 지역사회와 시민의 참여가 얼마나 중요한가를 인식하지 못하거나 심지어는 그것을 회피하려고 하고 있다. 법집행위주의 경찰활동에 대한 시민의 반발과 치안능력에 대한 불신은 범죄유발원인을 사전에 제거함으로써 범죄를 사전에 예방하거나 주로 시민의 신고나 제보에 의존하여 사후에 대응하려는 경찰의 범죄통제에 짐이 되고 있다.

이러한 상황에서, 경찰은 그들의 범죄통제활동상 우리 사회의 자기방어능력을 충분히 활용하지 않을 수 없다. 자신을 범죄로부터 보호할 수 있도록 지도 교육하여 주민 각자가 스스로 개인적인 예방 노력을 하거나 지역사회가 공동으로 참여하여 협력적 노력 또는 집합적 보안을 강구하는 등의 자율방법체제를 확립케 하여 경찰의 공식적 범죄통제도 향상시키고 동시에 시민의 자율적·비공식적 범죄통제도 활성화 시켜야 한다.[188]

(2) 사회 통제력의 약화

현대도시사회의 특징인 인구의 집중과 그에 따른 도시인구의 이질성·비인격성·익명성 그리고 유동성은 우리 사회를 해체시키고 나아가 규범적 사회연대를 약화시켜서 사회구성원에 대한 비공식적 통제력을 상실케 하였고 이것이 곧 범죄유발의 주요한 원인이 되고 있다. 따라서 우리 사회의 범죄문제를 해결하기 위해서는 시민의 응집력과 결속력을 강화하여 현대사회의 약화된 사회적 통제력을 강화해야만 한다. 범죄문제에 대한 공동의 이해와 노력을 통하여 시민상호 간의 교류가 증대되고, 도시민의 비인격성과 익명성이 해소되고, 사회적 합의와 규범이 마련되어 구성원에 대한 사회의 통제력이 기능할 수 있어야 한다는 주장이다. 즉, 시민의 자발적인 참여 없이는 범죄는 증가하게 마련이고, 범죄의 검거는 더욱 어려워지며, 범죄적 요소만이 팽배하게

---

188) 청소년폭력예방재단, 학교폭력막을 수 있다(시청각자료교육원, 1997), p.68-70

되기 때문에 범죄예방은 시민 스스로의 책임이라는 인식의 전환이 필요한데, 이것이 곧 시민참여에 의한 자율방범의 또 다른 이론적 근거이다.

(3) 범죄기회의 제공

비교적 최근까지도 범죄문제에 관한 거의 모든 연구나 정책은 범죄의 원인과 현상 등 범죄행위의 주체인 범죄인에 극한 되었으나 날로 심각해지고 있는 범죄문제는 지금가지의 이러한 접근이 성공적이지 못함을 지적해 주고 있다. 이는 지금까지의 형사정책과 형사 사법절차가 범죄의 또 다른 한 당사자인 범죄피해자를 철저히 제외시킨 결과라고 여겨진다. 일부 피해자가 없는 범죄(victimless crimes) ― 사실은 원칙적으로 피해자 없는 범죄는 없고, 있다면 피해자가 불특정 다수인이거나 피해자와 가해자가 동일인인 경우 또는 피해자가 범죄피해여부를 알지 못하는 경우지만 ― 을 제외하고는 항상 범죄피해자가 있기 마련이고 많은 경우 피해자에게도 어느 정도의 책임이 있기 때문에 가해자중심의 범죄 예방과 더불어 피해자중심의 범죄예방도 강구될 필요가 있다. 즉, 시민 스스로가 잠재적 범죄피해자라는 인식하에서 자신의 노력으로 잠재적인 가해자에게 범행의 기회를 주지 않음으로써 자신의 범죄피해가능성을 줄일 수 있도록 노력하여야 한다.

그런데 이처럼 잠재적인 범죄피해자가 가해자에게 범행기회를 주지 않음으로써 자신의 범죄피해를 방지하려는 노력을 중심으로 하는 방범활동이 곧 시민 스스로의 자발적인 참여에 의한 자율방범이다. 이러한 시민의 자율적 방범노력에는 시민 각자의 개별적인 노력(방범장비의 시설이나 생활과 행동양식의 변화 등)이나 또는 범죄문제가 공동의 관심사라는 견지에서 이루어지는 잠재적인 범죄피해자들의 집단적·집합적 반응이나 노력 등이 있다.

(4) 범죄자의 무력화

범죄자에 대한 무능력화는 범죄자에게 범죄활동에 가담하지 못하도록 신체적 또는 심리적 장애를 가함으로써 범죄를 예방한다는 취지이다. 즉, 범죄자를 교정시설에 구금함으로써 그에게 제2의 범행기회를 박탈하게 되어 그가 더 이상의 범행을 할 수 없게 하는 것으로 일종의 이차적 범죄예방책이라고 할 수 있다.

범죄예방책으로서의 범죄자에 대한 무능력화는 따라서 다음과 같은 세 가지 가정에 기초하고 있음을 알 수 있다.

첫째, 모든 범죄자는 체포, 유죄확정, 구금의 위험성을 가지고 있다는, 즉 모든 범죄자는 체포되어 처벌받고 수용된다는 조건을 전제로 한다. 이는 범죄자에 대한 시설수용, 구금을 무능력화의 도구 내지는 조건으로 하기 때문이다.

둘째, 범죄자가 무능력화되었기 때문에 피할 수 있었던 범죄가 결코 사회에 남아 있는 범죄자에 의해서 대체되지 않는다고 가정되어야 한다. 즉, 범죄자의 대체(replacement of criminals)가 가능하지 않아야 효과가 있는 것이지 범죄자의 개체가 가능하다면 범죄자에 대한 무능력화는 범죄예방이나 감소정책으로서 아무런 효과가 있을 수 없는 것이다.

셋째, 범죄자의 범죄능력을 무력화하기 위해서 범죄자를 교정시설에 구금하여도 그것으로 인하여 구금된 범죄자를 직업적 범죄자고 만들거나 그이 범죄적 경력을 확대시키지 않아야 한다. 즉, 범죄자의 수용이 범죄의 학습이나 낙인의 영향 등으로 상습적인 범죄자로 만든다면 장기적으로는 오히려 사회의 범죄문제를 더 악화시킬 수 있기 때문이다.

따라서 범죄자의 무능력화를 통한 범죄예방을 위해서는 모든 범죄자를 정해진 기간 동안 구금하는 것인데, 구금률의 증대와 구금된 범죄자의 수적 증대가 바로 이와 같은 집합적 무능력화(collective incapacitation)의 좋은 예가 되고 있다. 그러나 이와 같은 대대적인 집합적 무능력화는 교도소의 과밀이라는 중요한 부정적 부작용을 초래하기도 한다. 실제로 수용인구의 증가에 비해 범죄의 예방효과는 아주 미미한 정도에 지나지 않는 것으로 알려지고 있기도 하다. 그래서 혹자는 1%의 범죄감소를 위해서 10~20%의 수용인구가 증가되어야 할 것이라고 주장하기도 한다. 바로 이 점에서 집합적 무능력화의 대대적인 전면적 실행이 어렵다고 판단하고, 그 대안으로서 선별적 무능력화(selective incapacitation)를 주장하게 되었다.

이러한 대책은 현대고전주의 범죄학자들에 의해 주로 주장되고 있는데, 그들의 주장은 현실적으로 소수의 위험한 범죄자들이 대부분의 범죄를 범하고 있다는 사실에서 출발하고 있다. 즉, 이들 소수의 위험한 범죄자가 대부분의 범죄행위를 저지르고 있다면, 이들 소수의 위험한 범죄자를 구금하는 것으로서 우리 사회 범죄의 대부분을 자연스럽게 예방할 수 있을 것이라는 가정에 기초하고 있다. 이렇게 함으로써 교정시설의 과밀수용의 문제도 야기되지 않고 구금된 수용자의 무능력화로 인한 대부분의 중요범죄도 예방할 수 있다는 것이다.

그러나 사실 이들은 처벌을 그렇게 두려워하지도 않으며, 그렇다고 처우에 의한 교화개선의 여지나 가능성도 적은 편이다. 그렇기 때문에 우리가 범죄를 억제하고 피해자를 보호하기 위해서 이들은 당연히 장기간 수용되어야 한다는 것이다.

이처럼 범죄자를 구금시킴으로써 더 이상의 범행을 하지 못하도록 하는 것이 무력화를 통한 범죄예방이라면, 위에서 기술한 바와 같이 소수의 범죄자가 대부분의 범행을 하는 것이라고 볼 수 있다. 따라서 이들 소수 특정 범죄자만을 대상으로 선별적인 예방정책을 시행한다면 더욱 효과적인 범죄예방책이 될 수 있다는 주장이 새로이 제기되기도 하였는데, 이 주장이 바로 Greenwood의 '선별적 무력화'(selective incapacitation)이다. 그에 따르면, 상습범죄자를 선별적으로 무력화시킨다면 실제로 구금인원은 5% 정도 줄이는 반면, 범죄는 15% 정도 줄일 수 있다고 주장하였다.

그런데 여기서 문제는 상습적 범죄자(chronic offender)를 어떻게 선별하는가이다. 즉, 누가 범행의 상습성이 있는가를 파악하고 식별하기란 쉽지 않다는 것이다. 더불어 이들 상습범죄자에 대한 장기수용을 강조하다보면 수용에 따른 형사사법경비 등 경제적 비용 또한 만만치 않다고 하며, 단지 범행의 위험성이 있다고 자신의 범죄 이상으로 장기간 구금되는 것은 적법절차나 권익의 침해일 수 있다고 비판받기도 한다.

그러나 이보다 더 중요한 문제는 설사 범죄자가 수용된 기간은 범행할 수 없을지 모르지만 사형을 제외하고는 영원히 구금할 수는 없는 것이고 따라서 언젠가는 다시 사회로 돌아와야 하는데, 이때 구금에 따른 범죄의 학습과 낙인으로 인하여 오히려 다시 범죄를 행할 위험성이 훨씬 더 많아질 수 있다는 사실이다. 그리고 만약 범죄행위가 어떠한 형태로든 범죄자에게 보상을 제공한다면 항상 구금된 범죄자를 대신하는 새로운 범죄자가 나타나게 마련이어서 오히려 새로운 범죄자를 만들어 내고 훈련시키는 결과를 초래할 수도 있는 것이다.

그러나 이러한 비판과 문제점에도 불구하고, 무능력화는 가치 있는 형사정책임에 틀림없다. 즉, 일부 범죄자는 구금되어 무력화되지 않는다면 지속적으로 범행을 하기 때문이다.

4. 범행동기의 억제

1) 친사회적·비범죄적 행동기회와 이익의 증대

(1) 사회문제접근법

통상적으로 우리는 범죄의 원인을 사회 환경적 요인에서 찾고자 하는 경향이 많은데, 이는 특정한 사회 환경이 범죄를 유발한다고 보는 것이다. 따라서 범죄를 예방하기 위해서는 바로 이러한 범죄를 유발하는 사회 환경 또는 사회문제를 해소함으로써 가능해질 수 있다는 것이다. 이러한 범죄예방활동을 우리는 지역사회범죄예방(community crime-prevention)이라고 한다. 이와 같은 사회문제에 기초한 개입은 청소년여가활동, 범죄에 초점을 맞춘 지역사회모임, 물리적환경의 개선 등이 주로 활용되고 있다. 그런데 범죄예방을 위한 사회문제 지향적 접근은 대체로 청소년들을 주요 대상으로 하고 있다는 사실이며, 따라서 그 프로그램도 대부분이 청소년들에 초점을 맞춘 체육활동, 사교모임, 문맹퇴치, 약물교육, 그리고 이러한 목표를 성취하기 위한 교육활동 등의 형태로 이루어지고 있다.

사회문제를 해결함으로써 범죄문제를 해결할 수 있다는 이러한 주장이 상당한 반향을 불러일으킨 것은 사실이지만 실제 경험적 연구결과는 그렇게 긍정적인 증거를 내놓지 못한 것으로 알려지고 있다. 예를 들어, Eisenhower 재단의 지역사회범죄예방프로그램의 경우도 범죄문제를 해결하는 데 있어서 사회복지나 범죄원인의 특성을 강조하는 사회 문제 해결 지향적 프로그램보다는 범행기회를 축소하는 데 특성을 둔 프로그램이 더 효과적이라는 사실을 밝히고 있다.

그러나 모든 사회문제지향의 프로그램이 성공적이지 못한 것은 아니다. 예를 들어, 네덜란드의 헤이그에서 비행 전단계의 청소년(predelinquent youth)에게 부모와 자녀관계, 학교, 대인관계, 여가시간 그리고 형법문제 등에 관한 프로그램을 실시하여 추적 조사한 결과 가족간 대화, 학교출석률 그리고 결과적인 비행률에 긍정적인 영향을 미친 것으로 조사되기도 하였다.

사실 사회문제지향의 범죄예방이 긍정적일 수도 있고, 기대에 부응하지 못할 수도 있으나, 비교집단과 통제집단의 비교가 불가능하다든가 추적조사의 기간도 충분치 못한 실정이어서 정확하고 결정적인 결론이나 평가를 할 수는 없다. 그러나 대체로 사회 복지적 접근이 단기적인 이익은 보여줄 수 있을지 모르지만 장기적으로는 별로 효과적이지 못한 것으로 받아들여지고 있다.

(2) 취업과 재정지원

많은 학자들이 경제와 범죄를 논의할 때 빈곤과 범죄, 경기와 범죄, 직업과 범죄, 그리고 실업과 범죄 등의 관련성의 밝히려고 한다. 지금까지의 연구결과는 대부분 실업과 범죄 그리고 실업과 재범률 사이에는 가능한 연계성이 있는 것으로 보고 있다. 이러한 주장에 근거하여 우리도 갱생보호회의 직업보도협의회에서 출소자들에게 취업을 알선하려고 노력하고 있다. 더불어 교도소에서도 교도작업 등을 통하여 출소 후의 생활정착금을 마련할 수 있도록 배려하고 있으며, 갱생보호회에서도 출소자들에게 정착자금이나 취업훈련 및 알선에 심혈을 기울이고 있다.

한편 이와 같은 이차적 범죄, 재범의 방지를 위해서 출소자들에게 취업을 알선하거나 재정적 지원을 하는 것만이 아니다. 1960년대 미국에서 존슨 대통령이 범죄의 퇴치를 위해서 빈곤과의 전쟁(war on poverty)을 선포한 것도 바로 이 빈곤과 범죄의 상관성, 즉 실업 등으로 빈곤해지면 생존을 위해서 범죄를 할 수밖에 없기 때문에 실업문제를 해결하는 등 빈곤을 퇴치한다면 범죄도 예방될 수 있다고 본 것이 취업알선과 재정적 지원을 통해서 범죄를 예방할 수 있다는 것을 암시해 준다.

그러나 이러한 프로그램의 효과에 대해서는 논란의 여지가 상당히 남아 있다. Rossi등은 출소자들이 직장을 구할 때까지 금전적 지원을 제공했던 프로그램에 대한 평가연구(transitional aid research project)에서 직장을 구한 출소자일수록 장래 체포율이 훨씬 낮았다고 평가하였다. 유사한 프로그램으로서 출소자들의 지역사회적응을 돕기 위해서 출소자에게 취업 알선 서비스와 금전적 자원을 제공하였던 LIFE, 즉 '출소자를 위한 생활보험'(living insurance for exoffenders)의 경우 금전적 지원은 재범률을 낮추는 데 상당한 공헌을 한 것으로 나타났다. 또한 보호관찰대상자에 대한 취업지도프로그램(probation employment guidance program)도 긍정적인 결과를 가져온 것으로 알려지고 있다. 이처럼 재정적 지원에 대한 평가는 상반된 결과를 보여주고 있지만, 취업알선이나 직업훈련은 크게 성공적이지 못한 것으로 알려지고 있다.

출소자에게 금전적 지원을 하는 것이 그가 직장을 구하고 비범죄적 생활형태를 가질 수 있을 정도로는 재범을 연기할 수는 있을지 모르지만 장기적으로는 크게 성공적이라고 말하기가 쉽지 않다. 이 점에 있어서는 출소자에 대한 직업훈련은 더욱 부정적이다. 즉, 출소자에게 금전적 지원을 하고 취업을 알선하거나 직업훈련을 시키는 등의 노력이 '재범율의 저하'라는 궁극적인 목표에는 크게 영향을 미치지 못한 것으로 평가할 수 있기 때문이다. 이처럼 부정적인 평가를 할 수밖에 없는 이유 중의 하나는 이들 프로그램이 주로 직업훈련이나 직장생활 등에는 관심이 전혀 없고 범죄적 목표에 더 많은 관심을 쏟는 상습적 누범자들에게 적용되고 있기 때문이라고 할 수 있다.

아무튼 이러한 사회문제나 취업 등의 방법으로 범죄를 예방하고자 하는 모형은 아직은 크게 그 유용성을 보여주지 못하고 있는데, 그것은 빈곤, 교육 그리고 취업 등과 같은 사회적 요소들이 범죄와 비행의 원인으로 과대포장되고 있기 때문이다.

2) 범죄비용의 증대

몇 해 전 노벨경제학상을 수상한 **Garry Becker**는 범죄를 경제학적 관점에서 설명하면서 범죄가 발생하는, 즉 공급되는 이유를 범죄의 비용과 편익이라는 측면에서 설명한 바 있다. 그는 범죄가 발생하는 것은 범죄비용이 범죄편익보다 적기 때문이며, 여기서 말하는 범죄비용이란 바로 체포의 가능성 또는 확률과 처벌의 강도 및 기타 사회경제적 비용으로 보아서, 범죄를 억제하거나 예방하기 위해서는 따라서 범죄자는 누구나 반드시 체포되며, 체포된 범죄자에 대해서는 엄중한 처벌이 가해지며, 더불어 형벌 이외의 기타 사회경제적인 비용이 부과되어야 한다고 주장하였다.

그러나 여기서 우리가 형사정책적인 차원에서 범죄에 대한 비용을 증대시킬 수 있는 것은 범죄자에 대한 체포의 가능성과 확률을 높이는 것과 체포된 범죄자에 대한 처벌을 강화하는 것이다. 여기에다 체포된 범죄자에 대한 처벌을 신속하게 할수록 처벌의 효과가 더 크다는 사실을 가미하여 이를 우리는 억제 또는 제지(deterrence)라고 한다. 바로 이러한 가정에 기초하여 대부분의 국가에서도 처벌을 통한 범죄비용의 증대와 이를 통한 범죄억제를 형사정책의 기초로 삼고 있다.

그러나 범죄억제나 제지이론에 대해서는 이미 앞부분에서 자세하게 기술하였기 때문에 여기서 다시 거론할 필요는 없다. 다만 범죄억제가 사실은 범죄비용의 증대에 기초하고 있다는 점만을 밝혀두고, 범죄비용의 증대는 대체로 체포의 가능성과 형벌강도의 증대를 중심으로 이루어지고 있기 때문에 이 두 가지 점에 대해서만 간략하게 짚고 넘어가고자 한다.

실제로 구금률과 유죄확정률이 높은 곳이 낮은 곳에 비해 범죄가 적었다는 공식범죄통계나 피해자조사보고도 있었으며, 범죄율과 형사제재가능성은 상호인과관계의 개연성이 있음이 밝혀지기도 하였다. 그런데 문제는 이처럼 체포의 확률을 증대시킴으로써 일반시민에게 그것이 상당한 부담으로 작용할 수도 잇지만 안타깝게도 이들 일반시민에 의한 범죄는 극히 미미한 정도에 지나지 않으며 절대다수의 강력 범죄를 범하는 것은 습관적·직업적 범죄자라는 사실이다. 즉 이들에게는 체포가능성의 증대라는 것이 아무런 영향을 미치지 못한다는 것이다. 그래서 실제로 체포확률이나 가능성을 2배로 증대시킨 결과 자동차절도는 적지 않은 정도로 줄어들었으나 강력 범죄인 강도의 경우는 단지 1%도 안 되는 정도만이 줄었다는 연구결과가 보고 되기도 하였다.

특정 범죄행위에 대한 처벌을 강화함으로써 범죄비용을 증대시키고 따라서 범죄를 억제하고 예방할 수 있다는 주장도 논란의 여지를 남기고 있다. 음주운전에 대한 처벌을 강화하였으나 음주와 관련된 교통사고는 크게 변하지 않았으나, 음주 운전자에 대한 체포율을 높인 결과, 처벌의 강도가 범죄비용의 증대와 그로 인한 범죄의 억제에 어느 정도 영향을 미치는가를 분석

하기 위해서는 체포의 위험성을 높이는 것이 범죄비용을 증대시키고 억제효
과를 증대시키는 건가를 분석할 때와 마찬가지로 범죄자 개인의 특성을 고
려하여야만 할 것이다. 여기서도 마찬가지로 아마추어범죄나 이를 범하는 일
반시민에게는 처벌의 강화가 상당한 범죄비용이 되고 억제작용을 할 수 있
으나 전문적 직업범죄자에게는 별다른 의미가 없다는 것이다.

결론적으로, 형벌의 가능성 또는 확실성과 형벌의 강도를 높임으로써 범죄
의 비용을 증대시킬 수 있는가라는 물음에 대한 대답은 형벌의 확실성과 강
도를 받아들이는 개인에 따라 달라진다는 것이다. 따라서 처벌의 확실성과
처벌의 강도를 증대시키는 것이 대부분의 평범한 사람들에게는 상당한 영향
을 미칠 수 있으나, 우리 사회의 강력 범죄의 대부분을 범하는 직업적·전문
적인 누범자들에게는 거의 영향을 미치지 못하는 것으로 알려지고 있다.

참고문헌

1. 국내문헌

강병서·김계수, 통계분석을 위한 SPSSWIN Easy, 서울: 법문사, 1997.

경찰청, 경찰백서, 2004.

경찰청, 범죄분석, 2004.

경찰대학, 범죄예방론, 2004.

김형만 외, 범죄학개론, 서울: 청목출판사, 2001.

김상균, 범죄학원론, 서울:양서원, 2004.

이태언외, 신형사정책, 서울:형설출판사, 2005.

이화여자대학교 사회복지연구회, 가족폭력, 서울:양서원, 2003.

김범종, 사회과학을 위한 조사방법론, 서울: 석정, 1997.

김은정·박양규, SPSS 통계분석, 서울: 21세기사, 1999.

김한식, 분노는 조절할 수 있다. 대전: 육군본부, 1998.

김현택외 8인, 심리학, 서울: 학지사, 2003.

김해동, 조사방법론, 서울: 법문사, 1996.

노형진, 한글 SPSSWIN에 의한 조사방법 및 통계분석, 서울: 형설출판
　　　사, 1999.

대검찰청, 범죄분석, 2004.

박광배, 법심리학, 서울: 민음사, 2002.

박상기, 형법각론, 서울: 박영사, 2001.

박시룡·이병훈(공역), 사회생물학 Ⅰ, 윌슨 에드워드 저, 서울: 민음사, 1994.

박승위(역), 사회문제론, 윌리엄즈와 맥쉐인 저, 서울: 민영사, 1994.

배종대, 형법각론, 서울: 홍문사, 2003.

이경재(역), 범죄학 입문, 펠프레이 저, 서울: 길안사, 1996.

오세철, 한국인의 사회심리, 서울: 박영사, 1988.

이상안, 법질서경제학, 서울: 대한문화사, 1997.

이상원, 범죄예방론, 서울:대명출판사, 2005.

이상현, 범죄심리학, 서울: 박영사, 2005.

_____, 소년비행학, 서울: 박영사, 2004.

이성식·전신현, 감정사회학, 서울: 한울아카데미, 1995.

이재상, 형법신강(각론Ⅰ), 서울: 박영사, 1986.

이현수, 성격과 개인차의 심리학, 서울: 우성문화사, 1989.

장상희외 2인(역), 일탈의 사회학, 알렌 리스카 저, 서울: 경문사, 1986.

정영석·신양균, 형사정책, 서울: 법문사, 1997.

청소년폭력예방재단, 학교폭력막을 수 있다, 1997.

최순영 (역), 『귀인이론: 행위의 원인을 탐색하는 과정에 대한 사회심리학』 캘 리 쉐이브 저, 서울: 중앙적성출판사, 1991.

한국심리학회, 중다변인의 분석, '90한국심리학회, 하계연수회, 1990.

홍대식(역), 사회심리학, 시어즈와 프리드만 저, 서울: 박영사, 1991.

홍성열·임영식 역, 범죄행동은 환경적인가, 골드스테인 저, 서울: 성원사, 1999.

홍성열·임영식 역, 범죄행동은 유전적인가, 로렌스 테일러 저, 서울: 성
　　원사, 1999.

강병로, “지역사회에서의 청소년 폭력의 문제점과 대책에 관한 연구”,
　　한국청소 년 폭력방지재단, 1998.

강지원, “청소년 인성지도의 실천적 방향”, 법무부, 1994.

기광도, “범죄발생의 추세분석: 1964-1991”, 형사정책연구원 연구보고
　　서, 1994.

김경희, “한국청년의 정서에 관한 심리학적 연구”, 한국심리학회지,
　　1996. 6.

김두섭·민수홍, “개인의 자기 통제력이 범죄억제에 미치는 영향”, 형사
　　정책연구원 연구보고서, 1996.

김상균, “여성살인범의 심리적 특성에 관한 연구, 경호경비학회제3호, 한
　　국경호경비학회, 2000.

김상희, “살인범죄의 실태에 관한 연구”, 형사정책연구원 연구보고서,
　　1992.

김준호, “범죄통계의 문제점과 개선방안에 관한 연구”, 형사정책연구원
　　연구보고서, 1991.

______, “청소년의 긴장과 비행”, 형사정책연구원 연구보고서, 1996.

김준호외 1인, “한국인의 폭력에 관한 태도연구”, 형사정책연구원 연구
　　보고서, 1992.

민경환, “사회심리학의 방법론 논쟁”, 사회과학과 정책연구, 서울대 사
　　회과학연구소, 제8권 1호, 1986.

박순진, “범죄자와 피해자의 상호작용에 관한 연구”, 형사정책연구원 연
　　구보고서, 1999.

안선욱, “학교폭력의 실태와 대책”, 청소년행동연구, 제3집, 1998.

262

이동원, "미국의 청소년 폭력예방프로그램의 고찰", 형사정책연구, 1999, 가을.

이문웅, "폭력의 사회 문화적 배경에 관한 탐색적 고찰", 형사정책연구원, 제2권 3호, 1991.

이민희, "청소년폭력 대책 모델 개발", 한국청소년개발원 연구보고서, 1998.

______, "폭력적 인간", 청소년 행동연구, 제3집, 1998.

이성식, "범죄의 상황적 요인에 관한 연구", 형사정책연구원 연구보고서, 1996.

이형국, "상습범과 그 대책에 관한 연구", 교정연구, 제4호, 1994.

윤 진, "공격행동의 심리적 기제", 정신건강연구, 한양대학교 정신건강연구소, 제6집, 1987.

오윤성, "군부대내 폭행에 관한 피해자학적 연구", 동국대학교 대학원, 박사학위논문, 1996.

장석헌, "여성범죄에 관한 고찰", 한국공안행정학회보, 제2호, 1993.

전겸구, "분노의 표현양식과 신체병리의 관계", 한국심리학회 연차학술대회, 1991.

전대양, "누범의 인구사회학적 특성에 관한 조사연구", 동국대학교 대학원, 박사학위논문, 1989.

정갑섭, "누범 수형자의 효과적 처우방안", 교정연구 제2호, 1992.

조병인, "하이테크범죄의 실태와 대책", 한국공안행정학회 국제범죄세미나자료, 1999. 9.

조병철, "폭력범죄의 개인적 특성에 관한 연구", 국민대학교 대학원, 박사학위논문, 1995.

조은경, "충동성과 공격성향이 강력 범죄에 미치는 영향에 관한 연구",

형사정책연구, 8권 제2호, 1997년 여름호.

차용석, "강력 범죄의 실태와 대책", 형사정책연구, 창간호, 1990.

최인섭 외 1인, "사회계층과 범죄발생에 관한 연구", 형사정책연구원 연구보고서, 1997.

최인섭, "성폭력의 실태와 원인에 관한 연구(Ⅱ)", 형사정책연구원 연구보고서, 1998.

최상진, "당사자 심리학과 제3자 심리학: 인간관계조망의 두 가지 틀", 한국심리학회지, 1997, 10.

2. 외국문헌

犯罪白書, 法務總合硏究所, 1999.

上出弘之・伊藤隆二, 亂暴なふどま, 東京: 多動性のふども, 福村出版, 1982.

高島學司, 犯罪學の 方法 序說, 京都: 世界出版社, 1995.

千輪浩, 社會心理學, 東京: 誠信書房, 1977.

ガートナー, R., 影山任佐 譯, 暴力と 殺人の 國際比較, 東京: 日本評論社, 1996.

檜山四郎・山崎森, 少年暴力の 背景と 豫防, 東京: ぎょうせい, 1983.

Archer, J., *Male Violence*, ed., N. Y: Routledge, 1994.

Averill, J., *Anger and Aggression*, N. Y: Springer-Verlag, 1982.

Bandura, A., *Social Learning Analysis*, Englewood Cliffs, NJ: Prentice-Hall, 1977.

Blackburn, R., *The Psychology of Criminal Conduct: Theory, Research, and Practice*, N. Y: John Wiley & Son, 1993.

__________, Psychopathy and personality disorder in relation to violence. In k. Howells and C. R. Hollins(Eds.) Clinical approaches to violence Toronto: John Willey and Sons. 1989.

Conklin, J. E, *Criminology*, Boston: Allyn and Bacon, 1997.

Green wood, p. W. Career criminal prosecution: potential objectives, Santa Monica. California: The Rand Corporation 1979.

Jeffery, C. R. Criminology: An interdisciplinary approach Englewood Cliffs, New Jersey: Prentice Hall, 1990.

Jomes, E. & Nisbett. R. The actor and the observer: Divergent perceptions of the causes of behavior Morriston. N. J: General Learniny Press. 1971.

Mawson. A. R, Transient Criminality: A Model of stress-Indvced crime N. Y: A division of Green wood press, Inc, 1987.

McCord. W, Psychopathy New York: Free Press, 1993.

Mednick, S. A, *The cause of crime: New biological approach*, Cambridge: Cambridge Univ. Press, 1987.

Ottavini. R and Beck. A. T, Cognitive theory of depression, In k. Field & J. FORGAS(Eds) Affect, Cognition and

Social behavior, Gottingen, Federal Republic of Germany, 1988.

Pepinsky, H. E., *Myths that cause crime*, Washington D. C. : Seven Locks Press, 1984.

Quinsey, V. L, Harris, G. T & Rice, M. E, Cormier, C. A, *Violent Offenders*, Washington, DC: American Psychological Association, 1998.

Reiss, A. J, and Jeffery, A. R, *Understanding and Preventing Violence*, Washington: National Academy Press, 1993.

Rogers, J. W. *Why are you not a criminal?*, New Jersey: Prentice-Hall, 1977.

UCR(Uniform Crime Reporting) FBI, 1999.

Strasburg. p. A. Violent Delinquents: A Report to the Ford Foundation from the vera Institute of justice New York: Monarch, 1978.

Toylor, S. E. et. al., Social Psychology, 8ed Englewood Cliffs, N. J: Prentice-Hall, Inc., 1994.

Wolfgang, M. E & Ferracuti. F, The subculture of violence (London: Tauistock. 1967), Blackburn, R. The Psychology of Criminal Conduct: Theory, Research, and Practice N. Y: John wiley & Son, 1993.

Yochelson. S and Samenow. S. The original Personality: Vol. 1: A profile for Change, New York: Jaklson Aronson, 1976.

Zamble. E. and Quinsey. V. L, The criminal recidivism process, Quenns univ. : cambridge university, 1996.

Zillman, D. Arousal and aggression. In Geen, R. G. and Donnerstein, E. I. Aggression theoretical and empirical reviews, Vol1 New York: academic press, 1983.

Agnew, R. "Why do they do it? An examination of the intervening mechanisms between social control variables and delinquency" Journal of Research in Crime and Delinquency Vol. 30. No 3, 1994.

Archer, J., "The influence of testosterone on human aggression," *British Journal of Psychology*, Vol. 82, 1991.

Berkowitz, L, "Some determinants of impulsive aggression: Role of mediated associations with reinforcements for aggression." *Psychology Review*, Vol. 81, 1979.

__________, "On the formulation and regulation of anger and aggression, a cognitive neo-associationistic analysis," American Psychologist No.45, 1990.

__________, "The frustration-aggression hypothesis: examination and reformulation", *Psychological Bulletin*, No.106, 1989.

Bettencourt, B. A. and Miller, N. "Gender differences in aggression as a function of provocation: A meta-analysis," Psychological Bulletin, Vol. 119, No.3, 1996.

Blau, J. R & Blau. p. M, "Metropolitan Structure and Violent Crime", American Sociological Review Vol. 47, 1982.

Bruce, R. p. *"Primed negative affect, aggression, and attributional style"*, Ph. D. Dissertation, Miami University, 1996.

Cartoll, J. S. Galegher, J. & Weiner, R. "Dimensional and categorical attributions in expert parole decisions," Basic and Applied psychology. 3(2). 1982.

Daly, M. and Wilson, M. "Killing the competition: female/ female and male/male homicide", *Human Nature*, No.1, 1990.

DiLalla, L. F. and Gottesman, I. I., "Heterogeneity of cause for delinquency and criminality: lifespan perspectives", *Development and Psychology*, Vol. 1, 1989.

Dill, J. C. and Anderson, C. A, "Effects of frustration justification on hostile aggression," aggressive Behavior, No.21, 1995.

Dodge. K. A & Frame. C. L, "social cognitive biases and deficits in aggressive a boys," Child Development, Vol. 53, 1982.

Farrington, D. H., "Early predictors of adolescent aggression and adult violence," *Violence and Victims,* Vol. 4, 1991.

Felson, R. B., "Aggression as impression management," *Social Psychology*, No.41, 1978.

Fishbein, D. H., "Biological perspectives in criminology", *Crimino- logy,* Vol. 28, 1990.

Forgas. J. P, "Sad and quality? Affective in fluence on the explanation of conflict in close relationships," Journal of Personality and Social Psychology, No.66, 1994.

Gilbert. D. T and Malone. p. S, "The correspondence bias,"

Psychological Bulletin, No.117, 1995.

Greenwood, p. W. Career criminal prosecution: potential objectives Santa Monica. California: The Rand Corporation 1979.

Gudjonsson, G. H. "Attribution of blame for criminal acts and its relationship with personality." Personality and individual Differences5(1) 1984.

Henderson, M, Hewston, M. Prison' explanations for interpersonal violence: Accounts and attributions. Journal of counseling and Clinical Psychology, 52(5) 1984.

Holland et. al., T. R, "Prediction of violent versus nonviolent recidivism from prior violent and nonviolent criminality," Journal of Abnormal psychology, No.91, 1982.

Hutchings, B. and Mednick, S. A., "Registered criminality in the adoptive and biological parents of registered male criminal adoptees," in R. R. Fieve, D. Rosenthal and H. Brill(eds) *Genetic Research in Psychiatry*, Baltimore, MD: Johns Hopkins University Press, 1975.

Jary, M. L. and Stewart, M. A., "Psychiatric disorder in the parents of adopted children with aggressive conduct disorder," *Neuropsychology*, No.13, 1985.

Kalmuss, D., "The intergenerational transmission of marital aggression," *Journal of marriage and the family*, No.47, 1984.

Kullik, J. A and Brawn, R "Frustration, attribution of blame, and aggression." Journal of Experimental Social Psychology. No.15, 1979.

Kumar, p. Role of personal characteristics in cognitive disso-
nance and causal attribution, Journal of Social Psy-
chology. 127(4). 1987.

Leventhal. H. "A perceptual-motor theory of emotion: In L.
Berkowitz(Ed). Advances in Experimental Social psy-
chology." Vol. 17, 1983.

Lewis et. al., p. o, "Violent Juvenile Delinquents," Journal of
the American Academy of child Psychiatry, 1979.

Link, Andrews, and Cullen, "The Violent and Illegal Behavior
of Mental Patients Reconsidered," American Sociological
Review, Vol. 57. 1992.

Loehlin, J. C., Willerman, L., Horn, J. M., "Human behavior
genetics," *Annual Review of Psychology*, No.39, pp.1988.

Loucks, A. Criminal behavior. Violent behavior and prison
maladjustment, Muirhead, J. E. Assessment of anger,
and negative affect as they relate to the prediction of
criminal violence in a federal inmate population: A
retrospective study, ph. D. Dissertation, Carleton Univer-
sity. 1997.

Luckenbill, D. F., "Criminal homicide as a situated transa-
ction," *Social Problems*, No.25, 1977.

Margolin, G. et. al., "Affective responses to conflictual discu-
ssions in violent and nonviolent couples," Journal of
Consulting and Clinical Psychology No.56, 1988.

Margolin, G. et. al., "Anger hostility. and depression in
domestically violent Versus generally assaultive men
and nonviolent control Subjects". Journal of Consult-

ing and Clinical Psychology. No.56,1988.

Mednick, S. A., et. al., "EEG as a predictor of antisocial behavior," *Criminology*, Vol. 19, 1981.

Muirhead, J. E. *"Assessment of anger, and negative affect as they relate to the prediction of criminal violence in a federal inmate population: A retrospective study"*, Ph. D. Dissertation, Carleton University, 1997.

Novaco, R. "The functions and regulation of the arousal of anger," American Journal of Psychiatry, 133. 1976.

Novaco, R. "Anger as a risk factor for violence among the mentally disordered," In J Monahan and H. J. Stead-man(Eds.) Violence and mental disorders. developments in risk assessment. 1994.

Palmour, R. M., "Genetic models for the study of aggressive behavior," *Progress in Neuro-Psychopharmacology and Biological Psychiatry*, No.7, 1983.

Robbins. T. L & De Nisi. A. S, "A closer look at interpersonal affect as a distinct influence on cognitive processing in performance evaluations", Journal of Applied Psychology, 79, 1994.

Rotter, J. B. Generalized expectancies for internal versus external control of reinforcement. Psychological Monographs: General and Applied, 8(1). 1966.

Rule, B. G Nesdale, A. R. "Emotional arousal and aggressive behavior," Psychological Bulletin. 83, 1983.

Sannes, S. R. *"Violent recidivism and attributional style"*,

Ph. D. Dissertation, Marquette University, 1993.

Schiavi, R. G., et. al., "Sex chromosome anomalies, hormones and aggressivity," *Archives of General Psychiatry*, No.41, 1984.

Schuurman, T., "Hormonal correlates of agonistic behaviour in adult male rats," *Progress in Brain Research,* No.53, 1980.

Sinha, J. L & Kumer, p. "Antecedents of crime and suggested punishment." Journal of Social Psychology 125(4). 1985.

Weary. G & Harvey. J. K, "Current issues in attribution theory and research." Arrival Review of Psychology, No.35, 1984.

Weiner. B. An attributional theory of achievement motivation and emotion, Psychological Review. No 92(2), 1985.

Welsh, W. N. and Gorden. A. "Cognitive mediators of aggression: Criminal justice and Behavior", 18, 1991.

Widom, C. S., "Does violence beget violence? a critical examination of the literature," *Psychological Bulletin,* No.106, 1989a.

Williams et. al., C. W, "Human response to traumatic events: An integration of counter factual thinking, hindsight bigs and attribution theory," Psychological Reports, No.72, 1993.

●**저자**●

● 김상균(金相均)　　**약 력**

창원대학교 법학과 및 동 대학원 졸업
고려대학교 대학원 심리학과 졸업
동국대학교 대학원 경찰행정학과 졸업(형사학박사)
국가인권위원회 조사담당관(역임)
육군3사관학교 교수(역임)
현 중앙경찰학교 외래교수,
현 한국범죄심리학회 감사, 현 한국공안행정학회 이사
현 한국민간경비학회 총무이사, 현 한국법학회 감사
현재 천안대학교 경찰행정학과 교수

주요 논저

「경찰의 수사전문화방안」
「수사기법으로서의 뇌지문 활용방안」
「여성살인범의 심리적 특성」
「폭력에 관한 이론적 고찰」
『범죄학원론』, 『범죄수사론』
『형사사법행정론』(공저), 『경찰학개론』(공저)
『신형사정책』(공저)　　외 다수

폭력의 심리학

• 초판 인쇄	2005년 5월 2일
• 초판 발행	2005년 5월 2일
• 지 은 이	김상균
• 펴 낸 이	채종준
• 펴 낸 곳	한국학술정보㈜
	경기도 파주시 교하읍 문발리
	파주출판문화정보산업단지 526-2
	전화 031) 908-3181(대표)·팩스 031) 908-3189
	홈페이지 http://www.kstudy.com
	e-mail(e-Book사업부) ebook@kstudy.com
• 등 록	제일산-115호(2000. 6. 19)
• 가 격	27,000원

ISBN　　89-534-2321-X 93360 (paper book)
　　　　　89-534-2322-8 98360 (e-book)